İNSANA VE İŞE DEĞER KATAN
YENİ İK

Sevgi ve mutlulukla
nice güzel yıllara!

Prof. Dr. ACAR BALTAŞ, Türkiye'de geniş kitlelere, psikolojinin insan ihtiyaçları ve iş hayatının sorunları için bir çözüm olduğunu göstermiş bir öncüdür. 1983 yılından beri, sağlıklı insanların hayat kalitesini ve kurumsal verimliliği artırmaya yönelik seminerler vermekte, uygulamalar yapmakta olan Baltaş'ın, Türkiye'de ilk kişisel kitabı olan *Stres ve Başaçıkma Yolları*'nın ardından, *Üstün Başarı, Ekip Çalışması ve Liderlik*, *Bedenin Dili*, *Hayalini Yorganına Göre Uzat* ve Baltaş Yönetim Serisi kitapları yayınlandı.

Acar Baltaş, Türk kültürünün değer sisteminden çıkan eğitim programları ve ekip çalışması konusunda birçok kuruluşun uluslararası başarılarının hazırlayıcısı oldu. "21 yy.da iş hayatı", "değişim", "ekip çalışması", "liderlik" ve "duygusal zekâ" konularında yazılı ve görsel medyaya çok sayıda röportaj verdi ve program yaptı.

1996-1999 yılları arasında Türk A Milli Futbol Takımı'nın, 2002-2003 sezonunda Galatasaray Futbol Takımı'nın psikolojik danışmanlığını yaptı. Bu görevi 2005 yılında Türk A Milli Futbol Takımı'yla sürdürdü. Acar Baltaş, Prof. Dr. Zuhal Baltaş'la birlikte kurucusu oldukları Baltaş-Baltaş Yönetim Eğitim ve Danışmanlık Merkezi'ni ve Baltaş-Eksen Seçme, Değerlendirme ve Organizasyon Merkezi'ni yönetmektedir.

ACAR BALTAŞ

İNSANA VE İŞE DEĞER KATAN YENİ İK

2. Basım

Remzi Kitabevi

YENİ İK / Prof. Dr. Acar Baltaş

Yayına hazırlayan: İdil Sevil
Editör: Neclâ Feroğlu
Kapak: Ömer Erduran

ISBN 978-975-14-1337-6

BİRİNCİ BASIM: Nisan 2009
İKİNCİ BASIM: Mart 2013

Remzi Kitabevi A.Ş., Akmerkez E3-14, 34337 Etiler-İstanbul
Tel (212) 282 2080 Faks (212) 282 2090
www.remzi.com.tr post@remzi.com.tr

Baskı ve cilt: Remzi Kitabevi A.Ş. basım tesisleri
100. Yıl Matbaacılar Sitesi, 196, Bağcılar-İstanbul

Değerlerimi oluşturan
annem ve babam
Vedide ve Bülent Baltaş'a...

Değerlerimi yaşamama ve
geliştirmeme imkân veren
Zuhal, Başar ve Durucan Baltaş'a...

Teşekkür

Bu kitaba yazılarıyla katkıda bulunan arkadaşlarım Mehmet Ünal'a, Ahmet Hançer'e, İdil Sevil'e, Yasemin Duman'a, Dilek Dicleli'ye, Durucan Baltaş'a ve Temel Aksoy'a teşekkür etmek benim için zevkli bir görevdir.

Kitabın elinizdeki şeklini almasını sağlayan editör Neclâ Feroğlu'na, sayfa düzenini yapan Nesrin Palabıyık'a, yirmi yılı aşan bir süredir bütün kitaplarımıza gösterdikleri özen için Erduran ailesine teşekkür ederim.

Yeni İK kitabı için en özel teşekkürü İdil Sevil'in hak ettiğini düşünüyorum. Türkçe'ye hâkimiyeti, ayrıntılara gösterdiği özen ve kitabın bütünlüğünü sağlama konusunda verdiği emek, her türlü takdirin ötesindedir.

Perde Açılırken Senaryoyu Değiştirmek

Bu kitabı hazırlarken yaptığımız tam da buydu. Çalışmalarını tamamladığımız kitap baskıya giderken esmeye başlayan ters rüzgârlar bizi durdurdu ve farklı bir isim ve içerikte hazırladığımız insan kaynakları kitabını, İK'nın krizi aşmak için yapması gerekenler üzerine yeniden yapılandırmamıza yol açtı.

Bu yaptığımız, "pişmiş aşa su katma"nın ötesinde, yer yer, "aşı yeniden pişirmek" oldu; ancak bunu yapmadığımız takdirde özenle hazırladığımız ürün beklediğimiz etkiyi yaratmayacaktı. Çünkü kurumların varolma mücadelesi verdiği bir dönemde İK'nın ve yönetimin öncelikleri değişmişti. Biz de bunu öngörmek ve hızlı davranmak zorundaydık.

Öngörerek ve hızlı davranarak "perde açılırken senaryoyu değiştirmek", hepimizin gittikçe daha sık başvurması gereken bir beceri olacak. Çünkü yaşadığımız çağın sloganı değişim.

Değişmek çaba gerektirmez. Canlı ya da cansız bütün varlıklar hiçbir şey yapmasalar da değişirler. Önemli olan, kişinin ve kurumların değiştirenlerden mi, yoksa değiştirilenlerden mi olacağıdır. İnsanlar değişmez, kurumlar değişir. Bu konuda insanlar için uygun olan kavram "dönüşmek"tir. Dönüşüm, insanların değişen durumu kabullenip içselleştirmesiyle gerçekleşir. Değişim dışımızda meydana gelir, dönüşüm ise iç dünyamızda yaşadığımız, psikolojik boyutu ağır basan bir yolculuktur. Dönüşüm, kişinin aklıyla ikna olmasını, duygusuyla kabullenmesini, sonra uygulayarak denemesini, en sonunda da tekrarlayarak hayata geçirmesini içine alan dört aşamalı bir süreçtir.

Elinizdeki kitap, değişimin şiddetli ve yıkıcı etkilerinin "2008 krizi" adıyla hüküm sürdüğü, pasif kalanın her zamankinden daha geride kaldığı ve daha çabuk yok olduğu günümüzde İK'yı "değiştirilmek" ya da "değişime ayak uydurmak" gibi pasif bir rolden alıp, değişimi tetiklemek ve dönüşümü gerçekleştirmek gibi etkin ve çağdaş bir role taşımayı hedeflemektedir.

İçindekiler

IV. BÖLÜM
İK'nın Vazgeçilmezi: Yetkinlikler

V. BÖLÜM
Doğru İnsanı Bulmak: İşe Alım

VI. BÖLÜM
Performansı Öngörmek: Değerlendirme Merkezi

VII. BÖLÜM
Çalışanı Geliştirmek: Eğitim

I. BÖLÜM

Krizde İnsan Kaynakları Yönetimi

Değerlerle Kriz Yönetimi

2008 yılının ilk yarısında ABD'de başlayan ekonomik durgunluk ve yaz aylarında gelen çöküntü, etkilerini Türkiye'de yılın son çeyreğinde hissettirdi. Aralık ayında karamsarlık en üst düzeye çıktı ve 2009 büyük kaygılarla karşılandı.

Her kriz, kötü yönetimin bir sonucudur ve esas olarak bir düzeltmedir. Bu kriz de, kapitalizmin "piyasanın kendi kendini düzenleyeceği" kabulünün doğru olmadığını ortaya koymuştur. Krizle ortaya çıkan yeni koşullara uyum sağlamak için hazır ve standart kriz reçeteleri yoktur. Alışılmış çözümlerin geçerliliğini yitirdiği bu dönemlerde sorunlara kısa vadeli, hızlı, kolay ve düşük maliyetli çözümler üretilir. Ne yazık ki bu çözümler çoğunlukla yanlıştır ve daha sonra ortaya çıkacak daha büyük bir sorunun kök nedenini oluşturur.

Türkiye son 17 yılda beş kez belirsizlik ortamını yaşamıştır. Bu nedenle 2008'in son çeyreğinde başlayan ve bizi de içine çeken belirsizliğe karşı, bir anlamda aşılanmış durumdayız. Dolayısıyla son krize bankacılık sistemimiz, Amerika ve Avrupa'daki benzerlerinden farklı olarak, güçlü bir şekilde girmiştir.

Kurumsal düzeyde bakıldığında, hızlı ve acil çözümler üretme zorunluluğu, bir zaman baskısı doğurur. Bu sebeple krizler, yarattığı maddi sonuçların yanında, duygusal yönü açısından da insanları ve kararları etkiler. Bu süreç yaşanırken yöneticilerin ehliyetine ve kişisel olgunluk düzeyine bağlı olarak kurumlarda yaşanabilecek değişiklikleri Zuhal Baltaş *Krizde Fırsatları Görmek* kitabında şu şekilde özetlemiştir:

- Yönetim merkezileşir ve denetim artar
- Otoriter ve tutucu yönetim anlayışı ortaya çıkar
- Çalışanlarda kaçınma davranışı gözlenir

- Güven duygusu azalır, kaygı düzeyi yükselir
- Motivasyon düşer, iş tatmini azalır
- Riskli ve fevri kararlarda artış olur
- Kurum içi çatışmalar artar

Krizin hemen sonrasında ortaya çıkan bir şok evresinden sonra, onu takip eden bir sükûnet dönemi gelir. Kriz yönetiminin en kritik evresi olan bu dönemde krizi aşmak için alınacak kararlar ve yapılacak uygulamalar, krizin üçüncü evresinin bir felaket mi yoksa yeni bir fırsat mı olacağını belirler.

Gerçekten de krizler beraberlerinde getirdikleri olumsuzlukların yanı sıra, daha güzel günlerin, yeni gelişmelerin de tohumlarını kendi içinde barındırır. O nedenle kriz döneminin sonunda nerede olmak istediğiniz, buna uyarlanacak olan vizyon ve eylem planları, kurum kültürünün bu doğrultuda yönlendirilmesi, kısaca krizin nasıl yönetildiği, kurumun geleceğini belirler. Bu süreçte atılacak adımlar şöyle sıralanabilir:

- Yeni stratejiler ve açık hedefler belirlemek
- Çalışanlara iş tanımlarını aşan sorumluluklar vermek
- Kurum içinde görülmek istenen ve istenmeyen davranışları 3-4 başlığı geçmeyecek şekilde açık olarak tanımlamak

Kriz döneminde en kritik işlevlerden biri, iletişimdir. Bir karar veya durumla ilgili olarak nasıl bir algı oluşturulmak isteniyorsa bu yönde planlı ve yöntemli bir gayret gösterilmesi gerekir. Etkin kurumsal iletişim, insan kaynakları, operasyonlar, bilgi teknolojileri, finans ve pazarlama bölümleri ve işlevleri arasındaki engelleri ortadan kaldırabilmeli, eşgüdüm, uyum, tutarlılık ve şirket kimliğinin ve itibarının yerleştirilmesi gibi konuları güvence altına almalıdır.

Krize Dayanabilen Kurumlar

Çalışanların işlerini, iş sahiplerinin uzun yıllar içinde kurup geliştirdikleri işlerini kaybetme endişesi yaşadığı ekonomik kriz döneminde kurumların en çok ihtiyaç duydukları özellik, **dayanıklılık**tır. Dayanıklılıkla kastettiğim, bir kurumun dıştan gelen darbelere uzun süre dayanabilmesi ve belirsizliğe katlanabilmesidir.

Bugüne kadar yaşadıklarımdan yola çıkarak, krizlere ve uzun süren belirsizliğe dayanabilen kurumların şu özelliklere sahip olduğunu gördüm:

- Yüksek düzeyde çalışan bağlılığı
- Çalışanların inandığı bir vizyonun varlığı
- Bütün çalışanlarca paylaşılan ortak bir değer sistemi
- Kurum için yenilikçiliği ve yaratıcılığı destekleyen bir yönetim ikliminin varlığı

Bir kurumda yukarıda sıraladığımız özellikler, sadece direnç ve dayanıklılığı sağlamakla kalmaz, aynı zamanda kurumun amaçlarına ulaşmasına imkân verecek büyük bir iç dayanışma oluşturur. Kurumun dış dünyadaki zorluklarla mücadele edebilmesi için, her şeyden önce iç dünyasında güçlü olması gerekir. Bir kurumun iç dünyasında güçlü olması demek değerlere dayalı bir kültüre sahip olması demektir. Böyle bir kurumda etkili bir liderin altında, ona ve kurumun misyonuna bağlı yöneticiler, işlerine ve kuruma adanmış çalışanlar vardır.

Dayanıklılık Değerlerle Sağlanır

Değerler, kararlar ve kurallar için pusuladır. Değerler belirli bir sonucu elde etmek için izlenecek yol konusunda en derinde yatan inançlardır ve davranışlarla dünyaya yansır.

Paylaşılan değerler güven oluşturur. Böylece ortak paydayı oluşturan bir topluluğun meydana gelmesi mümkün olur. Değerler uyum ve birlik sağlar ve böylece ortak hedeflere hızlı ve etkili bir biçimde ulaşılabilir. Bir kurumun gücü, o kurumda çalışan bireylerin paylaştıkları ortak değerlere olan bağlılıklarıyla ölçülür. Eğer paylaşılan değerler yoksa insanlar birbirine ve kuruma aldırmaz, birbirlerinin ve kurumun sorunlarına kayıtsız kalır.

Kriz dönemlerinde kurumların ihtiyaç duyduğu değerler ve bunların hayata yansımasını izleyeceğimiz davranışlar şunlardır:

- Ekip çalışması
- Olumlu ve olumsuz sonuçlarla ilgili sorumluluk
- Fikirlere saygı
- Geribildirim alma

- Dayanışma (ihtiyaç duyana yardım etme)
- Güven
- Ortamda bulunmayanın hakkını koruma
- İnsan olarak ilgi gösterme
- Sözünü tutma, vaatlerini yerine getirme
- Hesap verme
- Davranışlarının sorumluluğunu alma
- Hatayı kabul etme ve düzeltmek için girişimde bulunma

Krizler, bireysel kaygı ve endişelerin ağır bastığı dönemler olduğu için çalışanların enerjisinin kişisel kaygılara ve iş dışındaki konulara dağılarak boşa harcanmaması gerekir. İç dünyasında güçlü olan bir kurumda çalışanlar, enerjilerini insan ilişkilerinden kaynaklanan gerginlikleri çözmeye veya kendi yarattıkları sorunlarla uğraşmaya ayırmazlar. Çünkü bu davranışlar, kurum kültüründe zamanla oluşmuş olan ve kurumun potansiyelinin sınırlanmasına ve engellenmesine yol açan alışkanlıklardan kaynaklanır. Bunlar bürokrasi, iç çekişme, suçlama, kısa dönemli odaklanma, sorumluluktan kaçma, bölüm çıkarlarını koruma, dedikodu vb'dir. Buna **kültürel entropi** denir.

Kriz, her kurumun ekonomik durumunu özenle değerlendirmesi gereken bir dönemdir. Bunun için çok gerekli olmayan masrafları kısmak, esas işkoluyla uyumlu, yeni gelir kaynakları araştırmak ve müşteriler için farklı bir değer yaratmak gerekir.

Kriz dönemlerinde en sakıncalı uygulama, harcamaları azaltmak için insanları işten çıkartmaktır. Bu durum, kurumun entelektüel sermayesinin ziyan olmasına, kurumsal bağlılık ve insan kaynakları politikalarına bu döneme kadar yapılan yatırımın boşa gitmesine neden olur. Bu tür tedbirlerin sonucunda motivasyonu düşen çalışanlar, zamanlarının çoğunu dedikoduyla, kuruma ve yöneticilerine karşı kaygı ve kızgınlık yüklü konuşmalar yaparak geçirir. Oysa dış dünyadan kaynaklanan tehdidin arttığı böyle zamanlarda beklenen, çalışanların enerji ve yaratıcılıklarını en üst düzeyde işe yansıtmalarıdır.

Ekonominin daraldığı ve işlerin iyi gitmediği zamanlarda müşteriler de, çalışanlar da gelecekleriyle ilgili endişe duyar. Bu endişeleri azaltmanın yolu, açık olmaktan geçer. Çalışanları, kurumun durumu ve ekonomideki gelişmelerin muhtemel etkileri konusunda, ümitsizlik ve karamsarlık yaratmadan bilgilendirmek gerekir. Çünkü doğa, boşluk kabul etmez. Bir Kızılderili atasözü, "Boşluk, şeytan tarafından doldurulur," der. Kurumsal hayatta da, bilgi eksikliğinde ortama en karamsar ve kaygılı olanın duygusu "gerçek"miş gibi yansır. Bu nedenle, çalışanların kaygılarının yatıştırılması için iletişimin sürdürülmesi gerekir.

Kurumun Misyonu

Dış dünyadan kaynaklanan güçlükler nedeniyle işin yavaşladığı kriz dönemi, vizyon, misyon ve stratejilerin gözden geçirilmesi için ideal bir dönemdir.

Kurumun misyonunun topluma ve müşterilere ne kattığının çalışanlar tarafından bilinmesini sağlamak önemlidir. Böylece kurumda sadece para kazanmak ve yılbaşında sayısal olarak verilmiş hedeflere ulaşmayı aşan bir farkındalık yaratmak mümkün olur.

İşlerin zorlaştığı, dış dünyadan kaynaklanan baskıların arttığı ve önemli kararlar almanın gerekli olduğu dönemler, yöneticiler ve İK uzmanları için bir test ve sınav zamanıdır. Değerlerinde "insana saygı" veya "saygı" olan bir kurumun, müşterileri ve çalışanlarıyla ilişkilerinde bu ilkeye uygun davranması beklenir. Bunun sonucunda ekip çalışması güçlenir, çalışanlar daha fazla sorumluluk almak için yetkilendirilir ve sık sık dile getirilen ama beklenen etkiyi yapmayan "hepimiz aynı gemideyiz" deyişi klişe olmaktan çıkar, insanların davranışlarına yön veren bir inanca dönüşür.

Ortak heyecan, insanları birbirine yaklaştırır. En az 2009 yılı boyunca devam edeceği anlaşılan kriz döneminde, liderlik özelliğini gerçekten taşıyan yöneticiler ve İK uzmanları, bu dönemi çalışanların birbirlerine ve kuruma olan bağlılığını artırmak için bir fırsat olarak kullanma becerisini göstereceklerdir. Bunun için, işten çıkarmaların en son çare olarak düşünülmesi ve böyle bir adım atılacaksa da, bunun iç ve dış iletişiminin çok etkili bir şekilde yapılması gerekir. İnsan sayısı üzerinden azaltma yaparak tasarrufa gitmek, hızlı, kolay, ucuz ve dolayısıyla da yanlış bir çözümdür. Bu çözüm, daha sonra, çalışan bağlılığı ve adanmışlığıyla ilgili kurumun karşılaşacağı daha büyük sorunların temelini oluşturacaktır.

2001 Krizini Nasıl Aştık?

Baltaş Grubu olarak içinde bulunduğumuz alan, insan niteliğinin büyük önem taşıdığı, emek yoğun bir işkoludur. Bu nedenle çalışanlarda kurum değerleri hakkında farkındalık oluşturulması ve eğitim açısından kurumsal standartların kazandırılması, zaman alan ve büyük önem taşıyan konulardır.

2000 yılında şirketimiz 18. yılını doldurmuştu. O yıl bizim için "büyüme yılı"ydı; kadromuzu genişlettik, eğitimcilik formasyonu olmayan kişilere bu formasyonu kazandırmak için işe aldığımız çalışanları altı aylık bir programa soktuk. 2001 yılına, biri lojistik, ikisi finans sektöründe olmak üzere üç büyük projeyle girdik. En parlak yılımızı geçirmeye hazırdık.

Yeni yılın ilk iki ayı, beklentilerimizi doğrulayacak şekilde geçiyordu. Şubat ayının 19'unda, bir üretim şirketinde yeni ve büyük bir projenin konuşmasını yaparken, cumhurbaşkanının başbakanın önüne anayasa kitapçığını fırlattığını öğrendim. Toplantıda benden yaşça büyük ve deneyimli iş sahipleri bunun bir kriz doğuracağını söylediklerinde, kendimce onları düzeltme ihtiyacı duydum ve bunun bir kriz değil bir rezalet olduğunu söyledim. Ancak onlar doğru sözcüğü kullanmışlardı. İki gün içinde Türkiye bir krize girdi; diğer birçok işletme gibi biz de mart ayında tarihin en düşük iş hacmine sahiptik.

Ekonomik krizin en belirgin özelliği olan talep daralması karşısında verilen ilk tepki, fiyat ve maliyeti düşürmektir. Ancak bugünün yüksek rekabet çağında bütün kurumların uygulayacağı bu yöntem, istenen sonucu vermeyecektir. Gerçek çözüm, kurumun kendini yenilemesi, yeni fikirler geliştirerek bunları uygulaması, başka bir deyişle inovasyon yapmasıdır. O günün ihtiyaçlarına cevap verecek uygulamalar geliştirebilen ya da var olan ürün ve hizmetlerini farklılaştırarak daha çok insanın işine yarayacak hale getirebilen kurumlar, krizde yaşanan zorlukları aşmada büyük avantaj elde eder. Baltaş Grubu olarak o günkü koşullarda hayata geçirdiğimiz inovasyonları şöyle sıralayabilirim:

***Outplacement* hizmeti:** Para verilip satın alınan her ürün veya hizmet, müşteriye bir değer ifade eder. Dolayısıyla kurumun müşteriye sunduğu değer, müşterinin bir derdini çözüyor, bir işini hallediyor demektir. İşler değiştiğinde ya da yavaşladığında müşterilere yeni bir değer teklifi sunmak, başka bir deyişle **değer inovasyonu** yapmak gerekir. Bunun için de öncelikle sektör araştırılmalı, müşterilerin beklentileri iyi anlaşılmalıdır.

2001 krizi, kitlesel işten çıkarmalara yol açmıştı. DİE rakamlarına göre 1.900.000 kişi, Çalışma Bakanımızın beyanlarına göre ise 967.000 kişi bu dönemde işini kaybetmişti. Böyle bir ortamda var olan eğitim hizmetlerimizle iş hacmi yaratmaya çalışmak elbette sonuç vermeyecekti. Verdiğimiz hizmeti yenilemek, güncel olana yönelmek gerekiyordu. Bu konuda attığımız en önemli adımlardan biri, *outplacement* hizmeti vermeye başlamamızdı. 1970'lerde ABD'de ilk uygulamaları başlayan *outplacement*, işten ayrılmak zorunda kalan çalışanlara kişisel ve performans özellikleriyle ilgili farkındalık kazandırma ve bu özelliklerine uygun iş olanakları araştırma konusunda yardımcı olmak amacıyla veriliyordu. Baltaş olarak geliştirip İADE (işten ayrılmada destek) olarak adlandırdığımız bu programlarda, hem işten ayrılan kişilere, hem de işgücü azaltmak zorunda kalan kurumların yöneticileri ve İK bölümlerine yarar sağlayan boyutlar değerlendiriliyordu. *Outplacement* hizmeti, gerçekten de yeni müşterilere ulaşmamızı, kendimize iş hacmi yaratmamızı sağlaması yanında, bize rekabet avantajı da sağlamıştı.

Salı Toplantıları: Gerçekleştirdiğimiz bir başka değer inovasyonu, "Salı Toplantıları" adı altında düzenlediğimiz seminerlerdi. O günün şartlarında azalan eğitimler, hem bizim eğitimcilerimizin hem de kurumlardaki İK uzmanlarının boş vakti olmasına yol açmıştı. Farklı kurumlardan birçok İK çalışanı, karşılıksız bilgilendirme amaçlı düzenlediğimiz Salı Toplantılarına katılıyor, biz de onlara koçluk, katılımcının motivasyonunu artırmak, krizde değer yaratmak, geride kalan sendromu gibi çeşitli konularda güncel bilgileri aktarıyorduk. Bu girişimimiz birçok İK çalışanının bizi tanımasını, ofisimize gelmesini ve "satış amacı olmayan bir toplantıya ilk defa katıldıklarını, bundan memnuniyet duyduklarını" dile getirerek kurumumuz hakkında olumlu bir izlenim sahibi olmasını sağladı. Bu değer inovasyonu, farklı müşteri segmentlerine ulaşmamızın ve kriz sonrasında da sürecek dostluklar kurmamızın da yolunu açtı.

Eğitim salonumuzun kullanıma açılması: Gerek kurumumuz tarafından verilen eğitimler, gerekse şirketlerin yapacağı toplantılar için otel giderlerinden kısılmasını sağlayacak bir seçenek yarattık. Burada amacımız, gelir sağlamaktan çok, müşterimize katkı yapmaktı. Bu şekilde kendilerine kaynak inovasyonu yapma imkanı sağladığımız İK bölümleriyle uzun sürecek dostluk ilişkilerinin temelini atmış olduk.

Sektöre özgü çözümler: Baltaş Grubu olarak krizin her sektörde farklı etkileri olacağının ve farklı problemler yaratacağının bilinciyle, her sektörün kendine özgü koşullarını araştırdık ve bu koşullara uygun, sektöre özgü danışmanlık hizmetleri sunduk.

Hogan Değerlendirme Sistemi: 2000'li yıllar başladığında ülkemizde hiçbir bilimsel geçerliliği olmayan ölçüm araçları "üstünlük ve yenilik" olarak sunuluyordu. Çalışanların seçme ve değerlendirmesinin en üst düzeyde özen gerektirdiği kriz döneminde, ABD'de % 60 oranında kullanım yaygınlığı sağlamış olan Hogan Değerlendirme Sistemi'nin Türk kültürü için geçerlilik ve güvenilirlik çalışmalarını yaparak uygulamayı Türkiye'de başlattık.

Beş yıl süresince 200 şirkette yapılan bir araştırma, Hogan Değerlendirme Sistemi gibi psikometrik testleri uygulayan kurumların kârlılığında somut bir artış olduğunu ortaya çıkarmıştır. Kârlılığın her zamankinden de önemli olduğu ekonomik kriz döneminde kârda somut fark yaratacak bir yöntemi iş hayatının kullanımına sunarak **kaynak ve süreç inovasyonu** yaptık.

Hatamız

Geliştirdiğimiz yeni fikirler ve uygulamalarla beraber bütün enerjimizi işimize vermemiz sonucunda o dönemin sonunda krizden daha güçlenerek çıktığımızı söyleyebilirim. Ancak bugünkü bakış açısıyla değerlendirdiğimde, bu süreçteki eksik ve hatalarımızı da rahatlıkla görebiliyorum. Bu dönemde işimizi kaybetme korkumuz ve heyecanımız, kurum içindeki havayı gerektiği gibi yönetemememize neden oldu. 2001 krizinin bana öğrettiği en önemli ders, **işi ve insanları yönetmenin, o işi yapan insanların duygularını yönetmek anlamına geldiğidir.** Bu dönemde yüksek kazanç umuduyla aramıza katılan yeni arkadaşlarımıza maaşlarını düzenli olarak ödedik. Biz bunu kurumsal bir görev olarak gördük ve birçok kurumun çalışanlarını işten çıkardığı bir dönemde bunun çalışanlarımızca takdir edileceğini düşündük. Oysa eğitimci arkadaşlarımız, prim alacak eğitim sayısına ulaşamadıkları için hayal kırıklığına uğradılar ve olumsuz duygular yaşadılar. Bu dönemde kurumun yöneticileri olarak bizlerin onlara yakın olup olumsuz duygularını yönetmemiz ve bu duyguların hedefi olmamamız gerekirdi. Böylece karşılıklı olarak "haksızlığa uğramışlık" duygusu yaşadık.

Kriz, alışılmış çözümlerin geçerliliğini yitirdiği bir dönemdir. Bu nedenle elektirikli el kurutma makinelerinin kullanımı gibi harcamaları kısarak ve çalışan sayısını azaltarak krizden çıkılmaz. Çünkü bu tür yaklaşımların arkasında, sıkıntılı dönemin ardından eski güzel günlerin geri geleceği ve her şeyin kaldığı yerden devam edeceği kabulü vardır. Ancak bu doğru değildir. İçinden geçtiğimiz kriz süreci geride kaldıktan sonra, iş yapma biçimlerinin değiştiğini ve gerek hizmet, gerek üretim sektöründe birçok şeyin yeniden yapılandırıldığını hep birlikte göreceğiz.

Kriz ve Liderlik

Temel Aksoy

Yaşadığımız ekonomik krizin kendine özgü koşulları var ve maalesef geçmiş dönem krizlerinden ve durgunluklarından elde ettiğimiz deneyim bize bu sefer yeterince yol göstermeyecek; çünkü hiçbir zaman ekonomiler bu kadar birbirine bağımlı olmamış ve küreselleşme bu boyuta ulaşmamıştı. Hiçbir zaman bilgi bu kadar hızlı akmamış, şeffaflık bu kadar fazla olmamıştı. Ayrıca hiçbir finansal krizde mesela ABD'de 9000 finansal kuruluş, batanlar da dahil hükümetin desteğine muhtaç kalmamıştı. Yani hiçbir finansal kriz bu boyutta olmamıştı.

Genelde kriz dönemlerinde geleneksel yöneticiler yolu açmak yerine, bir kenara çekilip yolun açılmasını beklemeyi tercih ediyorlar. Yani daha durağan bir yapıya bürünüp, küçülerek bu dönemi atlatmayı hedefliyorlar. Bu davranış içindeki yönetici, kendi işletmesinin maliyet azaltma konusunda rekabetten daha başarılı olacağını ve kendi müşterilerinin daha sadık kalacağını varsayıyor: Bu plana göre, maliyetlerin ve fiyatların aşağıya çekilmesiyle şirket korunaklı bir' limana' çekilecek ve sadık müşteriler sayesinde fırtına, güven içinde atlatılacaktır. Bence ikisi de güvenilecek varsayımlar değildir.

Birincisi, işletmenin, maliyetlerini rekabete göre daha iyi yönetebileceği tartışmalı bir konudur. Çoğu zaman şirket, kıyaslamalı olarak çok yüksek hacimleri yönetmiyorsa, bu yolla rekabet üstünlüğü yaratamaz. Maliyet düşürme teknikleri kimse için sır değildir, rekabet de aynısını yapar.

İkincisi, özellikle kriz dönemlerinde, kaliteyi ucuza alabilen, standartları yüksek, seçeneği çok, güven bunalımı içindeki müşterinin markaya sadık kalacağını beklemek fazla iyimserlik olur. Müşteri hiç olmadığı kadar akılcı davranarak kendi çıkarlarını korumaya çalışacaktır.

Geleneksel yöneticilerin büyük bölümü, maliyetler ve satış fiyatları üzerine "operasyon" yapmaktan hoşlanır çünkü bunlar, bir-iki gün içinde sonuç veren uygulamalardır. Yönetim felsefesi diliyle anlatacak olursam bunlar, "avcı psikolojisi"yle yapılan uygulamalardır. Ateş edildiğinde etkileri anında görülür fakat bu "sert" uygulamaların işletmeye kalıcı yararlar sağlaması nadirdir. Kriz dönemlerinde şirketlerin, maliyetleri ve fiyatları aşağıya çekmelerini haklı buluyorum ama kalıcı çözümü, maliyet-fiyat denkleminin dışında aramanın daha doğru olduğunu söylemek istiyorum.

Ekonomi sadece daralacak ve daha sonra eski haline dönüp büyüyecek olsa, şirketlerin bu daralmaya paralel küçülmesi ve büyümesi mantıklı bir stratejidir. Ben ise, yaşadığımız ekonomik krizi aynı zamanda ekonominin nitelik değiştirmesi olarak algılıyorum.

Kabul edelim ki geleceği hiçbirimiz bilmiyoruz ve bilemeyeceğiz. Üstelik çoğumuzda geleceğin bugünün bir uzantısı olacağı gibi yanlış bir inanış var. Bu doğrusal bakış açısı zihnimizdeki bir sapmadır. Bu tehlikeli zihin sapmasından kurtulursak daha sağlıklı karar alabileceğimizi düşünüyorum. Benim sezdiğim, geleceğin, nitelik olarak bugünden farklı olacağı. Çünkü hem üretim yapma biçimimiz, hem tüketim kalıplarımız, hem insan olarak hepimizin davranışları hızla değişiyor.

Bizim finansal kriz veya ekonomik durgunluk olarak yaşadığımız sıkıntı, aslında sistemin topyekûn dönüşüm sancılarıdır diye düşünüyorum. Bizim bu değişimi tam anlamıyla idrak etme şansımız yok çünkü "Hayat geleceğe bakarak yaşansa da ancak geçmişe bakarak anlaşılıyor" (Kierkegaard). Yaşadıklarımızı gerçekten anlamamız için üzerinden çok zaman geçmesi gerekecek.

Bu durumda yapabileceğimiz en doğru iş, bu değişimi sezgisel de olsa kavrayıp bu zamanın bizden talep ettiği değişimi yapmak olacaktır. CEO'nun da görevi, yönettiği şirketi ekonomik düzenin yenilenmesine adapte etmektir.

Aslında kriz dönemleri yenilikler için en olgun dönemlerdir. Ekonomide karar alan her bireyin, her şirketin geleceği yeni bir gözle değerlendirdiği bu dönem, CEO'lara normal zamanlarda elde edemeyeceği imkânları sunar. Şirketin göğüslediği baskılar nedeniyle sermayedar şirketten kârlılık beklentisini en aza indirecek çalışanlar yeni arayışlara sıcak bakacaktır. Bu dönemler, her şirkette her CEO'nun önündeki en büyük engel olan "değişime direncin" en aza indiği, geleceğin yeniden tasarlanabileceği dönemlerdir.

Bu zor ve sıkıntılı bir çabadır ama orta-uzun vadede hayatta kalabilmek için başka çare yoktur. Değişime uyum gösterebilmek için şirketin "yaratıcı bir yıkım" yapması gerekir (Joseph Schumpeter). Gerekiyorsa işleyen çarkları bile değiştirmek, yenilemek gerekir. Bu yaratıcı yıkım aslında kapitalist sistemin gelişmesinin itici gücüdür. İster beğenelim ister beğenmeyelim, kapitalist sistemin özü de bu yaratıcı yıkımda yatmaktadır.

Şirketin zamana ayak uydurması, "yeni bir iş yapma biçimi" yaratması veya müşterilere "yeni bir teklif" sunmasıdır. Herkesin aynı teklifi sunduğu pazarlar, bütün üreticilerin zarar göreceği pazarlardır. Kriz dönemlerinde bu tür pazarlarda güvenilir ve marka cazibesi olan bir-iki marka ayakta kalacak, diğerleri büyük zararlar görecektir. Bu tehlikeli oyuna devam etmek yerine şirketlerin, müşterilerini ve onların "değişen ihtiyaçlarını" çok iyi anlayarak onlara yeni teklifler sunmaları gerekir.

İnovasyon konusunda CEO'ya düşen en temel rol, şirketin içinde, inovasyonu yeşertecek bir iklim yaratma konusunda kararlılık göstermesidir. Şirket içindeki yaratıcı düşünme ortamı, yeni fikirlerin hayat bulması, farklılıkların hoş görülmesi, çalışanların risk alabilmesi, inovasyon kültürü yaratmanın önkoşullarıdır.

İçinde yaşadığımız dönem, alışageldiğimizden başka türlü bir liderliği gerektiriyor. Herbert Spencer'in dediği gibi, "Zaman insanı yaratıyor" ve yaşadığımız dönem kendine uygun yeni bir lider tarzına ihtiyaç duyuyor. Kendine has koşullarından dolayı, bu zamanın lideri ne karizmatik ne otokratiktir. Bu zamanın ruhuna en uygun lider, özgün lider olarak tanımlanandır.

Bütün liderlerde olması gereken enerji, tutku, ikna, kararlılık, cesaret gibi özelliklerin yanı sıra, dönüşümü gerçekleştirecek özgün liderde bazı ek özellikler olması gerekiyor.

Özgün (otantik) Liderlerin Özellikleri:

- Yönetim anlayışları **değer merkezli**dir. Onlar insan olmanın anlamını oluşturan evrensel değerleri liderlik pratiğine taşıyorlar. Samimiyet, güven, sevgi, dayanışma, hoşgörü, dürüstlük gibi insani değerlerin yönettikleri yerde yeşermesi için çaba gösteriyor ve bu değerleri bizzat yaşayarak örnek oluyorlar.
- Bilgiye değer veriyor ve **anlam** yaratmayı, sıradışı yaklaşımları, sezgisel karar vermeyi benimsiyorlar. Katılımcı ve paylaşımcı bir yönetim anlayışları var.
- Değişime açıklar, çevresel değişikliklere hızlı uyum gösteriyorlar. Esnek olmak, belirsizlikle başetmek ve zamana direnmek değil **zamanın akışına uyum sağlama** becerilerine sahipler.
- **Farklı** kültürel, sosyal ve zihinsel kaynaklardan yararlanmasını biliyorlar. Etraflarında tek tip, kendilerini onaylayan insanlar yerine yaratıcı fikirleri olanları barındırıyorlar.
- **Bütünsel** bir bakış açıları var. Kısa vadeli davranmıyorlar. Resmin bütününü kavrayarak parçaları birleştirebilme ve geleceği inşa etme becerilerine sahipler.

Herkes çalıştığı yerde işe katkı sağlamayı, sadece bedeniyle değil hem aklı hem de ruhuyla iş yapmayı ister. İnsan, gününün çoğunu geçirdiği işyerini elbette anlamlı kılmak ister. Bu anlam, paradan da, unvandan da daha önemlidir. Otantik liderler, anlam yaratmak ve çalışanların hevesle iş yapmasını sağlamak bakımından diğer liderlere göre daha başarılılar.

Böyle bir liderlik aslında **yapmakla** değil **olmakla** ilgilidir. Bu sebeple kişilik bütünlüğü, özgün liderliğin temel belirleyicisidir.

Değişimin ve belirsizliğin arttığı dönemlerde özgün liderliğin yükselmesi, bir anlamda alçakgönüllülüğün ve içtenliğin de organizasyonların içine yerleşmesi anlamına geliyor. Sadece çalışanların değil, tüketicilerin (ve genelde bütün insanların) aradıkları **güven**in cevabı da özgün liderlerin yönettiği organizasyonlarda bulunabiliyor.

Bu liderler yarattıkları güven ortamında, insanların içindeki hapsolmuş enerjiyi ateşleyerek, organizasyonları ustaca değiştirebilme yeteneğine sahipler.

Ekonomik krizde, bazı sektörlerde hayatın, diğerlerine göre daha zor olacağı kesin. Aynı sektör içinde bütün şirketlerin de aynı koşullarda olmadığı kesin. Ama bu koşullar altında bile şirketler kendilerini yenileyeceklerse bunu yapabilecek olanlar özgün liderler olacaktır. Çünkü ancak onlar, yukarıda saydığım özelliklerinden dolayı, bu "zamanın ruhuna" uygun davranmayı başarabileceklerdir.

İşten Çıkarma Kaçınılmaz Olduğunda

Türkiye İstatistik Kurumu, ülke genelindeki işsiz sayısının Eylül 2008 döneminde, geçen yılın aynı dönemine göre 295 bin kişi artarak 2 milyon 548 bin kişiye yükseldiğini belirtiyor. Bu sayı, 2009'un ilk çeyreğine çok daha büyük boyutlara ulaşmıştır.

Ekonomik krizin yol açtığı talep daralması, çalışma saatlerini azaltma, ücretlerde kısıntı yapma ya da işten çıkarma gibi yöntemler uygulanmasına yol açmaktadır. Krizi en az zararla atlatmak amacıyla alınan bu tasarruf önlemleri, aceleyle ve iyi değerlendirilmeden uygulandığında, kurumun geleceğine ve itibarına zarar verebilir. Bu önlemleri alırken dikkat edilmesi gereken noktaları aşağıdaki gibi sıralayabiliriz:

Mevcut performans verilerine dikkat edin: Küçülmeye giden pek çok kurum, mevcut performans verilerinin kimin işten çıkarılacağına dair değerlendirmeler için yeterli olmadığını çok geç görür. Çünkü performans sistemi kriterleri çoğunlukla "gelişime yönelik ve hedef odaklı"dır. Kimin daha üstün performans gösterdiği, katma değer sağladığı konularında karşılaştırma imkânını çok fazla vermez. Oysa küçülme durumunda karşılaştırmalı performans verilerine göre karar verilmelidir.

Yaş ve tecrübe arasında doğru ilişki kurun: Karşılaştırma verilerinin eksik olduğu durumlarda, ikinci belirleyici faktör olarak "tecrübe" kabul edilir. Tecrübe, çalışanın "yaş"ıyla da paralel olarak düşünülür. "Daha ileri yaş daha çok tecrübe" diye nitelendirilir. Çok kere bir yılda kazanılan ve 20 yıl tekrarlanan tecrübe, "20 yıllık tecrübe" olarak değerlendirilir; bunun yanında yetkinliğin bireysel özelliklere dayalı diğer alt bileşenleri olan benlik algısı, tutum, geçmiş yaşantı, ilgi, motiv ve değerler gözardı edilir.

Ücretin miktarına aldanmayın: Kimin işten çıkarılacağı konusundaki yanlış kararı etkileyen bir diğer faktör de ücret düzeyidir. Ücret skalasının üst kademelerinde yer alan çalışanları işten çıkarmanın bütçeye daha fazla katkı getireceği düşüncesi hâkimdir. Oysa çalışanın yarattığı katma değere bakmak gerekir.

Eşit yükümlülük doğru değildir: Yönetimler, belirli bir oranda kesintiye gideceklerini açıkladıklarında, çoğu zaman bunun tüm bölümleri etkileyeceğini belirtirler. Burada gözardı edilen konu, şirketin her bölümünün kârlılığa katkısının eşit olmadığı gerçeğidir.

Perşembe gecesi toplantıları ve cuma katliamından kaçının: Kurumlar çoğunlukla mali göstergeleri son noktaya geldiği zaman bir hareket planı oluşturmaya başlar. Bu gibi durumlarda küçülme kararı çarşamba gündeme gelir, yöneticilerden bir sonraki güne işten çıkartılacak kişilerin listesini hazırlamaları istenir ve cuma günü bu kişilere işten çıkarıldıkları söylenir. Yapılan kısa bir bilgilendirmenin ardından yönetim, küçülme sürecinin tamamlandığını, her şeyin eskisi gibi devam ettiği bir pazartesiye başlayacağını zanneder.

İşten çıkarma görüşmelerini profesyonelce yapın: İşten çıkarma, İK uzmanlarının ve yöneticilerin en zor sorumluluklarından biridir. Yine de, işten çıkarmanın prosedürüne uygun olarak yapılması kurum, işten çıkanlar ve geride kalanlar için son derece önemlidir.

Küçülme amaçlı işten çıkarmada iki temel konu önem taşır. Bunlardan ilki şirketin hayatta ve ayakta kalması yani işin devamlılığını sağlama zorunluluğu, ikincisi ise kişisel ve duygusal nedenler yerine gerçek nedenlere odaklanmaktır.

İK bölümleri, CV yazımı, iş görüşmesinin nasıl yapılması gerektiği, iş bulma kaynakları (CV siteleri, danışmanlık şirketleri, vs) gibi hizmetleri işten çıkarılanlara sunmalıdır. Bazı kurumlar işten çıkardığı çalışanları için küçük bir ofis tutarak eldeki masa, sandalye ve bilgisayarlarla burayı döşemekte ve işten çıkarılanların burada CV yazımı, iş arama gibi faaliyetlerini bir süre devam ettirmelerine imkân sağlamaktadır.

Geride kalan sendromunu görmezden gelmeyin: Şirketlerde köklü değişim ve küçülme süreçlerinde, geride kalan iş gücünün yaşadığı olumsuz deneyimlere, "geride kalan sendromu" diyoruz. Bu dönemde şaşkınlık, korku, duygu körelmesi, depresyon gibi duygusal haller yaşadıkları gözlenen çalışanlar, üç tür tepki ortaya koyar:

1. Çalışanların %70-80'i "bekle ve gör" politikası izler.

2. Oranı %10 ila 15 arasında değişen bir grup, "her şeyin eskisi gibi olması için" çaba harcar, hatta şirketi sabote etme gibi düşmanca davranışlar dahi gösterebilir.

3. Geriye kalan %10 ila 15'lik grup ise liderlik davranışı gösterir, şirketin ayakta kalması için çalışır.

Bu dönemde "bekle ve gör" politikası izleyenleri, değer katmaya yöneltmek gerekir. Düşmanca tutum içinde olması muhtemel olan çalışanların verebilecekleri zararın öngörülerek önlemlerin alınması gerekir.

Geride kalanlar, yeni düzene nasıl uyum sağlayacaklarını bilme ihtiyacı duyar. Kendilerinden ne beklendiğini ve hedeflere nasıl ulaşabileceklerini yalın biçimde kendilerine anlatılmasını bekler. Yeni bir plana ihtiyaçları vardır. Bu olmadığı zaman korku, rahatsızlık, çekingenlik, bunalım yaşar ve ne yaratıcı, ne de verimli olabilir. Tüm çalışanların sorunlarına aynı zamanda yanıt verebilmek mümkün olmasa da, bunun bir geçiş dönemi olduğunu görmek ve sorunlara adım adım çözümler geliştirmek gerekir.

İşten Çıkarma Süreci

İşten çıkarılmanın kaçınılmaz olduğu durumlarda, bu sürecin yönetilme biçimine dikkat edilmelidir. Bu aşamada işten çıkarılacak kişinin onurunun korunması birinci önceliktir. İK uzmanlarının bu konuda yöneticilere yol göstermesi gerekmektedir. Yöneticilere verilebilecek tavsiyeleri şu şekilde sıralayabiliriz:

Başbaşa görüşün. İşine son verilen kişi, sonlandırma görüşmesini İK bölümünden biriyle değil de kendi yöneticisiyle yapmak ister. Çünkü sonlandırma görüşmesi kişisel bir olaydır ve çalışanlar bunun haberini kendi üstlerinden duymak ister, tanımadığı birinden değil.

Görüşmeyi kısa ve konuyla sınırlı tutun. Çalışan yerine oturur oturmaz onu neden çağırdığınızı söyleyin: "Mustafa, üzgünüm ama senin görevine son vermek zorunda kaldık." Gerek duyarsanız cümleyi tekrarlayın ve anlaşıldığından emin olun. Ayrıntıları ya da dolaylı sözleri değil, gerçekleri söyleyin ve konuşmayı on beş dakikadan fazla uzatmayın.

Anlayışlı ve destekleyici davranın ama kararın değişmeyeceğini de belirtin. İşgücü azaltma kararının üst yönetimde uzun uzun tartışıldığını ve değişme şansı olmadığını söyleyin. Kendisine yeni bir pozisyon bulmak için elden gelen çabanın gösterildiğini ama bunun mümkün olamadığını da açıklayın.

Duygularınıza hâkim olun. Çalışan, ani tepki gösterip odayı terk etmek isterse ona engel olmayın, sesinizi kontrollü kullanın. Duygusal tepkilere anlayışla ve serinkanlı yaklaşın.

Tazminat paketini yazılı olarak verin. Çalışanın geçiş dönemini olabildiğince sancısız geçirmesi için kurum olarak elinizden geleni yapmaya hazır olduğunuzu söyleyin. Önünde başka fırsatlar bulunduğuna güvendiğinizi belirtin. İşine son verilmesinin bir iş zorunluluğu olduğunu hatırlatın ve kendisi için yapabileceğiniz bir şey varsa, yapmaya hazır olduğunuzu söyleyin.

Çalışana, duruma olumlu yaklaşmasını, yıkıcı ve zarar verici hareketlerden kaçınmasını öğütleyin. Kişiye işten ayrılmada destek hizmeti danışmanıyla işbirliği yapmasının onun mesleki geleceği açısından yararlı olacağını anlatın.

Görüşmeyi, planladığınız süre içinde bitirin. Görüşmenin on beş dakikadan fazla sürmemesine özen gösterin ve çalışanı kapıya kadar geçirin. Eğer işten ayrılmada destek hizmetinden yararlanacaksa onu danışmanıyla tanıştırın.

Diğer çalışanları, müşterileri ve tedarikçileri karardan haberdar edin. Çalışanı başkalarına karşı eleştirmeyin, kötülemeyin. Kararı yalın ve suçlamayan bir dille açıklayın.

Çalışanların işine son verme durumunda kazananlar ve kaybedenler olmamalıdır. Bütün taraflar kurum, ayrılan ve geride kalan çalışanlar, bu durumdan en az yara alarak ve geleceğe dönük umutlarını kaybetmeden çıkabilmelidir. Unutmamalıdır ki yönetimin birinci önceliği, mevcut işgücünü daha verimli hale getirmektir. Sorumluluk ve fedakârlık her düzeyde paylaşılmalı, açık, kararlı bir yönetim uygulanmalı ve bunların iletişimi her kademede yapılmalıdır.

Krizler kurumlara güven tazelemek ve itibarına yatırım yapmak yolunda sayısız fırsat sunar. Bu fırsatlardan yararlanabilen ve doğru yönetim uygulayabilen kurumlar krizden güçlenerek çıkar.

Kriz dönemlerinin en büyük risklerinden biri, yanlış önlemlerin kalıcı etkiler bırakmasıdır. Bu konuda İK uzmanlarına düşen en önemli görev, aldıkları kararların orta ve uzun vadedeki sonuçları hakkında yöneticileri bilgilendirmektir.

İADE (Outplacement)

İşten ayrılmak zorunda kalan insanlar, ekonomik olduğu kadar sosyal ve psikolojik olarak da bir dizi sorun yaşar. Yaşanan kaygılar kişinin kendine olan güvenine ve özsaygısına zarar verir, hayat enerjisinin azalmasına neden olur. Hayata yeni bir başlangıç yapma istekliliğini, iş arama davranışını etkiler. Uzun vadede bu olumsuz deneyimler, yetişmiş ve nitelikli insan gücünün geleceğe olan inancını olduğu kadar üretkenliğini de zedeler.

Öte yandan, işgücü azaltmak zorunda kalan şirketin eski çalışanlarına karşı tavrı da o şirketin kamuoyu önündeki kimliğini yakından etkiler. İşe son verme kararının çalışana bildirilme üslubundan çalışan haklarının yerine getirilmesine, eski çalışanın geçiş döneminde desteklenmesine kadar çeşitli kurumsal davranışlar, şirketin toplum önünde itibar kazanmasına ya da kaybetmesine neden olur. Nitekim 2001 krizi sonrasında ülkemizde bazı şirketlerde yaşandığı duyulan olumsuz işten çıkarma uygulamalarının uzun süre kulaktan kulağa dolaşması, bu şirketler için önemli bir itibar kaybına neden olmuştur.

İşe son verme sürecinde kullanılan ifadelerden başlayarak, her aşamada gösterilen ilgi ve destek, işten ayrılan kişinin olduğu kadar onun etki alanında yer alan kişilerin de gelecekte o şirkete karşı nasıl davranacağını belirlemektedir.

İşten Ayrılmalarda Destek Programı

1970'lerde ABD'de başlayan ve giderek yaygınlaşan İşten Ayrılmalarda Destek (İADE – *outplacement*) hizmeti, işten ayrılmayla ilgili sorunlara çözüm getirmek için geliştirilmiş programlardan oluşur. Her ne kadar ilk uygulamaları geçen yüzyılda görülmüş ise de, işten ayrılmada destek hizmeti 21. yy'da alabildiğine hız kazanan küreselleşmenin bir gerçeğidir.

İADE hizmeti yeniden yapılanma, kapanma, küçülme, birleşme gibi çeşitli nedenlerden dolayı çalıştıkları şirketten ayrılmak zorunda kalan kişilere, kişisel ve profesyonel özellikleriyle ilgili farkındalık kazandırmak ve bu özelliklere uygun iş olanakları araştırma konusunda yardımcı olmak amacıyla verilen bir hizmettir. Bu süreçte, çeşitli nedenlerle işgücünü azaltmak zorunda kalan işveren, eski çalışanına yeni hayatındaki mesleki gelişiminde yardımcı olur. Üst düzey yöneticiler için 1978'den bu yana mevcut olan bu hizmetler, günümüzde tüm çalışanları kapsayacak şekilde genişletilmiştir.

İADE hizmeti son dönemlerde en hızlı gelişen İK işlevlerinden biridir. Seçme ve yerleştirmeyle ilgili sayısız yayın ve çalışmaya rağmen, bunun tersi olan işten çıkarma ve işten ayrılana destek fonksiyonlarıyla ilgili yayınlar son on yılda artmıştır.

İADE programı özünde, zorunlu bir değişimin içinde yer alan tüm tarafların galip/galip ilişkisi içinde sonuç almasını hedefler. İster işgücünde kısıntıya gitmek zorunda kalan kurum olsun, ister sonlandırma kararını çalışanlara bildirmekle yükümlü yöneticiler olsun ya da işini bırakmak zorunda kalan çalışanlar olsun İADE programı herkesin bu zor durumu en az zararla atlatmasını sağlamaya yöneliktir. Çoğu uygulama, tasarrufların değerlendirilmesine ilişkin mali danışmanlık, sosyal itibar, eski iş arkadaşlarıyla ilişkiler, geride kalanların moralinin yüksek tutulması ve ticari sırlar gibi konuları kapsar.

İşinden ayrılmak zorunda kalan çalışanlara gerçek anlamda destek veren programlar, her bireyin özel ihtiyaçlarını ve koşullarını göz önüne alan özgün programlardır. Öncelikle her bireyin kendisini ve geçmiş iş deneyimlerini gerçekçi bir biçimde değerlendirmesine yardım edilir. Bu özellikleriyle hangi işkollarında ne nitelikte işlere yönelmesi gerektiği araştırılır. Daha sonra da bu arayışın hangi yöntemlerle yapılması gerektiği öğretilir. Başarılı bir İADE programı, her katılımcıya, iş dünyasına yeniden neler sunabileceğini değerlendirme olanağı sağlar.

Kurumsal Sorumluluğun Boyutları

Günümüzde çalışanların duygusal zekâsı başarı için ne kadar önemliyse, kurumların da duygusal zekâsı o ölçüde önemlidir. Kurumların duygusal zekâsının en üst düzeydeki göstergesi, manevi sağlıktır. Manevi yönden sağlıklı olan şirket, bulunduğu topluma ve insanlığa katkı sağlar. Günümüz dünyasında ürünler ve hizmetler arasındaki kalite, fiyat, ödeme koşulları, dağıtım gibi ayrımlar giderek azalmaktadır. Buna karşılık, rekabet üstünlüğü sağlamak için farklılık yaratmada şirketlerin sosyal sorumluğu önem kazanmaktadır.

Yapılan araştırmalar, bu konudaki bilincin hızla artmakta olduğunu göstermektedir. Topluma ve insanlığa duyarlı davranan ve katkı sağlayan şirketlerin iş hacminde artış olduğu ortaya konmuştur. Aynı araştırmalar, "Fiyat ve kalitesinde belirgin bir fark yoksa toplum için yararlı şeyler yapan şirketin ürünlerini alırım," diyenlerin sayısının son iki yılda %55'ten %65'e çıktığını göstermektedir.

Ayrıca ayrılanlara verilen böyle bir hizmet, kalan işgücünün motivasyonu konusunda önemli bir rol oynar. Çalışana verilen değer açısından böyle bir programın uygulanması, çalışmaya devam edenlerde olumlu duygular yaşanmasını sağlar ve kuruma bağlılığı artırır. Bu yaklaşımın bir uzantısı olarak, işten ayrılma sürecini başlatan işi sonlandırma bildirimi de, tüm sürecin nasıl gelişeceğini belirleyen etkenlerden biridir. Bu nedenle, bu bildirimi yapacak kişilerin eğitilmesi de büyük önem taşır. Bu eğitim, İADE programının bir parçasını oluşturur.

Bu uygulama, yukarıda sıralanan nedenlerle şirketin iş dünyasındaki itibarını yükseltir. İADE hizmetinin şirket yararlarını şöyle özetleyebiliriz:

- Ayrılan kişilerin şirkete verebileceği zararların önüne geçer
- Yasal yollara başvurma olasılığını azaltır
- Şirkete karşı olumlu duyguların devamını sağlar
- Şirketin iş dünyasındaki itibarını yükseltir
- Geride kalanlara olumlu mesaj verilmesini sağlar

İşe Alırken ve İşe Son Verirken...

İADE programı esas olarak, eğitimli, birikimli ve deneyimli profesyonelleri geri kazanmak, gerek bireysel olarak, gerekse ülke ekonomisi açısından verimli olmaya devam etmelerini sağlamak amacını taşır. İşlerine zorunlu olarak son verilmiş kişilere, yaşadıkları öfke ve kızgınlık duygularını yenerek, enerjilerini yapıcı ve yararlı bir şekilde kullanma olanağı verir.

Bu hizmetin temelinde, çalışanın kendisini güçlü ve zayıf yönleriyle daha iyi tanıması, kendine olan saygısı ve güveninin artmasına imkân sağlayacak donanımı kazanması yatmaktadır. İADE programı, işini kaybetmiş kişinin;

- Olumlu, yapıcı bakış açısını ve hayat enerjisini korumasına yardımcı olur
- Stres kaynaklarıyla başaçıkmasını amaçlar
- Tarafsız ölçülerle kendisini tanımasına ve kariye planı yapmasına yardımcı olur
- İş arama çalışmalarına etkinlik kazandırır

İş kaybı hangi nedenle olursa olsun, kişinin hayal kırıklığını, kaygı ve kızgınlığını aşarak sağduyulu davranması ve karar vermesi çok zordur. Bu zorluğu aşması, kendine inanması ve güvenmesi için işten ayrılanlara sunulan İADE hizmeti, kişinin geleceğe umutla bakmasını sağlarken kuruma da itibar kazandırmaktadır.

II. BÖLÜM

İnsan Kaynağını Harekete Geçirmek: Motivasyon

İK Nasıl Yönetimin Stratejik Partneri Olur?

Alanda çalışmaya başladığımız seksenli yıllarda, personel bölümlerinin çok azı "insan kaynakları" adını almıştı. Doksanlı yılların ortasındaysa, gerçek işlevini gerçekleştirmese de İK adını almayan personel bölümü kalmamıştı. Bu yıllardan başlayarak İK'nın hedefi ve iddiası, "yönetimin stratejik partneri olmak"tı. Aradan geçen zamana karşın, bu hedef ne yazık ki hâlâ çok uzak görünüyor. İK'nın doğrudan genel müdüre bağlı olarak çalıştığı kurum sayısı gerçekte çok azdır ancak bu bağ, kriz dönemlerinde özellikle önem kazanır. Durum bu olsa dahi, İK'nın ne ölçüde stratejik partner olduğu tartışılır durumdadır.

"Personel şefliği"nden "İK direktörlüğü"ne uzanan yolculuğun yakın bir tanığı olarak, bunun birden fazla nedeni olduğunu düşünüyorum.

İK'nın Kazandırdıklarının Sınırları

İK'nın işe alımda gittikçe daha etkili yöntemler geliştirdiği, nitelikli ve amaca yönelik eğitimleri seçmekte çok daha başarılı olduğu, yetenek havuzları oluşturmak için büyük çaba harcadığı, başta Sabancı olmak üzere bazı kurumlarda örnek uygulamalar yaptığı, çalışan memnuniyeti anketleriyle çalışma koşullarını düzenlemekte ve geliştirmekte önemli katkılar sağladığı biliniyor. Ancak bunlar, yönetimin stratejik partneri olmaya yetmiyor.

Günümüzde kurumsallaşmış şirketler dahil, hemen bütün şirketlerde geçerli olan insan kaynakları yönetim anlayışı, büyük ölçüde geçen yüzyılın ihtiyaçlarına göre yapılandırılmıştır.

ABD'de yaşamış ve saygın üniversitelerde ders vermiş önemli düşünürler olan Maslow, Herzberg ve Mc Gregor'un görüşleri, iş hayatını ve çalışma davranışlarını yönlendirmeye temel oluşturmuştur. Özellikle Maslow'un "ihtiyaçlar kuramı" çok sayıda araştırmaya konu olmuş, ancak hiçbirinde Maslow'un ünlü piramidini doğrulayacak sonuç elde edilmemiştir.

Bilimsel olarak doğrulanmamış olsa da, çalışma ve buna bağlı olarak yönetim anlayışına bir ölçüde bilimsellik ve derinlik getiren bu görüşlerin hepsi, ekonominin emek yoğun olduğu bir döneme aittir. Bu dönemin özelliği, çalışanların yarattığı katma değerin, bedensel güç harcanması nedeniyle geçirilen süreye bağlı olması ve verimliliğin otomasyon ve hammadde fiyatları tarafından belirlenmesidir. Oysa bugün bir ton kiraz (tarım ürünü) 1000 $, bir ton Fiat Doblo (endüstriyel ürün) 10.000 $, bir ton cep telefonu (bilgi teknolojisi ürünü) 1.000.000 $, bir ton DNA ilacı (nano teknoloji ürünü) ise 10 trilyon $'dır. Bir kilo hibrit domates tohumunun değeri, bir kilo altına yakındır. Görüldüğü gibi bugün **bilginin yarattığı katma değer, İK anlayışının yerleştiği dönemlerde hayal bile edilemeyecek düzeydedir.** Bu nedenle de bilgi ekonomisi çalışanlarını, endüstri dönemi anlayışıyla yönetmek hem mümkün değildir hem de anlamlı ve gerçekçi değildir.

İK'nın yaşadığı sorunları şu başlıklar altında toplayabiliriz:

Kuşaklararası Farklılıkları Yönetmek

Gerek kurumsal şirketlerde, gerekse patron şirketlerinde yaşı kırkın üzerindeki yöneticiler ve patronlar, genç çalışanlarını anlamakta ileri derecede zorluk çekmektedir.

Hizmet verdiğimiz üretime dayalı bir otomotiv kuruluşunda yöneticiler, genç çalışanların mazeret izinlerini ve geç gelme ile yasal haklarını son sınırına kadar kullanmalarına anlam verememekte ve bu duruma ciddi olarak öfkelenmektedir.

Benzer şekilde, genç çalışanlar, kişisel bankacılık işlemlerini kurumdaki elektronik ortamı kullanarak yürütmeyi doğal bir hak olarak görürken, yöneticileri çalışanlarının bu beklentisini ilk defa duyduklarında kulaklarına inanmakta zorluk çekmektedir.

"Gençlerde kuruma bağlılık ve sadakat yok" görüşü, özellikle yaşı 50'nin üzerinde olan birçok yönetici ve patron tarafından kuvvetle paylaşılmaktadır. Bu tür inanış ve önyargılar çok kuvvetli ve yaygındır; değerlerle ilgili araştırma sonuçları da bunu doğrulamaktadır. Bu araştırmalardan çıkan sonuçları şöyle özetleyebiliriz:

- Hangi kuşaktan ve yaş grubundan olursa olsun, aslında çalışanlar aynı şeyi istemektedir.
- Gereken koşulları yerine getirerek bütün yaş gruplarındaki çalışanları etkin şekilde yönetmek mümkündür.
- Kuşaklararası fark gibi görünen, karşılıklı güvensizliğe dayalı bir "ilişki" sorunudur. Bu ilişki sorununun temelinde kontrol, güç, yetki ve mevki çatışması vardır. Ancak bu durum dışarıdan bakanlara kuşaklararası çatışmadan kaynaklanan iletişim sorunu gibi görünür.

"İçinizdeki Zirveye Çıkın" seminerlerinde, 2004 yılından bu yana katılımcılara değerlerini soruyorum. En önemli beş değere ulaşmak için değerleri kademeli olarak azalttığımızda, her kuşaktan çalışanda aile, bütünlük (dürüstlük), başarı, sevgi, yeterlilik değerlerinin ağır bastığına tanık oluyorum.

Bu çalışmalar sırasında her yaşta çalışan için saygı görmenin önemli olduğunu, güvenin her yaş grubu için belirleyici olduğunu, değişimden kimsenin fazla hoşlanmadığını, sadakate her yaş grubunda aynı oranda değer verildiğini saptadım. Ancak ayrıntılı sorular sorduğumda, bu değerlerin hayata yansıma biçimleri ve ifade edilişlerinde farklar olduğunu anladım.

İK'ya düşenin, genellemelerden kaçınarak kurum içinde bu farklılıkların nasıl yönetilebileceğini saptamak ve bunun iş sonuçları üzerindeki etkilerini göstermek olduğunu düşünüyorum. Örneğin, kurumun geleceğini emanet etmek için yatırım yaptığı genç çalışanların iş terkinin kuruma maliyetini ortaya koymak, kendini kurumunun sahibi kabul eden ve burnundan kıl aldırmayan üst yöneticilerde anlayış değişikliği ihtiyacı doğurmak için yeterince alarma geçiricidir.

İş Süreçlerini Denetlemek ve Değerlendirmek

Endüstri döneminin anlayışına göre yapılanmış olan İK, belirli süreçlere uygun iş tanımlarıyla hareket eder. İş süreçlerinin ayrıntılı bir biçimde tanımlanmasıyla, bir işin sıradan bir çalışan tarafından bile kusursuz bir şekilde yapılacağı varsayılır. İş tanımları büyük çoğunlukla kurumun başarısına sağlanan katma değeri temel almak yerine, hayata geçirilen eylemleri tanımlayacak biçimde belirlenmiştir.

Bu tür iş tanımlarına dayanan sistemler, iş yasaları karşında bir güvence oluştursa da, kurumun performansını rekabette öne geçirecek katkıyı yapmaktan uzaktır. Çünkü birçok performans değerlendirme sistemi, "ortalama" performans gösteren çalışanları koruyacak biçimde yapılandırılmıştır. Böylece maaş artışları, terfiler ve ender olarak da işten çıkarmalar, bu performans sistemine dayanarak gerçekleşir. Bunun, yasal bir dayanak olarak işlevsel olsa bile, çalışanların büyük bölümünün gözünde adil olarak algılanmadığı, yöneticiler tarafından da angarya olarak görüldüğü, iş hayatında birkaç yıllık deneyime sahip birçok kişi tarafından paylaşılır.

Bu tür bir iş tanımı, iş süreci ve performans değerlendirme yaklaşımının en temel sorunu, yazının başında söz ettiğimiz endüstri dönemi zihin haritası ve ihtiyaçlarına göre yapılanmış olmasıdır. Bu sistemler, günümüzün ihtiyacı olan bilgi ve beyin gücünün katma değerini ve performansını değil, kas gücünün katma değerini ve performansını ölçer.

İK'nın kurum içinde bütün süreçleri standardize etme çabasının, günümüz iş hayatının özelliklerinden dolayı, özellikle genç çalışanların aidiyet duyguları üzerinde olumsuz etkileri vardır. Çünkü her öğrencinin her dersten iyi not almasını beklemek gibi, İK da her çalışanda, her parametrede (yetkinlik alanında) bir gelişme alanı bulmaya çalışmaktadır. Oysa bu değerlendirmelerin, yöneticilerin ve çalışanların bireysel özelliklerini işe yansıtacak esnekliğe imkân vermesi gerekir. Aksi takdirde, herkese eşit davranılırsa adil olunacağına inanmak gibi temel bir yanılgıya düşülür.

Performans Değerlendirme

Günümüzde uluslararası birçok kuruluşta veya ülke çapında yaygın olarak hizmet veren kurumda yöneticiler, kendilerinden yüzlerce, bazen de binlerce kilometre uzakta yaşayan çalışanları yönetmek ve performanslarını değerlendirmek zorunda kalmaktadır. İş yapma, işi yönetme ve bunun sonucu olan performans değerlendirme süreci, kurumların büyük çoğunluğunda hiyerarşik sistemler esas alınarak düzenlenmiştir. Ancak günümüzde her kurumda çeşitli derecelerde bir matriks yapılanma söz konusudur ve çalışanlar birden fazla yöneticiye bağlı olarak çalışmaktadır. Bu tür bir değerlendirilme biçimi, çalıştığımız kurumların büyük çoğunluğunda sık sık rahatsızlık yaratmaktadır.

Performans değerlendirme sistemindeki sorunlardan biri de, gerek kurumsal gerekse onlara özenen şirketlerde, bir yöneticinin başaçıkamayacağı kadar karmaşık olmasıdır. Terminoloji konusunda İK uzmanlarının da anlaşamadığı birçok yetkinlik, işi bu incelikleri anlamak olmayan yöneticilere teslim edilmektedir. Bunun sonucunda, görünüşü kurtarmaya dönük, yüzleşme ve çatışmadan kaçınılan değerlendirmeler ortaya çıkmaktadır.

Bir başka sorun, kurumsallaşmış şirketlerde performans değerlendirme sisteminin ücretlerle ilişkilendirilmesidir. Bu amaçla İK çoğunlukla ücretleri, içinde bulunduğu işkolundaki örneklerden yararlanarak, görev ve fonksiyon temelinde ortalamaya oturtmaktadır. Böylece elde edilen rakamlar da, ortalama çalışanlara göre düzenlenmiş olur. Yüksek performans gösteren ve işi sürükleyen yıldızlara ise, piyangonun teselli ikramiyesi oranında bir pay düşer. Bu tür bir standardizasyon, yöneticisinin çalışanına insan olarak değer verdiği, ender görünen bir yaklaşımla birleşmezse, sürükleyici nitelikteki çalışanların kurumu terk etmesi kaçınılmaz olur.

Bir başka sorun, kişilik psikolojisinin temel ilkelerinden habersiz İK yöneticilerinin, birbiriyle çelişen, aynı insan için "hem kısa boylu olsun, hem uzun boylu olsun" anlamına gelecek yetkinliklere aynı görev tanımı içinde yer vermeleridir. Örneğin, bir satış elemanının kararlı, atak, ısrarcı olması beklenir. Bu özellikler, kişilikteki "hırs" boyutunda yüksek puan almayı, ancak bununla beraber "tedbirlilik" boyutunda düşük puan almayı kaçınılmaz kılar. Bu özelliklere sahip bir satış elemanı kendisinden beklenen rakipleri yakından izlemek, ayrıntılı raporlar hazırlamak gibi konularda başarılı olamaz. Çünkü bu özellikler yüksek "tedbirlilik" gerektirir. Böyle bir değerlendirmenin sonucu, ya yöneticinin bunları boş vermesi veya yönetici ile çalışan arasında sürekli bir çekişme ve iş doyumsuzluğu olur.

Yönetim Anlayışı

1950'li yılların ABD'sinin ihtiyaçlarını yansıtan motivasyon kuramlarıyla bugünün çalışanlarını yönetmek imkânsızdır. Örneğin Türk kültürü, Hofstede'nin araştırmasında ortaya konduğu gibi, "bireycilik-toplulukçuluk" boyutunda "toplulukçuluğa" daha yakın dururken, ekip çalışması ve liderlik yönetim konularındaki literatürün kaynağı olan ABD, İngiltere gibi Anglosakson kültür bu boyutta bireyciliğin en uç köşesinde yer alır. Bu bir veridir, ancak birçok yönetici ve danışman İngilizce kitaplardan derledikleri bilgilerle veya Anglosakson ülkelerde aldıkları MBA unvanlarıyla Türkiye'de yöneticilik yapmak ve ekip ilişkilerini düzenlemek için önerilerde bulunmak ve kurallar koymakta sakınca görmez. Bu durum, benim gözümde bir kara mizahtır.

Benzer şekilde, "belirsizliğe karşı direnç" Anglosakson kültürde düşük, Türkiye'de yüksektir. Bu da matriks türü bir yapılanmayı uygularken özenle ele alınması ve yönetilmesi gereken önemli zorluklar içerir.

Ne Yapmak Gerekir?

İK'nın sorunlarına çözüm yollarını aşağıdaki gibi sıralayabiliriz:

"CEO'nun Dilini Konuşmak"

İK'nın gerçekten yönetimin stratejik partneri olabilmesinin en önemli adımı, Ram Charan'ın ifadesiyle, "CEO'nun dilini konuşması"dır. CEO'nun dilini konuşmanın iki boyutu vardır:

Birincisi, **finans ve muhasebenin temel kavramlarını anlamak ve bilanço okuyabilmek**tir. Birkaç yıl önce bunu dile getirdiğim çeşitli İK toplantılarında, dinleyiciler tarafından yadırgandığımı ve "abarttığımı" düşünenler olduğunu biliyorum. Ancak bu kavramları son yıllarda öğrenen ve öğrenmeye devam eden bir kişi olarak, bunun "olmazsa olmaz" koşul olduğuna inanıyorum.

Her İK çalışanı, nakit üretmenin getirisini, büyümenin ne anlama geldiğini bilmelidir. Bir İK çalışanının, marjın ve hızın bilançoyu nasıl etkilediğini, hissedar değerinin, envanter ve stokların kurumun finansal yapısı için ne anlam taşıdığını bilmediği takdirde stratejik partner olarak algılanması mümkün değildir.

Fast Company dergisi editörü Keith H. Hammonds'ın "Neden İK'dan nefret ediyorum?" yazısında yer verdiği, İnsan Kaynakları Yönetimi Derneği'nin yaptığı bir araştırmada, İK çalışanlarına mesleklerinde ilerlemek için ne tür eğitimlere ihtiyaç duydukları sorulmuş ve aşağıdaki cevaplar alınmıştır:

İletişim ve ilişki becerileri %83
İş hukuku %71
İş etiği %66
Değişim yönetimi %35
Finans %2

Buradan benim çıkardığım sonuç şudur: İK çalışanları iş hayatında "stratejik partner olarak algılanmak" için en gerekli bilgiye, en az ihtiyaç duymaktadır. İK'cılar finansı bilmemektedir ve finans bilmenin önemini de henüz hiç anlayamamış görünmektedir.

CEO'nun dilini konuşmanın ikinci adımı, ancak birinci adımın atılmasından sonra gerçekleşebilir. Bu adım, **iş sezgisine ve ticari düşünceye sahip olmak**tır. Bugüne kadar benim de birçok kere gözlediğim gibi, sadece İK uzmanları değil, birçok çalışan, şirketlerinin hizmet ve ürünleri piyasada rağbet görürken, şirket birçok varlığa sahipken, depoda stokları dururken, piyasadan alacaklı durumdayken, neden zarar etmekte olduğunu hatta iflasa sürüklendiğini anlayamaz. Şirketleri batıranın borç değil nakit eksikliği olduğunu bilemez. Bunu Celemi'nin iş simülasyonlarını uygularken çok açık biçimde görüyoruz. Bir çalışan ticari düşünceye sahip olmayınca, işi planlaması, stratejik düşünmesi, İK'nın hedefleri ile kurumun hedeflerini örtüştürmesi mümkün olmaz.

2006 yılında New York'ta katılma fırsatını bulduğum Liderler Zirvesi'nde Clinton, günümüzü tanımlayan temel kavramın, birçoklarının sandığı gibi küreselleşme değil, karşılıklı bağımlılık olduğunu söylemişti.

İK da diğer bölümlerle ilişkili olmak ve onlarla birlikte hareket etmek durumundadır. Çok doğal gibi görünen bu durum, birçok kurumda hayata geçememektedir. Bunun nedenlerinden biri geçen yüzyılın çalışma anlayışından kurtulamamış yöneticiler olsa da, İK'nın da kendini sorgulamaması önemli bir etkendir. Bunun için İK'ya düşen ilk sorumluluk, kurumdaki her bölümün dilini konuşmak ve önceliklerini bilmektir.

Sektörü Tanımak

İş sezgisi ve ticari düşünce, ancak İK çalışanları içinde bulundukları sektörü ve rekabeti tanıdıklarında istenen sonucu verebilir. İK'cılar ancak bu şekilde, kendi kurumlarının ve rakiplerinin güçlü ve zayıf yönlerini bilerek, gelecekteki tehdit ve fırsatlar konusunda üst yönetimin gözünde itibar görecek görüş ve öneriler geliştirebilirler.

Çalışanı Geleceğe Hazırlamak

İK ile üst yönetim arasında, geleceğin ihtiyacına yönelik insan yetiştirmek ve çalışanların geliştirilmesindeki öncelikler konusunda görüş ayrılığı vardır.

Tablo 1: Çalışanlarda Geliştirilmesi Gereken Alanların Üst Yönetim ve İK Tarafından Değerlendirilmesi

Değerlendirme Konuları	Üst Yönetim (%)	İK (%)
Müşteri ilişkileri becerileri	61	44
Yönetim becerileri	59	83
Yönetici gelişimi	46	46
İletişim becerileri	40	42
Ekip oluşturma becerileri	36	47
Bilgi teknolojileri becerileri	30	25
Satış becerileri	30	24
Profesyonel beceriler	26	32

Tablo 1'de, üst yönetim ile İK arasında, yönetim ve geleceğin yöneticilerini yetiştirmek açısından görüş farkı görülmektedir. Üst yönetim daha çok günlük ihtiyaçlara yönelik eğitimlere öncelik verirken, İK kurumun geleceğini etkileyecek konulara ağırlık vermektedir. Ancak yukarıda saydığım nedenlerle bunu üst yönetime anlatamamaktadır.

İşe yerleştirme ve yükseltmelerle ilgili İK ve bölüm yöneticileri uyum içinde çalışmalıdır. Çünkü bir İK uzmanının işin teknik yönüyle ilgili bölüm yöneticisinden, bölüm yöneticisinin de yetkinlik ve kişilik boyutunda İK uzmanından öğreneceği çok değerli birikimler vardır. İşin özelliğine göre bunları öne çıkarmak için uyumlu çalışmak, bunun için de olumlu ilişkileri sürdürmek gerekir. Ayrıca geleceğin yönetici ve iş liderlerinin yetiştirilmesinde teknik beceri kazanmak kadar, adayların kişisel sorumluluk düzeylerini geliştirmek de büyük önem taşır.

İş Sonuçlarıyla Doğrudan İlişki Kurmak

İK etkinlikleri ile iş sonuçları arasında mutlaka bağlantı kurulması gerekir. Bu, CEO'nun dilini konuşmanın ve ticari düşüncenin en açık şekilde hayata yansımasıdır.

Büyük bir üretim tesisinde çalışan 500 mühendisten (son iki yıl içinde işe giren) 10'u işten ayrılmıştır. Bu istenmeyen bir sonuç olsa bile, kurumun sessizce sineye çektiği bir durumdur. Ancak bir mühendisin yıllık maliyetinin ve işe alım süreci içinde yapılan tüm harcamaların yaklaşık 100.000 TL olduğu hesaplandığında ortaya çıkan zararın boyutunun 1.000.000 TL olduğu görülür. Tablonun bu şekilde ortaya konmasıyla İK'nın sürece CEO'nun tam desteğini alarak katılması kaçınılmaz olur.

Benzer şekilde ülkenin bütününe yayılmış, çalışanlarına ve müşterilerine standart hizmet sunan çok şubeli bir işletmede, yönetim felsefesinin ve yönetsel kalitenin ölçülerek değerlendirilmesi sonucunda, en üstte bulunan %25 ile en altta kalan %25 arasındaki satış, kârlılık ve iş terkinin maliyetinden kaynaklanan farklar milyarlarca lira tutarındadır. Bu, doğrudan kötü yönetmenin maliyetidir. "Yönetim felsefesi" ve "yönetsel kalite" soyut kavramlardır. Ancak performans değerlendirme kriterlerine bağlı olarak ortaya çıkan sonuçlar somuttur. Sonuçların somut biçimde ortaya konması durumunda, İK'nın gerçekten "yönetimin stratejik partneri" olmasına kimse engel olamaz.

İK'nın iş hayatına bakışında radikal bir değişikliğe ihtiyaç vardır. Bu değişikliğin, emeğin katma değerinin baskın olduğu endüstri dönemi anlayışından kurtulup bilgiyi işlemenin katma değerinin rekabette fark yarattığı günümüz anlayışına göre yürütülmesi gerekir. Bunun için yapılması gerekenler şunlardır:

- İşe alım sürecini, günümüz anlayışına göre yeniden düzenlemek ve bunun için yeni kuşak seçim araçları kullanmak
- Çok sayılı yetkinlik modeline dayalı performans değerlendirme anlayışını terk etmek
- Çalışanın güçlü yönlerine dönük bir performans değerlendirme sistemi kurmak
- İş tanımları yerine rol tanımları yapmak
- Beklenen iş sonuçlarını ve bunun ölçüm kriterlerini tanımlamak
- Bu sonuçlara ulaşmak için kurumun ve işin ruhuna aykırı düşmeyecek şekilde her çalışanın kendi yolunu bulup kullanmasına imkân vermek
- Yöneticilerin birincil performans kriterlerinden biri olarak, çalışanını izlemesini ve ona geribildirim vermesini sağlamak
- Eğitim önceliğini, finans ve muhasebenin temel kavramlarının her düzeydeki çalışan tarafından (İK'dan başlayarak) öğrenilmesine vermek

Bu düzenlemelerin yapılması, İK'nın "yönetimin stratejik partneri" olmasını kolaylaştıracaktır.

Güçlü Yönlere Odaklanmak

Yıllardır tanık olduğum klasik İK uygulamalarında çalışanlar, performans görüşmeleri temel alınarak, sürekli "gelişme alanlarına" odaklanmaya yönlendirilmektedir. Bu da, enerjilerini ve zamanlarını "yeterli olmayan" özelliklerini geliştirmek için harcamalarına yol açmaktadır. Oysa gerçek şu ki, "olumsuzluk"tan ya da "kötü"den uzaklaşmakla "iyi"ye ve "olumlu"ya ulaşamayız. "Güçlü yönler"in ve "mükemmel"liğin, kusurludan farklı, kendine özgü kalıpları vardır. Ne var ki çoğumuzun zihin haritası, olumsuza odaklanma, olumsuzu bertaraf etmeye programlıdır. Nitekim Amerikan Psikiyatri Birliği tarafından son beş yılda yapılan araştırmalardan yaklaşık 50.000'inin depresyon konusunda, sadece 400'ünün huzur ve mutluluk üzerine olması bile bu yaklaşımın bir belirtisidir. Klinik psikologların yaptığı gibi, depresyonu inceleyerek mutluluk ve huzur konusunda bilgi sahibi olmanın mümkün olmadığı açıktır.

Günlük deneyimlerimizden biliyoruz ki, insanların kendilerini bir işe yürekten adamaları, potansiyellerinin bütününü hayata yansıtmalarına imkân verir. **Güçlü yönünün bütününü ortaya koyamayan kişi kendisini işine yürekten adayamaz.** Bunun hem kurumsal düzeyde, hem de kişisel düzeyde yol açtığı potansiyel kaybını düşünebiliyor musunuz?

Hiçbir insan her alanda iyi olamaz. Nasıl ki her öğrencinin her derste başarılı olması beklenemezse, bir çalışan da, günümüzde sayıları iyice abartılan yetkinlik alanlarının bütününde başarılı olamaz. Üstelik de, bir iş rolü için tanımlanan yetkinliklerden bazıları birbirleriyle çelişir. Örneğin bir satış elemanından hem iyi satış yapması, hem de çok iyi kayıt tutması, raporlarını zamanında vermesi ve düzenli olması istenir. Gerçekte bu iki beklenti, birbiriyle çelişen temel bir kişilik özelliğine, tedbirlilik boyutuna bağlıdır. İyi satış yapmak için inisiyatif ve proaktivite gereklidir. Bu vasıflar satış elemanına esnek olma özelliği kazandırır. Düzenli ve zamanında rapor tutmak ise ayrıntılara odaklanmayı, tekrarlayıcı bir işi kurallarına uygun yapmaktan zevk almayı gerektirir. Bu iki özelliğin bir arada bulunması hemen hemen olanaksızdır. Hiç kuşkusuz bu saptamadan, "satış elemanı rapor tutmasın" sonucunu çıkarmak gerekmez. Sadece bu özellik konusunda, satış becerisinde olduğu kadar başarı beklememek ve bu yönü performans değerlendirmelerinde çok öne çıkarmamak anlamına gelir.

Aşağıda, patent bürosunda çalışan bir kâtibin performans değerlendirmesini görüyorsunuz. Yöneticisi bu kâtibi "vasat" buluyor ve "terfiyi hak etmediğini" düşünüyor. Bu kişiye ait performans kriterinin 5 üzerinden değerlendirmesi şöyle:

- Başkalarıyla iyi çalışır 1
- Kendisine verilen görevleri istekle yerine getirir 3
- Görevlerini yaparken beceri ve yeterlilik gösterir 4
- Verimliliği artırmak amacıyla yeni iş yapma şekilleri geliştirmeye çalışır 2
- Ek sorumluluk almaya isteklidir 2
- Zamanında ve doğru kararlar alır –analiz yapar, mantıklı sonuçlara varır 5
- Güvenilir bir çalışandır (katılım, dakiklik, işe bağlılık) 2
- Güven paylaşımı iyidir 1

1905 yılında yapılan bu performans değerlendirmesine burada yer vermemizin sebebi, bunun Albert Einstein'a ait olmasıdır. Fizikçi olarak "Nobel ödüllü bir dahi" olan Einstein, patent bürosu kâtibi olarak terfiyi hak etmeyen, vasat bir çalışan; çünkü açıkça görülüyor ki iyi bir kâtip olmak için gereken özelliklere sahip değil.

Güçlü yönlerini ortaya koyabileceği, kişilik özelliklerine uygun bir iş rolü üstlenmeyen kişinin, şevkle ve zevkle iş yapması, başarıya ulaşması ve alanında parlaması mümkün değildir.

Tablo 2'de sunulan örnekler bu olguya açıklık getiriyor. Holland'ın mesleki profilleri ile Hogan Kişilik Ölçümü ölçekleri bağlamında yapılan çalışma sonucunda "gerçekçi" ve "girişimci" olarak sınıflandırılan

Tablo 2: "Gerçekçl" ve "Girişimci" Olarak Sınıflandırılan Mesleklere Uygun Kişilik Özellikleri ve Yetkinlikler

Mesleki profil	Kişilik boyutları	Yetkinlik
Gerçekçi (mühendis, hekim, IT uzmanı, iktisatçı)	Yüksek iç uyum	Duygularını denetleme, stresle başaçıkma, tutarlılık, sakinlik, istikrarlı davranma, yalnız çalışabilme
	Yüksek tedbirlilik	Planlama ve organizasyon, düzen ve sistem yönelimi, kurumsal bağlılık
	Yüksek uzlaşılabilirlik	Ekip çalışmasına yatkınlık, işbirliği, çatışmadan kaçınma, otoriteyi benimseme
Girişimci (iş sahibi, yönetici, satış uzmanı)	Yüksek hırs	Başarı yönelimi, sonuç odaklılık, liderlik, sorumluluk, hedef belirleme
	Yüksek yeniliğe açıklık	Değişime açıklık, yaratıcılık, alternatif geliştirme, vizyon sahibi olma, problem çözme, analitik düşünebilme
	Yüksek öğrenmeye açıklık	Kavramsal düşünce, bilgi toplama, ayrıntı zenginliği, geniş ilgi alanı

mesleklere uygun kişilik özellikleri ve bu özelliklere karşılık gelen yetkinlikler görülmektedir.

Birey, yetkinliklerinin yüksek olduğu bir dalda öne çıkarken, düşük olduğu bir alanda başarısız olacaktır.

Yetkinliklerin düşük olduğu alanda harcanan çabanın sonucu derin bir yetersizlik ve suçluluk duygusudur.

Çalışanların yüksek performans göstermeleri için İK uzmanlarına üç önemli görev düşmektedir. Bunlardan birincisi, bir çalışanda nelerin değiştirilip, nelerin değiştirilemeyeceğini bilmek; ikincisi, aynı kişiye birbiriyle çelişen beklentiler içeren performans değerlendirme sistemleri önermemektir. Üçüncüsü de, performans değerlendirme sistemlerini, esas işi bu olmayan yöneticilerin kolayca anlayabileceği ve uygulayacağı basitliğe indirgemektir. Bunun dışında, çalışanları geliştirmeye yönelik eğitim programlarının ölçülmesi ve izlenmesi gerekir. Ancak bu koşullar gerçekleştirildiği takdirde çalışanların içlerindeki potansiyeli ortaya koymalarını ve yüksek performans göstermelerini sağlamak mümkün olur.

Güçlü Yönler Aşırı Vurgulandığında

Gerçekte Marcus Buckingham'ın başlangıçta kişilik psikolojisinin temel ögelerinden yola çıkarak yakaladığı "güçlü yönlere odaklanma ilkesi"nin fazlasıyla genellenmesi, astrolojik öngörülerde olduğu gibi, sanal bir gerçeklik algısı doğurmaktadır. Mesajın doğru olan bölümü şudur: Yatkın olmadığınız bir dersten aldığınız 1 notunu yükseltmek için gayret ederseniz, bunu ancak 2 veya 3 yapabilirsiniz. 5 almanın tek yolu, içinizdeki yeteneği (eğer varsa) en üst düzeye çıkarmaya gayret etmektir. Daha gerçekçi olan yol, enerjinizi yeteneğiniz olan alana odaklamaktır.

Bu fikrin sadece sıradan çalışanlara değil, aynı zamanda üst düzeydeki yöneticilere ve hatta genel müdürlere cazip gelmesinin nedeni, zayıf olduklarını hissettikleri yönlerini geliştirmeye uğraşmak yerine, güçlü oldukları yönlerin keyfini çıkarmaktır. Bu durum, birçokları için, "Beni olduğum gibi kabul et", "Beni zorlama, benden beklediğin benim güçlü olduğum yön değil," duruşunu temsil etmekte, gelişimin ve öğrenmenin önünü tıkama tehlikesi doğurmaktadır. Çünkü sadece iş hayatında değil, hayatın bütününde gelişim ve başarının temel koşulu, geribildirim almak ve yeni öğrenmelerle kendini geliştirmektir.

Kişinin güçlü yönünün kurumun ihtiyaç duyduğu özellik olması önemlidir. Yaptığımız çalışmalarda birçok yönetici güçlü yönü olarak "iyi balık tutmayı", "iyi yemek yapmayı", "iyi araba kullanmayı", "futbol maçı eleştirisi yapmayı" belirtmektedir. İyi balık tutmak "sabır" özelliğini, iyi yemek yapmak "farklı nitelikteki malzemeden uyumlu bir bileşim oluşturma"yı, iyi araba kullanmak "göz ve hareket kasları arasındaki koordinasyon"u, maç eleştirisi yapmak da "analitik düşünce becerileri"ni gerektirir. Bu özellikler, kişinin sürdürdüğü görevde işe yarıyorsa anlamlıdır. Aksi takdirde bu kişi, kurum için hatalı istihdam demektir.

Güçlü yönlere odaklanma konusunun İK alanında yaygınlık kazanması sonucunda ortaya çıkan genelleme, gelişim programları ve performans değerlendirme sürecinde bir engel tehlikesi doğurmaktadır. Günün değişen ihtiyaçları, sürekli olarak öğrenme ve kendini geliştirmeyi zorunlu kılmaktadır. İK yöneticilerinin ve çalışanların bu temel gerçeği gözardı etmemesi gerekir.

Motivasyonun Bilimsel Temeli

Bu yazıyı motivasyon konusuna nihai bir çözüm bulmak amacıyla okuyacaksanız, hayal kırıklığına uğrama ihtimaliniz yüksektir. Motivasyonu yüksek tutmanın mutlak ve geçerli bir yolu yoktur. Bunun nedeni, insanın psikolojik ve fizyolojik doğasıdır. Ancak bu yazı, motivasyon konusunda kendi hayat repertuvarınızda birikmiş olan sorulara yanıt bulmanız için size yeni bir ufuk açacaktır.

Ali 15 yaşındayken annesine, "Bu dersi neden çalışmak zorundayım?" diye soruyordu; 30 yaşına geldiğinde, öğle tatilinde güvendiği bir arkadaşına, "Ben neden bu ekipteki adamlara iş yaptırmaya uğraşıyorum?" diye soruyordu; 50 yaşına geldiğinde eşine, "Ben neden bütün iş hayatımı bu şirkette geçirdim?" diye sordu.

Ali'nin bütün hayatı boyunca devam eden bir motivasyon problemi olduğu açıktır. Ali 40 yıla yakın bir süre, hayatındaki her aşamada, "Neden?" sorusunu sormuş ve anlaşıldığı kadarıyla da hâlâ bir cevap bulamamıştır.

Bir işi neden yaptığımız sorusuna bir cevap bulmak, o işe anlam yüklemek ve kendi motivasyonumuzu yönetmek, önemli ölçüde kendi sorumluluğumuzdadır. Ancak bazı durumlar, kişinin "Neden?" sorusuna cevap bulmasını kolaylaştıracak özellikler taşır.

Çalışma hayatına adım attığı andan itibaren her insanın kendisine sorduğu bu soru, anlam arayışını da beraberinde getirir. Çok para kazanmak ve iyi bir hayat yaşamak birçok kişinin, "Neden?" sorusunun cevabı gibi görünse de, kısa bir süre sonra bunların kişinin iş doyumu için yeterli olmadığı ortaya çıkar.

İş Başarısının Belirleyicileri

Motivasyon, bireye bağlı ya da bireyin dışındaki çok sayıda faktörden etkilenen, karmaşık bir süreçtir. Bu nedenle motivasyon konusuyla ilgilenecek İK profesyonellerinin insan psikolojisinin bu konudaki temel ilkelerini bilmelerinde yarar vardır.

Bir insanın çalışma davranışının üç belirleyicisi vardır. Bunlar motivasyon, yeterlilikler ve sunulan imkânlardır. Bir çalışanın sadece iş hayatında değil, hayatın bütün cephelerinde başarılı olması, bu üç özelliğin etkileşimine bağlıdır (Şekil 1):

1. Bireyin iç motivasyonu ve çevreden gelen duygusal destek
2. İş için gerekli olan bilgi ve yetkinlikler
3. İşini iyi bir şekilde yapması için gerekli olan araçlar, kaynaklar, geribildirimler ve diğer çevresel faktörler

Şekil 1: Çalışma Davranışının Üç Belirleyicisi

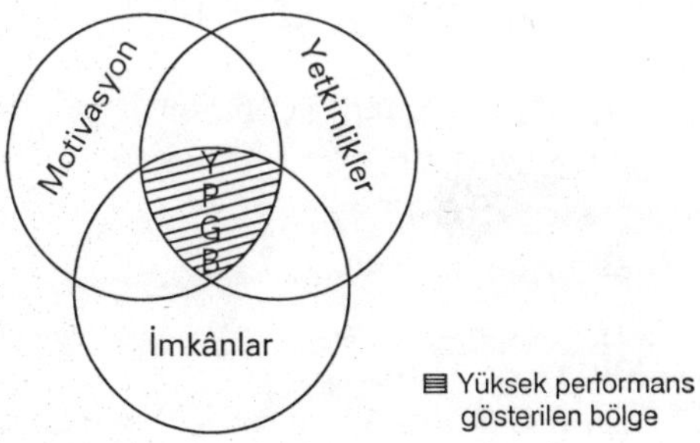

Sadece İK alanında değil, hayatın bütün alanlarında motivasyonla ilgili bir girişimde bulunmak isteyenlerin bu konudaki bilimsel çerçeveyi bilmesinde yarar vardır. Bu çerçevenin temelini dört kavram oluşturur:

1. Dikkat
2. Uygunluk
3. Yeterlilik ve kontrol
4. Tatmin

Keller ve arkadaşları bu kavramların İngilizce baş harflerinden yola çıkarak *(Attention, Relevance, Confidence, Satisfaction)* ARCS demişlerdir. Şimdi bu kavramları kısaca ele alalım:

Dikkat

Bireysel farklılıklar gösterse de, bütün insanlar uyarılmaya ve çeşitliliğe ihtiyaç gösterir. Bazıları kişiliklerine bağlı olarak uyaran ve çeşitliliğe çok daha fazla ihtiyaç duyarken, bazıları daha sakin ve az uyaranlı bir ortamla yetinebilir. Ancak uyarılma ihtiyacının temeli, fizyolojiktir. Eğer insan uzun süre uyaransız kalırsa, halüsinasyonlar görerek kendi uyaranını kendisi yaratır. Buna karşılık aşırı uyarılmanın neden olduğu stres de sağlığı ve performansı tehdit eder. Her bireyin ihtiyaç duyduğu uyaran düzeyi, seçim aşamasında uygulanabilecek ölçüm ve yöntemlerle saptanabilir.

Otomotiv endüstrisinde 80-90 saniye arasında değişen sürelerde bir araba üretilir. Hat üzerinde her bir işçiye düşen süre çoğunlukla 30-90 saniye arasında değişir. Bütün bir gün bu tür bir işi yapmak zorunda olmak, sonucunda ne elde edecek olursa olsun, insanı tüketir. Bu nedenle tekrara dayalı iş yapanlara yönelik iş zenginleştirme programları uygulamaya konmuştur.

İş motivasyonunu artırma yöntemleri:

- Doğru iş ve doğru insanı eşleştirmek
- Uyaranı artırmak
- Stresi azaltmak

Uygunluk

McClelland bundan 30 yıl önce, insanların **başarı, ait olma** ve **güç** gibi üç temel motivasyon kaynağı olduğunu söylemişti.

Başarı yönelimi yüksek olan insanlar, kendileri için açık olarak tanımlanmış amaçlarla çalışmak ister. Bu kişiler performansları ve gelişimleriyle ilgili sık geribildirime ihtiyaç duyar, başarıları konusunda kişisel sorumluluk yüklenir, ihtiyaç duydukları başvurabilecek ve yardım alabilecek uzman kişilere ulaşmakta serbest olmak ve başarmak için ihtiyaç duyduğu kaynakları kullanma yetkisine sahip olmak ister.

Yüksek başarı yönelimi olan kişiler, tutkuları, çalışkanlıkları ve ataklıklarıyla yönetici pozisyonuna getirilirler. Ancak bir işi yapmak ile o işi iyi yapacak olanları yönetmek birbirinden farklı nitelikler gerektirir. Bu nedenle yeni yöneticilerin dikkatle seçilmesi, özenle eğitilmesi ve her şeyden önce de, olgunluk düzeylerinin gözönünde bulundurulması gerekir. Aksi takdirde bu kişiler çevrelerinde rahatsızlık yaratır ve iş başarısı önünde ciddi bir engel oluşturur.

Ait olma ihtiyacı yüksek olanlar ise, insanlarla birlikte çalışmayı, onlarla ilişki içinde olmayı, ihtiyaç duyduklarında arkadaşlarından yardım istemeyi tercih ederler ve yalnız çalışmaktan veya arkadaşlarından ayrılmaktan hoşlanmazlar. Bu tür insanlar güçlü bir kurumun, büyük bir grubun parçası olmayı, kendi işini yapmaya tercih eder.

Güç ihtiyacı yüksek olan çalışanlar, çevrelerindekileri etkilemekten ve onları kontrol etmekten hoşlanır. Olgunlaşmamış kişilerde bu ihtiyaç, kendi egosunu tatmin etmeye yönelik saldırgan ve rahatsız edici davranışlar olarak ortaya çıkar. Olgun kişileri ise yetkilerini başkalarını harekete geçirmeye ve yarattığı kaynakları amacı yönünde kullanmaya yöneltir. Bu kişiler zorlukların üstesinden başarıyla gelir ve baskı altında ekibinin moralinin ve motivasyonunun yüksek olmasını sağlar.

Birçok kurumda rekabet, günlük hayatın ve iş yapma biçiminin doğal bir parçası olarak kabul edilir. Ancak bu durum çok kere beklenenin dışında sonuçlar doğurur. Üretim ortamında çalışma gruplarını, vardiyaları birbirleriyle yarıştırmak, makinelerin bakımının yapılmadan diğer vardiyaya devredilmesi gibi istenmeyen sonuçları da beraberinde getirir.

Satış gruplarında ise bilgi saklamak, çapraz satıştan kaçınarak diğer bölüme ait ürünleri satmamak, kurum içi rekabetin doğal sonuçlarıdır. Ekip çalışmasının yaratacağı olumlu motivasyon, grupların ortak bir amaç doğrultusunda işbirliği yaparak ve bunun sonucu ortak bir heyecanı ve ortaya çıkacak ödülü paylaşmaları sonucunda gerçekleştir.

İş motivasyonunu artırma yöntemleri:

- Bir alanda en iyi olduğu duygusunu doğurmak
- Rekabette en iyi olanları örnek alan standartlar geliştirmek
- Hedefleri birlikte saptamak ve çalışanların işbirliğiyle gerçekleştirebilecekleri şekilde düzenlemek

Yeterlilik ve Kontrol

Bütün insanlar hayatlarının önemli alanları üzerinde kontrol sahibi ve yeterli olmayı ister. Bu kontrol algısı kişiyi sağlıklı ve üretken kılar. Kendini etkileyen olaylar üzerinde kontrolü olduğuna inanan kişi, yoğun stres altında rahatsızlık işareti göstermeden uzun süre çalışabilir.

İşi üzerinde karar yetkisine sahip olanların özsaygısı artar. Bu nedenle motivasyonu artırmak için girişimde bulunanların, çalışanın yaptığı iş üzerinde kontrol duygusu yaşamasına ve kendi rolünün sonuç üzerindeki etkisini görmesine imkân sağlamaları gerekir.

Güven ve yeterlilik konusundaki yaygın yanılgılardan biri, başarının özgüveni artırdığıdır. Gerçekte bu durum kişinin kontrol odağına bağlıdır. Kontrol odağı dışta olan, başarının –şans veya görevin zorluk derecesi gibi– kendi kontrolünün dışında olan faktörlere bağlı olduğuna inanan kişilerin, başarılı oldukları durumlarda da özgüvenlerinde artış olmaz. Bu nedenle başarının, kişinin gayret ve becerisi sonucu elde edilmiş olduğunun vurgulanması, başarılı sonuç ile bu özellikler arasındaki köprünün somut olarak gösterilmesi gerekir.

İş motivasyonunu artırma yöntemleri:

- Çalışanların başarı için sorumlu oldukları alanlarda yetkiyi paylaşmak
- Yöneticinin kendisinde, çalışanlarını başarılı kılacağı inancını pekiştirmek (kendini doğrulayan kehanet)
- Zorlayıcı ancak ulaşılabilir hedefler koymak

Tatmin

Her insan kendini iyi hissetmek ve başarılarından hoşnut olmak ister. Bu olumlu duygu, maddi kazanç gibi dış dünyadan yansıyan ödüllerle somutlaşır.

İş hayatında birçok teşvik aracı olmakla beraber, insanlar büyük çoğunlukla kendi değerlerini elde ettikleri maddi sonuçlarla ölçer. Ancak maddi ödüllerin bir sınırı olduğu gibi, yarattıkları etkinin de sınırı vardır.

Her insanın, kendi emeğinin değerlendirilmesiyle ilgili bir adalet algısı vardır. Bütün kişisel algılar gibi sübjektif olan bu algının bir "adalet terazisi" bulunur. Kişi verdiklerini eğitimi, zamanı, emeği, bilgisi, deneyimi, kıdemi ve aldığı sonuçlar; aldığını ise maaşı olarak görür ve çoğunlukla alacaklı olduğuna inanır. İş arkadaşlarını değerlendirirken de onları kendisinden yetersiz bularak haksızlığa uğradığı inancını taşır. Aldığı ile verdiğini eşit olarak değerlendirmek, iş tatmini *(job satisfaction)* için çok önemlidir.

Çağdaş kurumlarda para dışında teşvik sistemleri, tatmin duygusu yaşanmasına imkân sağlar. Örneğin yöneticisi, iş arkadaşları ya da eşitleri tarafından takdir edilmek, kimi zaman maddi ödülden daha değerlidir.

Ortak bir vizyonu paylaşmak, amaçlar doğrultusunda ortak heyecan duyarak ve paylaşılan değerlerle işbirliği içinde çalışmak, toplum yararı için birlikte bir şeyler yapmak, sadece iş tatmini değil, aynı zamanda ondan üst bir saniye olan iş doyumu *(job fulfillment)* doğurur. Bu, kişiyi çalıştığı kuruma bağlayan en güçlü bağdır.

İş motivasyonunu artırma yöntemleri:

- Çalışanlara kişisel gelişimleriyle ilgili geribildirim vermek
- Çalışanların başarılarıyla ilgili anlam duygusu yaratmak. Çevre tarafından fark edilen ve önemsenen sembolik ödüller kullanmak

Görüldüğü gibi motivasyon konusu çok sayıda faktörün birbiriyle etkileşimini içeren ve tek boyutlu yaklaşımlarla çözülemeyecek, karmaşık bir konudur. Büyük çoğunlukla yöneticilerin birlikte çalıştıkları kişileri motive etmek için seçtikleri yol, kendilerini motive eden yoldur. Bu da çalışanların kendilerini yetersiz hissetmesine ve kurum içinde çatışmalara yol açar. Yukarıda sıralanan faktörler, zamaną ihtiyaç gösteren ancak etkili ve kalıcı sonuçlar verecek yaklaşımlardır.

Çalışanlar Kuruma Nasıl Bağlanır?

Mutlu çalışan, işini severek yapan, o işi çok daha uzun süre ve daha iyi yapmak isteyen kişidir. Bu da, daha çok üretim, daha iyi kalite, daha mutlu müşteriler ve daha çok kâr demektir. Bunların sadece "dolgun bir maaş"la elde edilemeyeceği, bugün herkes tarafından bilinmektedir. Para görünürdeki çalışma sebebi olsa da, tek başına maaşın iş memnuniyeti ve performans üzerinde anlamlı bir etkisi yoktur.

Baltaş Grubu tarafından 2008 yılında yapılan Davranış Araştırması'nda 1192 çalışana, "Kendinizi kuruma yürekten bağlamış bir çalışan olmanız için kurum size ne sunmalı?" sorusu sorulmuştur. Cevaplar, **kuruma bağlılığın başta gelen şartının kariyer imkânı**, 2. sıradakinin ise **gelişim olanakları** olduğunu göstermektedir. **Maaşın tatminkârlığı** ancak 3. sırada gelmektedir (Grafik 1). Benzer şekilde, işten ayrılma kararının en önemli nedeni, kurumda gelişim imkânı olmamasıdır (Grafik 2). Maaşın yetersizliği burada da 3. sırada gelmektedir. Kuruma bağlılık açısından çalışanlar tarafından en önemsiz görünen madde ise, kurumun sağladığı sosyal aktivitelerdir.

Çalışanların kişisel gelişimlerine yatırım yapmak ve kendilerine sağlanan kişisel gelişim imkânları ile kariyerleri arasında bağlantı kurmalarına yardımcı olmak, bir çalışanın kuruma bağlanmasında çok önemli bir rol oynamaktadır. Grafik 1'de de görülen bu sonuç, İK'nın ne kadar önemli bir işlev üstlendiğini ortaya koymaktadır. İK, bu işlevini yerine getirirken yöneticileri yanına almalı ve yaptığı katkının yöneticiler aracılığıyla çalışanın kariyerine olan katkısının da vurgulanmasını sağlamalıdır.

Grafik 1: Kuruma Bağlanma Nedenleri

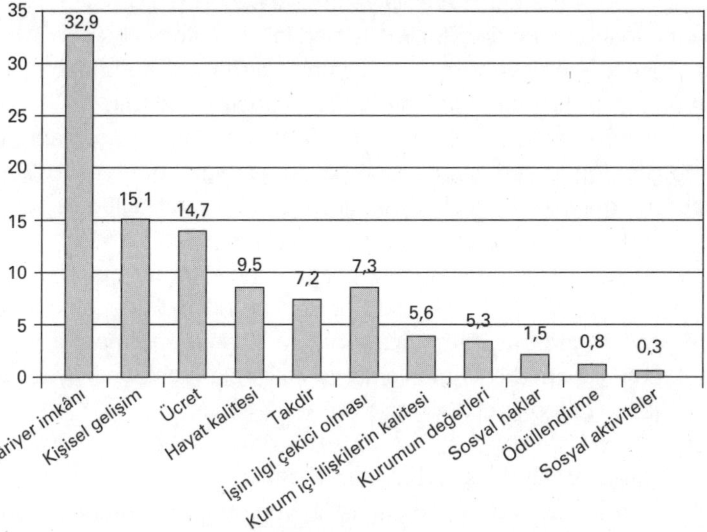

Grafik 2: İşten Ayrılma Nedenleri

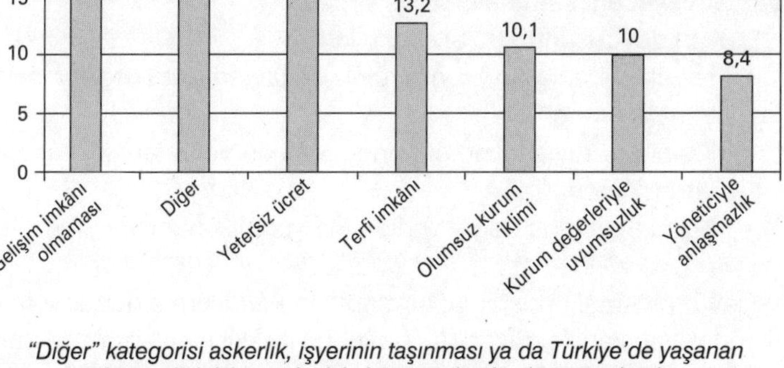

"Diğer" kategorisi askerlik, işyerinin taşınması ya da Türkiye'de yaşanan ekonomik krizler nedeniyle işten ayrılmaları kapsamaktadır.

İşten ayrılmanın öncelikli nedeni olan "gelişim imkânı olmaması", çalışanların işlerini daha iyi yapma ve kendilerini geliştirme isteğini ortaya koymaktadır. Grafik 1'le paralellik gösteren bu sonuç, "çalışanları geliştirmeye zaman ve kaynak ayırma"nın, kuruma bağlılığın en önemli iki koşulundan biri olduğunu göstermektedir.

Çalıştığımız kurumların bazılarında yöneticilerin çalışanlarını eğitime gönderme konusunda isteksiz davrandığını görüyoruz. Bunun nedeni, "günlük işlerin aksayacağı" düşüncesidir. Böylece eğitim ertelenmekte veya çalışan, yapılacak eğitimden son anda haberdar edilmektedir. Kendi hayat ve iş programında ani bir değişiklik yapmak zorunda kalmak, çalışanın, gelişimine hizmet edecek olan eğitim programına düşük motivasyonla ve isteksiz katılmasına yol açmaktadır. Eğitimle ilgili planlama ve iletişimin zamanında yapılması bu yüzden çok önemlidir.

Güven: Verimli İş Ortamının Anahtarı

Kuruma olan bağlılığı sağlamanın ve verimliliği artırmanın en temel ve vazgeçilmez yollarından biri, **işyerinde güven duygusunu hâkim kılmak**tır. Güven duygusunun sağlanmış olduğu bir kurum ile bu duygunun hâkim olmadığı bir kurum arasında çalışanların motivasyonu ve verimliliği açısından gözle görülür farklar vardır: Galford, *Enemies of Trust* kitabında bu farkları şöyle özetlemiştir: "Eğer insanlar birbirilerine ve liderlerine güvenirlerse, uyuşmazlıklara rağmen birlikte çalışabilirler. Daha zekice riskler alırlar. Daha çok ve daha uzun süre çalışırlar. Daha iyi fikirler ortaya koyar, kimsenin onlardan talep etmeyeceği kadar ayrıntılı iş yaparlar."

Güven duygusunun üç bileşeni vardır:

- Kişinin iyi ahlaklı ve öngörülebilir davranışlar sergileyeceğine yönelik inanç
- Kişinin görevlendirildiği konuda yetkin ve yetenekli olduğuna yönelik inanç
- Kişinin kendine değer verildiğine yönelik inancı

Davranış Araştırması'nda, çalışanların kendilerine değer verildiğine yönelik algıları ile güven duygusunun ilişkisi incelenmiş ve **kendilerine değer verildiğini düşünen çalışanların yöneticilerine daha**

Grafik 3: Değer Verildiğine İnanma ve Yöneticiye Güven İlişkisi (%)

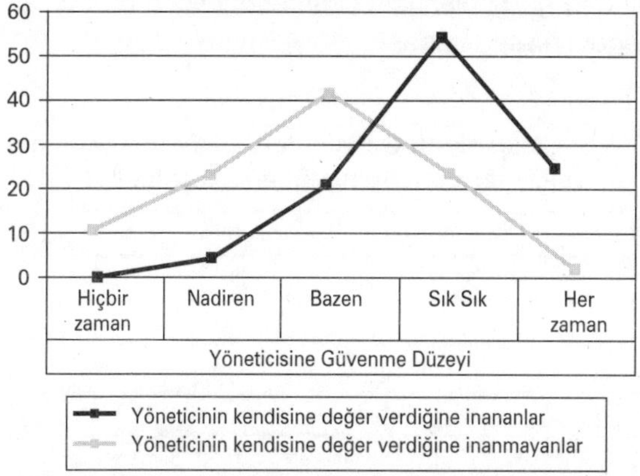

çok güvendikleri ortaya konmuştur. Grafik 3, bu iki değişken arasındaki ilişkiyi göstermektedir.

Araştırmada "kendisine değer verildiğine inanma" algısının güçlendirilmesini etkileyebilecek beş farklı değişken belirlenmiş ve ölçülmüştür:

1. Yönetim tarafından çalışanın görüşlerinin alınması: Düzenli biçimde görüşleri alınan çalışanlar, yöneticilerinin kendilerine daha çok değer verdiğine inanıyorlar.

Grafik 4: Çalışanların Görüşlerinin Alınması ve Değer Verildiğine İnanma İlişkisi (%)

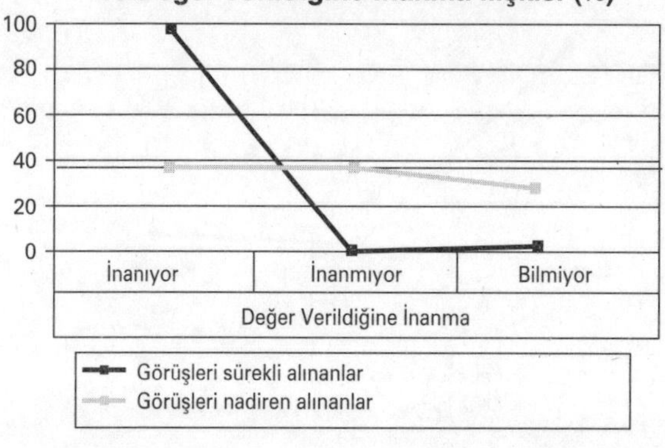

2. Çalışanın yöneticisi tarafından cesaretlendirilmesi: Yöneticileri tarafından gelişimleri için cesaretlendirilen çalışanlar, kendilerini daha değerli hissediyorlar.

Grafik 5: Çalışanların Gelişim İçin Cesaretlendirilmesi ve Değer Verildiğine İnanma İlişkisi (%)

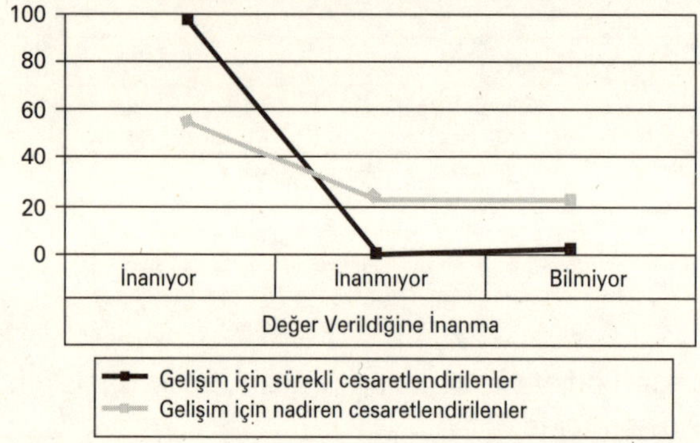

3. Yöneticinin çalışanı takdir etmesi: Takdir gören çalışanlar, kendilerini daha değerli hissediyor ve işlerini daha çok sahipleniyorlar.

Grafik 6: Takdir Görme ve Değer Verildiğine İnanma İlişkisi (%)

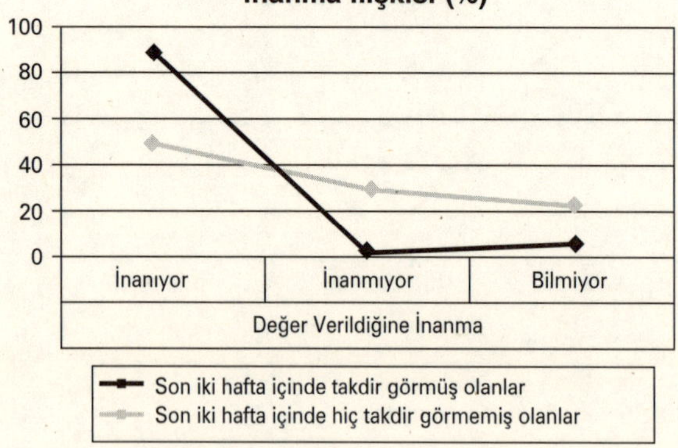

4. Çalışanın Işini doğru yapması için gereken donanıma ve malzemeye sahip olması: Söz konusu donanıma sahip olan çalışanlar, kendilerini daha değerli hissediyorlar.

Grafik 7: Donanıma Sahip Olma ve Değer Verildiğine İnanma İlişkisi (%)

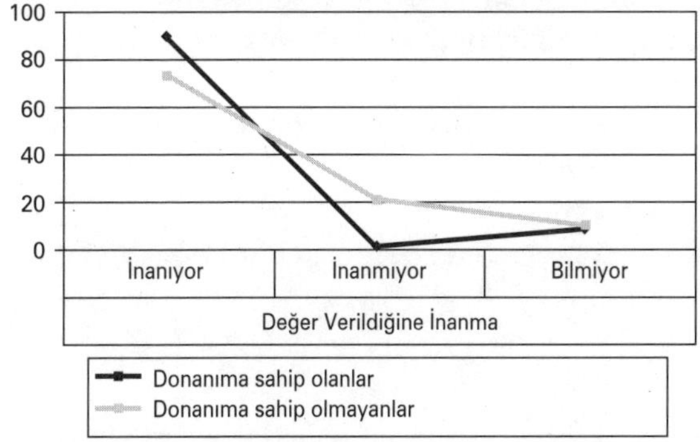

5. Çalışanın yöneticisinin kendisinden ne beklediğini bilmesi: Yöneticisinin etkin iletişim kurarak kendisinden neler beklediğini açıkladığı çalışan, kendisini daha değerli hissediyor.

Grafik 8: Beklentiyi Bilme ve Değer Verildiğine İnanma İlişkisi (%)

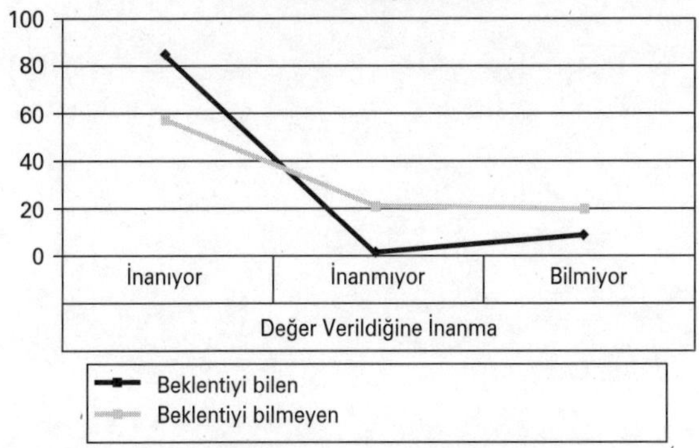

Kuruma ve yönetime duyulan güveni sağlamada İK uzmanlarının rolü çok önemlidir. Yöneticilerin aldığı en zor kararlar arasında olan işten çıkarma, işe alma, değerlendirme, terfi ve transfer gibi kararlar, mutlaka nesnel verilere dayanmalıdır. Aksi takdirde kurumda güven ortamı yaratmak ve verimli bir iş ortamı sağlamak imkânsızdır.

2008 yılında Baltaş Grubu tarafından gerçekleştirilen eğitim seminerlerine katılan 1192 kişiyi kapsayan araştırma, kuruma bağlılığın en önemli koşullarının şunlar olduğunu ortaya koymaktadır:

- **Kuruma güven duygusunun hâkim olması**
- **Kariyer imkânı**
- **Gelişim imkânı**
- **Piyasa koşulları içinde gerçekçi ekonomik gelir**

İşyerinde Arkadaşlık Fark Yaratır

Otomotiv endüstrisinin kurucularından Henry Ford, çalışanlarına hayli iyi bir maaş ve kâra katılım imkânı veriyordu. Ancak fabrikalarında sendikalaşmaya kesinlikle karşı olan Ford, sendika faaliyetlerini önlemek için işçiler arasına casuslar sokmaktan ya da işçilerin gözünü korkutmak amacıyla silahlı bir "özel ordu"yla dolaşmaktan kaçınmıyordu. Mekanize olması beklenen işçiler arasında, bırakın arkadaşlık ilişkisini, herhangi bir iletişim kurulması dahi hoş karşılanmıyordu.

Henry Ford'un kuramı Fordizm, birleşme, sendikalaşma gibi hareketleri önlemek için çalışanlar arasındaki her türlü iletişimi ve arkadaşlık ilişkisini engellemeye çalışan, hatta yasaklayan bir yaklaşımı benimsiyordu. Belki bir asır önce bu yaklaşımın haklı nedenleri vardı. Ancak bugünün yönetim anlayışı, eski yaklaşımın tersine, işyerlerindeki arkadaşlıkları -nitelik ve nicelik olarak- teşvik ediyor. Bunun ödülü ise, işe istekle gelen, daha büyük zevkle ve özveriyle çalışan, işine daha bağlı çalışanlar oluyor. İnsanlar mecbur oldukları için değil, arkadaşlarına yardım etmek için fazla mesaiye kalmak istiyorlar. Tüm bunların doğal sonucu olarak sadece çalışanların iş tatmini ve verimliliği değil, müşteri memnuniyeti ve müşteri sadakati de artıyor. Çalışanlar arasındaki iletişimin daha açık ve olumlu olması sonucunda kurumda yaratıcı ve yenilikçi düşünce gelişecek yer buluyor.

İş Arkadaşlığının Somut Faydaları

Çalışanlar arasındaki bağlılığın güçlenmesi, onların kuruma olan bağlılıklarının da güçlenmesini sağlar. Araştırmalara göre işyerinde "çok yakın arkadaşım" diyebileceği biri olan çalışanların görüşleri şöyle:

- Geçmiş bir hafta içinde diğerlerinden %43 oranla daha fazla ilgi ve takdir gördüm.
- İşle ilgili gelişimlerim %37 oranla daha fazla desteklendi.
- Yaptığım iş, kurumun misyonuyla %27 oranla daha fazla uyuştu.
- Görüşlerim %27 oranla daha fazla hesaba katıldı.
- En iyi yaptığım şeyi, %21 oranla daha fazla yapma fırsatı elde ettim.

Şekil 2'de görüldüğü gibi, işine odaklı, zevkle ve istekle çalışanların oranı "işyerinde yakın arkadaşı olanlar" arasında %56'yken, "işyerinde yakın arkadaşı olmayanlar" arasında sadece %8.

Bir çalışanın, gününün en büyük bölümünü iş arkadaşlarıyla geçirdiği gözönüne alındığında, onlarla olan ilişkisinin mutluluğuna ve başarısına, sadece işten değil, bütün hayatından aldığı zevk ve doyuma olan etkisi anlaşılır.

Şekil 2: İşyerindeki Yakın Arkadaşın Değeri

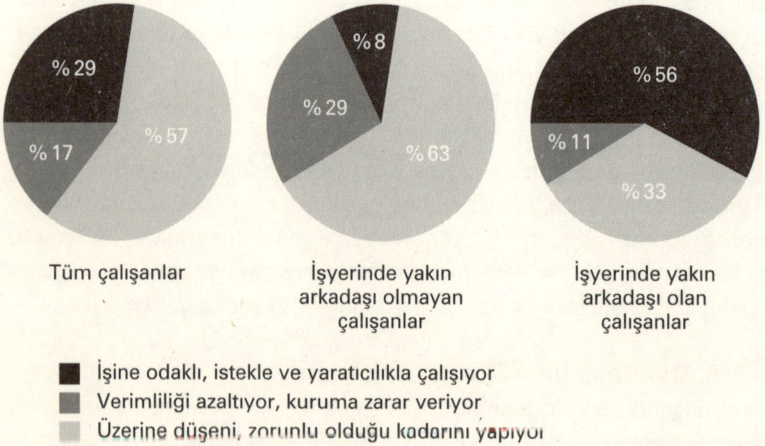

Yönetici Arkadaş Olmalı mı?

Sadece çalışanlar arasındaki arkadaşlığın değil, çalışan ile yönetici arasındaki arkadaşlığın da iş sonuçlarına büyük etkisi vardır. Yöneticisiyle arkadaşlık ilişkisi içinde olan çalışan sayısı çok azdır. Ancak bu çalışanların işten aldıkları doyum, diğerlerinin 2,5 katı kadar yüksektir.

Bu araştırma bulgularını paylaştığım birçok yönetici bana, çalışanlarıyla arkadaş olduğunda onlara gösterdiği yakınlığın istismar edilebileceği konusundaki endişelerini dile getirmiştir. Bu kaygıda gerçek payı vardır ancak gerçek sorun, astların tutumundan değil, yöneticiden kaynaklanmaktadır. Yönetici, otorite gösterisi yapmadan sınırlarını korumak konusunda kararlı olduğu takdirde, hem astlarına bu konuda örnek olmuş hem de kaygısına neden olan durumu ortadan kaldırmış olur.

"Kiminle zaman geçirmek en çok hoşunuza gidiyor?"

Araştırmalar, bu soruya verilen cevaplar sıralandığında listenin sondan üçüncü sırasında müşteriler, sondan ikinci sırasında iş arkadaşları, son sırada ise yöneticiler olduğunu gösteriyor. Araştırmaya katılanların çoğu, evde temizlik yapmayı yöneticiyle zaman geçirmeye tercih ediyorlar.

Yöneticiyle, müşteriyle ve iş arkadaşlarıyla birliktelik konusundaki isteksizlik, işten alınan zevkin ve verimin önündeki en büyük engellerden biridir. Bu konuda İK uzmanlarına düşen, çalışanların birbirleriyle olan ilişkilerine yatırım yapmak, aralarındaki iletişimi geliştirmek, arkadaşlık kurmalarını sağlamak için çaba harcamaktır.

Güven Oluşturmada İK'nın Rolü

Gerek ilişkiler, gerekse iş sonuçları açısından verimli bir iş ortamının temelini güven oluşturur.

Kriz dönemlerindeki belirsizlik ortamında kurum içinde güven duygusunu sağlamak çok büyük önem taşır. Çünkü çalışanlar işe yöneltmeleri gereken enerjilerini, kaygıları hakkında konuşmaya ve kurum içi dedikodulara harcarlar.

Çalışanlar arasında yolunda gitmeyen ilişkiler, hemen bütün şirketlerde İK bölümünün ilgi ve sorumluluk alanına girer. Çalışanlar arasındaki ilişkilerin yolunda gitmemesinin birçok nedeni vardır. Ancak bu nedenlerin büyük bir bölümünün temelinde, kurum içi ilişkilerdeki güven düzeyiyle ilgili bir sorun yatar. Bu nedenle İK yöneticileri ve çalışanlarının soruna yüzeysel çözümlerle yaklaşmak ve kaçınılmaz olarak başarısızlığa uğramak yerine, kökten bir yaklaşım getirmelerini öneririm. Bunun için de kurumun en üst düzeydeki yöneticisiyle konu hakkında cesaret ve kararlılıkla konuşabilmeleri gerekir.

Güven Neleri İçerir?

Güven kelimesinin kendisi, hem bireysel, hem de kültüre bağlı farklılıklar gösterir. İngilizce'de 10 farklı kelime altında toplanan ve her biri ayrı bir inceliği işaret eden güven kavramı Türkçe'de tek kelimeyle ifade edilmektedir.

Güven, ilişki içinde yaralanmayacağına ve zarar görmeyeceğine olan inançtır. Mc Gregor güveni şöyle tanımlamıştır. "İsteyerek veya istemeden, bilinçli veya bilinçsiz olarak karşımdakinin benim üzerimden kendine yarar sağlamayacağını bilmek; böylece grup içindeki pozisyonumu ve itibarımı, ilişkimizi, işimi, mesleğimi ve hatta hayatımı mutlak güvenle o kişinin eline bırakabilirim."

Bireysel düzeyde güven duygusunun kökü, çocukluktaki yaşantılara dayanır ve bu sebeple bireysel farklılıklar gösterir. Kurum içindeki güven düzeyi ise, bu bireysel farklılıkların ortalamasının kurum iklimiyle etkileşimine bağlıdır. Güven bağlamında kurum iklimini oluşturan, kurum kültürüdür. Bunun somut temsilcisi de bazı kurumlarda "iktidarı elinde tutan" en tepedeki yöneticidir.

Kurum, bir genel müdür tarafından yönetiliyor gibi görünebilir. Ancak perde arkasında her şey "patron"'a soruluyorsa, bu durumda belirleyici olan genel müdür değil, patrondur.

Japonların yaşam boyu iş güvencesiyle yerleştirmeye çalıştıkları ve bir dönem Batı'da da özenen işveren-çalışan ilişkisi, 1980'lerden başlayarak önemli ölçüde sarsılmıştır.

Örneğin, Türkiye'de 2001 krizinde işten çıkarmalar bir epidemiye dönüşmüş ve çalışanların kurumsal bağlılığında onarılmayacak yaralar açmıştır.

Böyle bir uygulama, o dönemde iş hayatında olanlar tarafından hiçbir zaman unutulamaz. Çalışanına üst düzeyde değer verdiğini, kurum içinde uyguladığı gelişim programlarıyla da gösteren birçok büyük kuruluş personel azaltmaya gitmiş ve bunu cuma günleri yaptıkları duyuruyla çalışanlarına iletmekte sakınca görmemiştir. Böyle bir yönetim anlayışı "vefa"yı tek yönlü bir yol olarak görmüş ve doğal olarak bunun bedelini çalışan adanmışlığı, coşku, tutku, işe bağlanma ve kurumsal sadakat konularındaki eksiklikle mücadele ederek ödemek zorunda kalmıştır.

Güvensizliğin Kaynağı

J.R. Gibb, *Trust* (Güven) kitabında, çalışanlarda güvensizliğin ve savunuculuğun ortaya çıkmasına neden olan koşulları şöyle özetlemiştir:

- İşlerin kötüye gitmesi, (örneğin hedeflerde ciddi sapma)
- Üst yönetimden korku duyulması
- İnsanlara aşırı yük bindirilmesi
- Sık sık acil durumların ortaya çıkması
- Çalışanların sendikal baskı oluşturması
- Kurumun vizyonunun belirsizliği
- Kurum içinde farklı kültürlerin çatışması

Korku ve güvensizlik döngüsü, çalışanların sorumluluk almadığı, sadece "söylenenin" "söylendiği kadar" yapıldığı, edilgen ve itaate dayalı bir iklim oluşturur. Değişiklik kararlarının hızla alınmasını gerektiren günümüz iş dünyasında böyle bir "atalet", kurumu kaçınılmaz olarak korkulan sonla buluşturur.

Bir kurumda **güven ortamının yerleşmesi için atılacak temel adım, değerleri tanımlamak,** tanımlanacak olan **değerlerin başına da "bütünlük"ü oturtmaktır**. Her ne kadar bütünlük İngilizce *"integrity"* kavramının karşılığı olsa ve Türkçe'de çok kullanılan bir kavram olmasa da, içerdiği anlam kültürümüzün derinliklerinde mevcuttur: Örneğin "özü sözü bir olmak", "olduğu gibi görünmek, göründüğü gibi olmak" ifadelerine hepimiz aşinayız.

Bütünlük, bireysel ya da profesyonel, her davranışa yol gösterecek değerler dizisinin yaşamsal parçasıdır. Koşullar ne olursa olsun, kişinin davranışlarının inançlarıyla örtüşmesi, sıkıştığı bir durumda "ama" dememesidir.

Güven oluşması için kişinin eylemlerinde tutarlılık, amaç ve niyetlerinde açıklık olması ve bu özelliklerini baskı altında ve zor koşullarda da sürdürmesi gerekir.

Etik Testi ve Güvensizliğin Belirtileri

Bir kurumda "bütünlük" olup olmadığını anlamak için şu sorulara verilecek cevaplar bir ölçü olabilir.

- Yönetim kurulu toplantısında konuşulanlarla çalışanlara söylenenler birbiriyle uyumlu mu?
- Çalışanlara verilen mesajlarla müşterilere ve tedarikçilere verilen mesajlar birbiriyle uyumlu mu?
- Yönetim kurulunda konuşulan ve alınan kararlarla müşteri ve (halka açık bir şirketse) hissedarlara söylenenler birbirine uyuyor mu?

Eğer bu kademelerdeki bilgi geçişinde farklılıklar varsa, kurum içinde çalışanlardan da açıklık ve tutarlılık beklemek gerçekçi olmaz.

Ülkemizin, etik duruşuyla ünlü bir holdingine bağlı bir şirket için bir eğitim projesi hazırlıyorduk. Kendisiyle yaptığımız bir görüşme sırasında genel müdür şunları söyledi: "Bizim işlerimiz ve finansal sonuçlarımız gerçekte çok iyi. Tabii biz halka açık bir şirket olduğumuz için bunu bilançomuza yansıtmıyoruz..." Görüşmenin bundan sonraki bölümünü hatırlamıyorum. Etik duruşuyla övünen bu holdingin genel müdürü, Batı'da kendisini hapse götürecek beyanında bu kadar rahat olabiliyorsa, benzer duruşta olduğunu ilan etmeyenlerin nasıl bir yönetim anlayışı sergileyeceğini tahmin etmek zor olmayacaktır.

Üst düzey yöneticilerin büyük çoğunluğu, güvenilir olmaya imkân sağlayan bütünlüğün öneminin farkında değildir. Bir kurumda güven ortamının olmadığına işaret eden belirtiler şunlardır:

- Çalışanlara inisiyatif vermemek
- Aşırı ayrıntılı onay süreçleri
- Çalışanlar arasında korku ve güvensizlik
- Hata kabul etmemek ve yolunda gitmeyen işler için başkalarını suçlamak
- Yüksek iş terki
- Bölümler arası yıkıcı rekabet

Bu belirtilerden en az üçünün varlığı, kurum içindeki düşük güven ortamının işaretidir.

Kurum İçinde Bütünlük Oluşturmak

Kurum içinde bütünlükten söz edebilmek için her düzeyde çalışanın, iş arkadaşları ve yöneticileriyle ilişkilerinde aşağıda sıraladığımız özelliklerin olması gerekir:

- Karşısındakinin sözleriyle davranışlarının tutarlı olduğuna inanmak
- İş arkadaşlarının onun çıkarlarını gözettiklerine inanmak
- İş arkadaşlarının, onun bilgi ve becerilerine saygı gösterdiklerine inanmak
- İşyerinde kendisine insan olarak değer verildiğine inanmak

Değerler ve bunların altında yatan inançlar, kişilerin ve kurumların pusulasıdır ve kararlara temel olup yol gösterirler. Günümüzde kurumlar arasında "aşağıdan yukarı" veya "yukardan aşağı" yöntemlerle değerleri belirlemek ve sonra bunları duvarlara afiş, masa üstlerine bardak gibi çeşitli aksesuvarlara yazarak ilan etmek yaygın bir moda olmuştur. Bu değerler, müşteri ihtiyaçlarını karşılayıp ötesine geçmek, yenilikçilik, çalışmaları geliştirmek ve hayat kalitesini yükseltmek, çalışan güvenliği, açıklık, saygı ve maliyet bilinci gibi faktörleri içermektedir.

Değerlerin, arzulanan bir kurum kültürü ve iş sonuçları yaratması beklenir. Ancak kurumlar değerlerini duvara astıktan sonra herhangi bir şey yapma ihtiyacı duymaz. Yöneticiler bazen birbirlerini veya bir çalışanı, değerlere uymamakla suçlar. Birçok kurumda değerlerin hayata geçmediğini ve yaşamadığını görüyoruz. Çünkü, değerlerle yaşama disiplini hayatı zorlaştırır ve bu durum birçok kişinin işine gelmez. Bugüne kadar gerçek anlamda "değerleriyle" yaşayan ve çalışan çok az kurum gördüm. Birçok kurumda değerlere uymayan kararlar kolayca alınır ve hatta bunun değerlerle çeliştiği bile fark edilmez. Örneğin, birinci değeri "saygı" olan böyle bir kurumda çalışanlar, gerekli prosedürler yerine getirilmeden "iş sonuçlarına" kurban edilir.

Değerler Belirleyicidir

Bir kurumda güvenin egemen olması için öncelikle, kurum değerlerinin en baştaki yönetici ve ona bağlı olanlar tarafından hayata yansıtılması gerekir. Çünkü çalışanlar kendi yöneticilerini kendilerine örnek alır. Bunun için üst yönetimin beklentilerini açıklıkla ortaya koyması, korku, savunucu davranış ve dedikoduyu azaltır. Kurumsallaşmış şirketlerde değerlerin sadece para kazanmaktan, kâr etmekten, kalite geliştirmekten, müşteri memnuniyetinden, rekabette üstünlük sağlamaktan ibaret olmaması gerekir.

Microsoft, Google gibi gıpta edilen kurumlarda değerler bireysel ve kurumsal yarar sağlamakla sınırlı kalmamakta, çalışanların sadece hayat standardını değil, hayat kalitesini de yükseltmeyi, içinde bulunduğu topluluğa katkı sağlamayı, daha da ileri giderek gelecek kuşakların refahına hizmet edecek özellikler taşımayı amaçlamaktadır.

Barret, bu konuda geliştirdiği yöntemle soyut bir kavram olan değerleri somutlaştırmış, ölçülebilir ve zaman içinde izlenebilir duruma getirmiştir. Kişinin çalıştığı ortamdaki gayreti ve bağlılığı, üst yönetimle ilgili algısı tarafından etkilenir. İçinde bulunduğu fizik koşulların üst yönetimce hesaba katıldığına inanmak veya inanmamak fark yaratır. Çünkü farkı doğuran fizik koşullardaki farklılık değil, bunu düzenlemek için üst yönetimin bir çaba içinde olup olmamasıdır. Yetersiz çalışma koşullarına karşın, üst yönetim kendi konforunu geliştirecek gösterişli yatırımlar yapıyorsa, çalışanlar bundan etkilenir.

Milli takımla yaptığımız bir kamp sırasında bir futbolcudan dinlediğim bir olay, bu konuda örnek olabilir. Sezon başında yurtdışında yapılan hazırlık sürecinde otel-antrenman sahası yolculuğunu takım otobüsüyle değil, kendine tahsis edilen özel Mercedes'le yapan bir teknik direktör, bir süre sonra oyuncularının ekip olamadığından, yeterince profesyonel olamağından şikâyet ediyordu.

Çalışanlarla İlgili Kararlar

Bir kurum içinde güven iklimini etkileyen en önemli kararlar, çalışanlarla ilgili olanlardır. Bu kararlar işe alım, yükseltme, işten çıkarma ve farklı bölümde görevlendirmelerdir. Kurum içinde kararlar, herkese açık olan objektif kriterlere ve verilere dayanıyorsa, bu bir hijyen faktör olarak algılanır. Aksi bir durum ise, özellikle birinin daha avantajlı bir bölüm veya pozisyona atanması, diğer çalışanların aidiyet duygusunun zedelenmesine ve olumsuz duygularını çevreye yayarak taraftar toplama hakkını kendinde bulmasına neden olur.

Yükseltme ve ödüllendirmelerde, kurum içinde güçlü kişilere yakın ve onlarla iyi ilişki içinde olmanın belirleyici olması da, kulis, dedikodu ve gruplaşmalara yol açar. Böyle bir ortamda ne güven, ne işbirliği, ne de ekip çalışması söz konusu olur. Toplantılar, gizli gündemler nedeniyle çatışmalı ve sonuçsuz geçer. Kimse, toplantılarda alınan kararlara uyma sorumluluğunu hissetmez. Herkes iş sonuçlarıyla değil, kendi bölümünün çıkarlarıyla ilişkilidir.

Kurum içinde yükselme ve ödüllerin, sadece hedeflerini tutturanların değil, aynı zamanda kurum değerlerine uygun tutum ve davranışları gösterenlerin de hakkı olması gerekir. Sadece hedefleri tutturanları ödüllendirmek, çalışanlara "değerlerimiz süstür, esas olan sonuçlardır, işinize bakın" mesajı verir.

Benzer şekilde başarısız olanlar ile başarılı olanlar arasında fark gözetilmemesi de adalet duygusunu zedeler ve "testiyi götüren de bir, kıran da bir" inancının yerleşmesine neden olur.

İK Profesyonellerini Neler Bekliyor?

İdil Sevil

Bugün, daha önce yaptıklarımızı tekrarlayarak başarılı olamayacağımız bir dünyada yaşıyor ve çalışıyoruz. Her sektör, her meslek ve her alan için geçerli olan bu kural, elbette İnsan Kaynakları çalışanları için de geçerlidir. "İnsan Kaynakları"nın iş tanımı değişmekte, İK profesyonellerinden, yeni rol ve sorumluluklar üstlenmeleri beklenmektedir. Bu rol ve sorumluluklar da yeni yetkinlikler gerektirmektedir.

Şekil 3: İK'nın Gelişimi

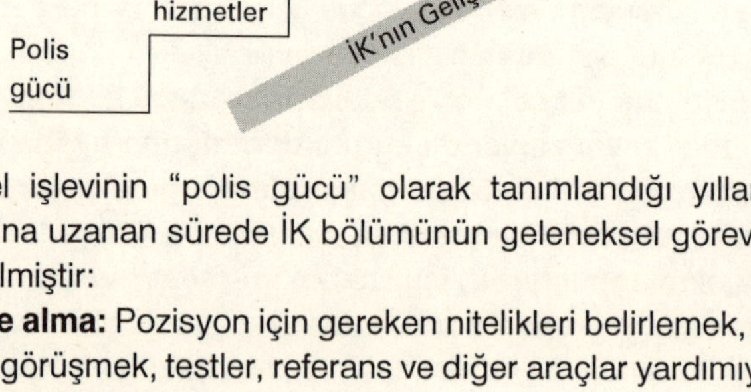

Temel işlevinin "polis gücü" olarak tanımlandığı yıllardan "iş ortaklığı"na uzanan sürede İK bölümünün geleneksel görevleri şunlar olagelmiştir:

- **İşe alma:** Pozisyon için gereken nitelikleri belirlemek, adaylarla görüşmek, testler, referans ve diğer araçlar yardımıyla kimin işe alınacağına karar vermek

- **Rol ve iş tanımları:** Rol ve iş tanımlarını belirlemek, buna bağlı olarak organizasyonun sürekli gelişimini takip etmek ve bunun iş tanımları üzerindeki etkisini değerlendirmek
- **Ücretlendirme:** Pazar araştırmalarından, iş analizi tekniklerinden ve çalışanlarla yapılan performans görüşmelerinden faydalanarak şirketin maaş çizelgelerini ve sistemlerini geliştirmek
- **Ek menfaatler:** Çalışanlara sağlık sigortası, hastalık izni gibi yan gelir hakları sağlayan programlar geliştirmek ve bunlar hakkında çalışanı bilgilendirmek
- **Yasal uygunluk:** Kurumda alınan kararların ve gerçekleştirilen faaliyetlerin yasal sınırlar içinde olmasını garanti altına almak
- **Performans yönetimi:** Belirlenmiş performans kriterlerine göre çalışanların sergilediği performansı değerlendirmek
- **İş güvenliği ve sağlığı:** Özellikle stresle başaçıkma konusunda çalışanlara yardımcı olarak işle ilgili sağlık sorunlarına çözüm getirmeye çalışmak
- **Eğitim planları:** Gelişime açık/geliştirilmesi gereken beceriler analizi gibi yöntemler yardımıyla çalışanların geliştirmeleri gereken becerilerini belirlemek ve bu doğrultuda onlara gelişim ve eğitim planları hazırlamak

2000'li yıllara kadar bu görevleri yerine getiren İK profesyonelleri "başarılı" sayılıyordu. Ancak İK'nın kotarması gereken görev ve işlevler gittikçe farklılaşıyor.

İK'nın Önemi Neden Artıyor?

Günümüzde artık birçok işletme, rekabette geri kalmamak ve özellikle zor zamanlarda çalışanların tüm destek ve enerjisinden faydalanmak için insanı, "yönetilmesi gereken bir kaynak"tan çok, "yatırım yapılması gereken bir sermaye" olarak görmeye başladı. Bu düşünce, İK yönetiminin, işletmelerin en temel bölümlerinden biri haline geldiğinin en iyi göstergesidir. On yıl öncesine kadar herhangi bir destek birimi olarak görülen İK bölümü, bugün kurumların, rekabette öne geçmesini sağlayacak değerlerinden biri olmuştur.

Bugün İK yönetiminin organizasyon içindeki rolü, çalışanların motivasyonunu ve verimini yükseltecek bir ortam yaratmak ve bu ortamı koruyup geliştirmek için gerekli politikaları ve teknik bilgiyi sağlamaktan daha fazlasıdır. İK bölümü, kurumun rekabette öne geçmesini sağlayacak değerlerinden biri haline gelmektedir. Bugün İK bölümünden beklenen, "iş ortaklığı"nın da ötesinde, geleceği şekillendirmede aktif rol almasıdır.

İK'nın değişen ve önem kazanan rolü, İK çalışanlarının da farklı yetkinliklere sahip olmasını gerektiriyor. Peki, yeni rol ve sorumluluklar üstlenmesi gereken İK profesyonelleri, bunun için gereken yetkinliklere sahip mi? Bu yetkinliklerin neler olduğunu belirlemek üzere Michigan Üniversitesi önderliğinde 2007 yılında yürütülen İnsan Kaynakları Yetkinlik Araştırması, şimdiye kadar bu alanda yapılan en kapsamlı çalışmadır. Daha önce 2002 yılında yapılan araştırmada İK profesyonellerinin sahip olması gereken beş temel yetkinlik saptanmıştı, son çalışmada ise bu sayı altıya çıkmıştır. Bu yetkinliklerin ilki ve en önemlisi, "güvenilir ve eylem odaklı olmak" olarak belirlenmiştir.

Güvenilir ve eylem odaklı olmak:

1. Grup: Güvenilir, kendine güvenen, dürüst, tutarlı, akılcı, mantıklı, inandırıcı, ayakları yere basan
2. Grup: Tutkulu, dinamik, enerjik, hedefine yönelik, heyecanlı, çalışkan, aktif, eylem odaklı

Bu kitabın okuyucusu olarak siz hangi gruptaki niteliklerin İK profesyonellerini tanımladığını düşünüyorsunuz? Tahminimiz, okuyucuların büyük çoğunluğunun bu soruya cevabının, birinci gruptaki özelliklerden yana olacağıdır.

İK çalışanlarının "güvenilirlik"le ilgili bir problemi olduğunu sanmıyorum. Ancak İK'nın farklı görüş beyan eden, kendine bir hedef koyup buna ulaşmak için çabalayan, dinamik bir şöhreti olduğunu söylemek zor. Başka bir deyişle, İK çalışanlarının değerlere dönük olduğunu söyleyebiliriz, ancak uygulamaya dönük olduklarını aynı rahatlıkla iddia edemeyiz.

Güvenilir ve eylem odaklı olmak, başarılı bir İK uzmanı olmanın özünde bulunan iki temel yetkinliktir. Güvenilir olmayan İK çalışanının söyleyecek sözü olsa dahi bunu kimse dinlemeyecektir; eylem odaklı olmayan kişi ise etki yaratamaz. Her ikisi de olabilmek için önerilerimiz şunlardır:

Güvenilir olmak için;

- İşi bilmeli, bilmediklerini öğrenmeli ve işin içinde olmalı
- Müşteriyi tanımalı ve kararlarını müşteriyle ilgili veriler doğrultusunda şekillendirmeli
- Kendisine sorulmasını beklemeden fikir beyan etmeli, tavsiye vermeli, basmakalıp ve klişe inanışları sorgulamalı
- İşle ilgili kararlara ortak olmaya çalışmalı

Eylem odaklı olmak için;

- Geleceğe ilişkin bir vizyonu olmalı
- Söyleyecek özgün bir sözü, farklı ve dinlemeye değer bir düşüncesi olmalı
- Bunları söylemek ve dinletmek için fırsat yaratmalı
- Kurumda her düzeyde çalışanın gözünde inandırıcılığı ve ağırlığı olmalı

İş ortaklığı: "İK, Nasıl Yönetimin Stratejik Partneri Olur?" yazısında belirttiğimiz gibi İK uzmanının, finans ve muhasebenin temel kavramlarını anlaması, iş sezgisine ve ticari düşünceye sahip olması, bunun için de müşterisini, içinde bulunduğu endüstriyi ve rekabeti tanıması, İK etkinlikleri ile iş sonuçları arasında mutlaka bağlantı kurması gereklidir. Bunun için her bir çalışanın yarattığı değeri, iş süreçlerinin ürettiği değeri, alınan her bir eğitimin yarattığı değeri para birimleriyle ifade edebilmelidir. Hangi fonksiyonların, eğitimlerin ya da programların kâr hanesine ne kattığını, hangilerinin zarar hanesine ne yazıldığını ve bu yüzden son verilmesi gerektiğini rakamsal verilerle açıklayabilmelidir.

Operasyonel sorumluluk: Gelişen teknoloji, insan kaynaklarının geleneksel görevlerini oluşturan operasyonel faaliyetleri gittikçe daha çok üstlenmektedir. Her geçen gün daha fazla sayıda idari fonksiyonda uygulanan otomasyon ve dış kaynak kullanımı *(outsourcing)* yüzünden bu görevlerin önümüzdeki on yıl içinde İK profesyonellerinin işleri içinde çok küçük bir yüzdeyi oluşturacağı öngörülüyor. Ancak bu öngörü, rutin görevlerin artık önemli olmadığı anlamına gelmemelidir; zira bu görevlerin sorumluluğu, İK bölümünün diğer çalışanlar nezdinde sağladığı güven duygusunun temelini oluşturur. İK uzmanları, operasyonel işlerde her zaman hızlı, zamanında ve doğru sonuçlar elde edebilmelidir.

Kültür ve değişim ajanlığı: Bugünün İK bölümünden, kurum kültürünü şekillendirmede rol alması beklenmektedir. Bunun ilk adımı, dış müşterilerin beklentilerini en iyi şekilde bilmektir. Bunun için de İK çalışanları odaklarını kurum içinden (iç müşteriden) dış müşteriye çevirmelidir. Dış müşteriyi harekete geçiren dinamikleri anlayıp analiz ederek çalışan davranışlarını ve kurum kültürünü müşteri beklentileri doğrultusunda şekillendirmelidir. Performans yönetimi, ödüllendirme gibi konular, müşteri beklentilerini yansıtmalıdır.

Kurum kültürü, çalışanların tutum ve davranışlarının bütününden oluşur. Bu kültüre yön verebilmek için öncelikle çalışanların işlerinde buldukları anlamın ve işlerine verdikleri önemin yüksek olmasını, iş ve özel hayat arasındaki dengenin kurulmasını sağlamak önemlidir.

Kurum kültürü, kurumsal performansın çok önemli bir belirleyicisidir. İK'nın rolü artık kurumun rekabetçi avantajını artıracak kültürü yaratmayı, beslemeyi, yaymayı ve sürdürmeyi de içine alacak şekilde genişlemektedir. İK uzmanı, kurum kültürünü yeniden yapılandıracak olan "değişim ajanı"dır. (Yapılandırılması beklenen kurum kültürünün özelliklerini bir sonraki yazıda bulacaksınız.)

Yetenek yönetimi / Kurumsal tasarım: Yetenek yöneticisi, çalışanların kuruma girişlerini, kurum içindeki hareketlerini ve kurumdan çıkışlarını izler. Kurumsal tasarım, kurumun işleyişini belirleyen kuralları ve yapıyı şekillendirir. İyi bir yapıyla desteklenmeyen bir "yetenek", uzun süre o organizasyonda kalmaz ya da uzun süre yetenek olarak kalamaz. Aynı şekilde, iyi bir organizasyon da "yetenek"lerle çalışmadan uzun süre iyi olarak kalamaz. Bunun için yetenek yönetimi ve kurumsal tasarım birbirine bağlı ve birbirinden beslenen iki süreçtir.

İK uzmanından, yetenek yöneticisi rolüyle şunlar beklenmektedir:

- Kurumun, bugünün ve yarının "yetenek"lerini barındırmasını sağlaması
- "Yetenek"leri geliştirmesi

- Kurumu şekillendirmesi
- İletişim kanallarını açık ve akıcı tutması
- Uygun ödül sistemlerini geliştirmesi

Strateji mimarlığı: Strateji mimarı, iş hayatındaki değişimleri, bunların yol açacağı etkiler ile bunların iş için yaratacağı engel ve fırsatları öngörebilir. Kurumun gelecekte nasıl "kazanacağı" konusunda strateji oluşturma sürecinde yönetime ortak olma, sorunları tanımlama, alternatifleri çözümleme ve değişimlere hızlı tepki vermek için sistemleri oluşturma, bu yetkinliğin alanına girer.

İnsan Kaynakları Yetkinlik Araştırması'nda varılan sonuç, bir İK uzmanının başarısının, sayılan yetkinliklere bağlı olduğu yönündedir. Bu yetkinlikler İK'nın geleneksel rollerinden farklı olarak gelişen yeni görevleri için gereklidir. Bu yeni görevler arasında şunları sayabiliriz:

- **Envanter çıkarmak ve bu konuda danışmanlık yapmak**: İK yetkinliklerini kurum içinde yaymayı; bölüm müdürlerinin ihtiyaç duyduğu elemanlarla görüşme yapma, onları işe alma ve işte tutma yetki ve becerilerine sahip olmalarını sağlamayı; aynı zamanda kurumun yasal düzenlemeleri gibi konularda yöneticilere ihtiyaç duydukları danışmanlığı yapmayı içerir.
- **Yetenek avcılığı**: Yüksek performans gösteren ve işi sürükleyen "yıldız çalışanları" belirler ve onların potansiyellerini ortaya koyabilmelerini sağlayan bir değerlendirme sistemi geliştirir.
- **Bilgi yönetimi**: Bilgi bankası ya da fikir havuzu olarak niteleyebileceğimiz "depo"lar oluşturmak ve "öğrenen kurum iklimi" yaratmak amacıyla farklı birimler/bölümler arasında beyin fırtınası seansları düzenler.

"Yeni" görevler, geleneksel olanlara ekleniyor, onların yerini alıyor ve sonuçta İK profesyonellerinin yetkinliklerine, rol ve sorumluluklarına yenileri katılıyor. Tüm bunların içinde, gelecekte İK bölümünün en belirleyici görevi ne mi olacak? Geleceğin yöneticilerini ve liderlerini yaratmak, geliştirmek ve bu şekilde kurumun değişim karşısında güçlü, esnek ve uyumlu olmasını, hatta değişimi yönetmesini sağlamak...

Farklı Bir Kurum Yaratmak

Günümüzün koşullarında işini iyi yapmak yetmiyor; fark yaratmak ve bunu da hızlı bir biçimde yapmak zorunluluk haline geldi. Bu zorunluluktan, "izlenen" ve "izleyen" olarak iki tür kurum oluştu. Fark taklit edildiği noktada "farklı" olmaktan çıktığı için artık yapılması gereken, yeni bir farklılığın peşine düşmek oldu.

Nasıl sürekli izlendiğini dikiz aynasından takip etmek hızı keserse, farklı olmak için özel bir çaba göstermek de yenilikçiliği zorlaştırır. Farklı olmak için özel bir çaba göstermek yerine bunu otomatik bir refleks haline getirmek gerekir. Bunun için de yaratıcı düşünceye ihtiyaç vardır. Yaratıcı düşüncenin kuruma katma değer sağlayacak biçimde gelişmesi, yenilikçiliği doğurur. Yaratıcı düşünce yenilikçi düşünceye dönüşürken çok sayıda fikir üretilmeli ve bu fikirler doğru değerlendirilmelidir. Yaratıcı düşünceyi besleyen kurum kültürü olmadığı takdirde, fikirler doğmadan ölmeye mahkûmdur.

M.A.R.K.A.'nın Ajans ve Yaratıcı Grup Başkanı Hulusi Derici'nin Baltaş Grubu'nun süreli yayını *Kaynak Dergisi*'nin 31. sayısında yer alan yazısında belirttiği gibi, "Yeni fikirler henüz embriyolardır; bakıma, ilgiye ihtiyaçları vardır." Yeni bir fikrin, duyulduğu anda negatif eleştiri bombardımanına tutulduğu ve bu şekilde yok edildiği kurumlar, ancak yaratıcı kurumların izleyicisi olabilir.

Çalışan yetkinliklerine baktığımızda, bazı çalışanların "yaratıcı düşünce üretme" özelliğinin, bazılarının ise "düşünceyi işleme ve değerlendirme" özelliğinin güçlü olduğu görülmektedir. Yönetimin bu iki gücü birleştirerek sinerji yaratması, "izlenen kurum" olmayı sağlar.

“Caz Ustası” Kurumlar

Bir dönem kurumlarda çalışanların aynı ritmi yakalaması için perküsyon sanatçılarıyla çalışmalar yapılıyordu. Bilgi çağında amaç aynı ritmi çıkarmak değil, farklı ritimlerin spontane bir hızla icra edilmesini sağlayarak bunları faydaya dönüştürebilen kurum olmaktır. Bu nedenle, kurumların caz ustalarını örnek almalarını önermek abartılı olmaz.

Sıradan olmamak, sıra dışı olmayı getirir. Ancak sıra dışı olmayı amaç değil, öne geçme aracı olarak değerlendirmek gerekir.

İK’nın Değişen “Kişiliği”

Bir kurumda yenilikçi anlayışı yaymak için İK’ya önemli görevler düşer ancak işin ironik yanı şudur ki, çoğunlukla İK bir kurumun yenilikçilikten en uzak bölümlerinden, İK profesyonelleri de en az yaratıcı çalışanlarındandır. Temel görevi kural koymak ve bu kurallara uyulmasını sağlamak olan geleneksel İK çalışanlarından ne derece yaratıcı olmasını, nasıl bir yenilikçi iklim yaymasını bekleyebiliriz ki?

Belki de İK profesyonellerinin farklı bir “kişiliğe” bürünmeleri gerekiyor. Şimdiye kadar yöneticilerden gelen her talebi kabul etmeye, çalışanlardan gelen birçok talebi de geri çevirmeye alışmış olan İK çalışanlarının, bundan böyle değişimi getirmeleri, kolaylaştırmaları ve yaymaları beklenmektedir. İK çalışanlarının bizzat yaratıcı olmalarına gerek yoktur; ancak değişime açık, farklı düşünebilen, hatta gerektiğinde kuralları yıkabilen insanları işe almalarına ve kurumda, onların işlerini yapmaları için gereken iklimi yaymalarına gerek vardır.

Yenilikçiliğin İklimi

Bir toplulukta yaratıcılığın yerleşmesi için gereken temel koşullar, THY olarak özetleyebileceğimiz **teknoloji, hoşgörü** ve **yetenek**tir.

Amerikalı bilgisayar mühendisi Jonathan Schattke, “keşfin anasının gereksinim, babasının yaratıcılık, karısının ise bilgi” olduğunu söylemişti. **Teknoloji** bilginin eyleme geçirilmiş halidir, bilimin üretime yansımasıdır. Yenilik, ancak yeni teknolojiyle mümkündür. Teknoloji yoğun sanayilerde yapılan bir araştırma ortaya koymuştur ki, eğer bir firma teknolojik olarak yenilik yapabilecek kapasiteye sahip değilse, başkaları bunu yapar ve pazarı ele geçirir.

Yaratıcılığın gelişmesi için gereken diğer önkoşul olan **hoşgörü**, farklı özellik ve nitelikteki insanları çeker ve yeni fikirlerin ortaya çıkmasına imkân verir. Çeşitliliği hoşgören, farklılığı teşvik eden ve zenginlik sayan, insanların yeni fikirler denemesine ve hata yapmasına izin veren yaklaşım, kurumda yaratıcılığı harekete geçirir. Yaratıcılığa sahip **yetenek**leri belirlemek ve onların potansiyellerini ortaya koyabilmelerini sağlayan bir performans değerlendirme sistemi geliştirmek, İK uzmanlarının bir diğer görevidir.

Kurallar ve Yaratıcılık

Yenilikçilik ve yaratıcılığın önündeki en büyük engel, iş süreçlerinin aşırı yapılandırılması, gereksiz kurallar ve aşırı kontroldür.

Bazı kuruluşlar işi en basit ögelerine ayırır ve bunu ayrıntılı biçimde tanımlarlarsa, işin kalitesinin yükseleceğine ve vasat insanların bile işi "mükemmel" yapabileceğine inanır. Bu, büyük bir yanılgıdır. Kurallar ve aşırı kontrol, mükemmelliği sağlamaz; sadece yaratıcılık potansiyeli olan çalışanların sıkılıp kaçmasına neden olur.

Ayrıca kuralların çokluğu, disiplin sorunu doğurur ve bir süre sonra yöneticiler kendi yarattıkları sorunları çözmeye başlar.

Yapılması gereken, işe uygun yetenekteki insanı seçmek, işle ilgili beklentileri çok açık tanımlamak, bunların nasıl ölçüleceğiyle ilgili kriterlerin anlaşılmasını sağlamak, sonra da çalışanları kendi tarzlarını uygulamaları için serbest bırakmaktır.

Kuruma "Yenilik" Katan Çalışanlar

Bir gün önce yaptığımız yorumu bugün yeniden gözden geçirmeyi gerektirecek hızda ve kapsamda bir değişim dönemecinden geçiyoruz. Çalışma hayatı, bu değişimin yarattığı ivmeyle bize yeni imkânlar sunmaya hazırlanıyor.

Bilgi ekonomisi, genç insanlara ve bu değişime ayak uyduranlara hızlı ilerleme, daha çok başarma, daha çok aranan ve istenen bir çalışan olma imkânı sağlıyor.

Günümüzde kurumların %90'ının ortalama 15 yıl içinde asıl faaliyet alanını değiştireceği öngörülüyor. Bu durum İK'nın "kendilerine benzeyen" çalışanları işe almaya son vermesini gerektirmez mi?

Aynı üniversiteden mezun, aynı özgeçmişe sahip, aynı işi yapmış ve aynı tecrübeleri edinmiş çalışanlar bir kuruma yenilik adına ne katabilir? Yoksa kurumlarda farklı alanlardan gelmiş ve farklı tecrübeler yaşamış çalışanların getireceği yeni soluğa mı ihtiyaç var?

Adı Yeni Konmuş Bir Olgu: İşyerinde Yıldırma

2008 yılının son günlerinde TBMM'ye yapılan bir yasa önerisiyle *mobbing*, psikolojik taciz olarak adlandırılarak yasada yerini aldı. Buna göre tacize uğrayan kişiyi koruma sorumluluğu işverene yüklendi ve bunu sağlayamaması durumunda kendisine maddi sorumluluklar getirildi. *Mobbing* kavramını biz, kaynağını Türk kültüründen alan "yıldırma" kelimesiyle karşılamayı uygun bulduk.

Çalışma hayatının örgütlü bir yapı kazanması yaklaşık 150 yıllık bir olgudur. Tarihsel gelişim içinde gelinen noktada, çağdaş bir işyerini tanımlarken belirli özellikler arıyoruz. Günümüzde çalışma kültürünün, çalışanların yeteneklerini ve farklılıklarını geliştiren bir ortam yaratması bekleniyor. Yoğun rekabet karşısında işletmeleri farklı ve başarılı kılan etkenin insan kaynağının nitelikleri olduğunu biliyoruz. Sonuçta işletmeler, insanlardan oluşan ve insanlar için var olan toplumsal yapılardır. İnsanlarının iyiliğini, sağlığını ve mutluluğunu gözetmeyen işletmeler, gereksinim duydukları verimliliğe ve yenilenmeye ulaşamazlar.

Çağdaş bir işyeri ortamının öncelikli özelliklerinden biri, çalışanlarına değer vermesi, emeği ve çabayı takdir etmesidir. Böyle bir işyeri kültürü, yaratıcılığı, işbirliğini, ekip çalışmasını, karşılıklı güveni, problem çözmeyi, açık ve dürüst iletişimi ve çatışma çözmeyi teşvik eder. Çalışanlara duygusal açıdan sağlıklı ve güvenli bir ortam sağlar.

Ne var ki işyerleri de, aile, okul, mahalle grupları, sendikalar ve partiler gibi, toplumun bir birimi olarak insan topluluklarının gücünü olduğu kadar zaaflarını da içinde barındırır. Yaklaşık yirmi yıldır, önce Avrupalı sosyalbilimcilerin dikkatini çeken, daha sonra da ABD'de ele alınmaya başlanan işyerlerinde yıldırma da bunlardan biri olup çoğunlukla gözardı edilen önemli bir sorundur.

Yıldırma Nedir?

Yıldırma, işyerinde belirli kişileri hedef alan sistematik bir dizi duygusal taciz ve yıpratma hareketidir. Haksız yere suçlama, ima, kinaye, dedikodu yoluyla itibarı sarsma, küçük düşürme, taciz, duygusal istismar ve şiddet uygulayarak, bir kişiyi işten ayrılmaya zorlayan kötü niyetli bir girişimdir. Çoğu kez bir kişinin önderliğinde, başkalarının da isteyerek ya da istemeyerek katıldığı, sürü davranışı niteliğinde bir "çeteleşme" hareketidir. Giderek acımasızca bir şiddete doğru tırmanan bu tür davranışları, kurumlar çoğu kez görmezden gelir, göz yumar ya da bazen teşvik eder; çaresiz duruma düşen kurban ciddi anlamda "mağdur" olur.

Yıldırma sürecinde;

- Kişinin saygınlığına, güvenilirliğine, mesleki yeterliliğine saldırılır.
- Doğrudan veya dolaylı, açıkça veya örtülü biçimde olumsuz, aşağılayıcı, hırpalayıcı, kötü niyetli mesajlar verilir.
- Bir ya da daha fazla kişi rol oynar.
- Çeşitli yöntemler sistematik ve sürekli olarak uygulanır.
- Kurban kusurlu duruma düşürülür.
- Küçük düşürülen kişi duruma boyun eğmeye zorlanır.
- İşten ayrılmaya mecbur edilir.
- İşten ayrılma, kurbanın kendi seçimi olarak gösterilir.
- Yönetim durumu gözardı eder, hoşgörür, hatta teşvik edip başlatabilir.

Yıldırma Davranışının Kökenleri

Yıldırma anlamındaki *mobbing* terimi, Latince'de "dalgalanan kalabalıklar" anlamına gelen *mobile vulgus* sözcüklerinden gelir. Yıldırma, temelde, düzensiz insan kalabalıkları tarafından uygulanan ve kural tanımaz bir şiddete varan sürü davranışıdır.

Bu terim ilk kez, hayvan topluluklarının, kendilerinden daha güçlü bir yırtıcı hayvanın saldırısından korunmak amacıyla başvurdukları "püskürtme davranışı" için kullanılmıştır. Örneğin kazlar bir tilkiyi kaçırmak için toplu halde canhıraş sesler çıkararak tilkinin üzerine yürürler. 1980'lerde İsveçli bilim adamı Dr. Heinz Leyman benzer davranışların işyerlerinde yaygın olduğunu gözleyerek bu alanda çalışmalara yöneldi. İsveç ve Almanya'da yaptığı çalışmalarda işyerlerinde "zor" insanlar olarak nitelenen birçok çalışanın aslında öyle olmadığını saptadı.

ABD'de 1990'lardan sonra, yıldırmanın şirketlere maliyeti üzerinde durulmuş, bu ülkede 130 milyon çalışanın yıldırmadan çeşitli derecelerde zarar gördüğü hesaplanmıştır. 1990'daki bir araştırma, İsveç'te işgücünün %3,5'inin sistemli bir yıldırmayla karşılaşmış olduğunu göstermiş, intiharların %15'inin işyerindeki yıldırma eylemleriyle ilgili olduğu ileri sürülmüştür. İngiltere'de ise, çalışanların %50'sinin en az bir kez yıldırmayla karşılaştığı savunulmaktadır.

İşyerinde Yıldırma Davranışının Boyutları

Yıldırma hareketi, harekete önderlik eden kişinin özelliklerine, hedef alınan kişinin dayanma gücüne ve kurum kültürüne bağlı olarak, çeşitli biçimlerde sergilenir. Bunlar beş grupta toplanabilir.

- **İletişim ve ifadenin kısıtlanması:** Hedef alınan kişinin üst yöneticisi ve çalışma arkadaşlarıyla iletişimi engellenir, sürekli olarak sözü kesilir, susturulur, azarlanır. Bu kişi tehdit telefonları, sözlü ve yazılı tehditler alır.
- **İş ve özel yaşamın örselenmesi:** Önemli görevler verilmez, görevleri kısıtlanır, anlamsız işler verilir, iş yükü artırılır, maddi zarara sebep olmasına ortam hazırlanır, evine ve işyerine zarar verilir.
- **Sosyal ilişkilerin engellenmesi:** Kişiyle konuşulmaz, konuşma girişimlerine karşılık verilmez, ayrı bir çalışma alanına yerleştirilir, "yokmuş" gibi davranılır.
- **İtibarın zarar görmesi:** Arkasından kötü konuşulur, asılsız dedikodu yapılır, mesleki yetersizliğiyle mimikleri, yürüyüşü, sesiyle alay edilir, politik veya dinsel görüşleri küçümsenir, özel

hayatıyla ilgili imalarda bulunulur, küçük düşürücü isimler takılır, kararları sorgulanır, cinsel imalarda bulunulur.

- **Sağlığın olumsuz etkilenmesi:** Bedensel olarak zorlayıcı işler yapmaya mecbur edilir, yine bedensel şiddet kullanılarak tehdit edilir, korkutulur, bedensel ve cinsel taciz uygulanır.

Yıldırmanın Aşamaları ve Türk Kültürü

Yıldırma başlarda fark edilip sağlıklı çatışma çözme yöntemleriyle giderilemezse, çalışanların enerjisini ve kurum verimliliğini tehdit eder. Leyman'a göre yıldırmanın aşamaları şunlardır:

1. **Aşama:** Çatışma yaratan bir olay yaşanır. Henüz yıldırma söz konusu değilse de, tepkiler yıldırmaya dönüşebilecek bir potansiyel taşır.
2. **Aşama:** Yıldırma dinamiklerini harekete geçiren, ani psikolojik saldırılar ve saldırgan davranışlar gelişir.
3. **Aşama:** Yönetim, yaşanan durumun ciddiyetini gözardı ederek ya da bazı hallerde göz yumarak yıldırmaya ortak olur.
4. **Aşama:** Kurban, sistemli ve yıpratıcı davranışlara giderek olumsuz tepkiler vermeye başlar ve "zor insan" suçlamalarını haklı çıkarır.
5. **Aşama:** Kişi işten ayrılmaya mecbur edilir.

Hedef alınan kişi, eğer direnmeyi başarır ve ortamdan uzaklaşabilirse yıldırma son bulur. Direnemez ve uzaklaşamazsa, zihinsel, ruhsal ve bedensel olarak yıpranır ve işine odaklanmakta zorlanır. Daha da sonraları, işine dönme şansını tümüyle yitirir. Travma sonrası davranış bozuklukları ve psikosomatik hastalıklar ortaya çıkar ve özel bir tedaviye ihtiyaç duyar.

Daha çok Kuzey Avrupa ve ABD gibi bireyci kültürlerde yapılmış analizlere dayanan bu sonuçların, Türk kültüründe bu boyutlara varmadığını düşünüyorum. Aile bağlarının ve sosyal desteğin güçlü olduğu, toplulukçuluğa ve aidiyete dayanan Türk kültüründe, yıldırmanın bireylerin bu denli yıpranmasına izin vermediğine tanık oluyorum. Yine de bu gözlem, ülkemizde yıldırma olgusunun olmadığı anlamına gelmiyor. O halde, bu olguyla doğru mücadele edebilmek için onu yakından tanımak gerekmektedir.

Yıldırmaya Başvuran Kişilerin Özellikleri

Yıldırma hareketi içinde yer alanlar, çoğunlukla kendi eksik yönlerini, itibarlarına ilişkin korku ve güvensizliklerini bir başkasını küçük düşürerek telafi etmeye çalışan kişilerdir. Bu tür kişiler genellikle farklılıklara karşı hoşgörüsüz, ikiyüzlü, kendini üstün gören ya da göstermek isteyen, aşırı denetleyici ve kıskançtır. Ait oldukları grubu korumak amacıyla, grup üyelerinin mutlaka birörnek olması gerektiğine inanırlar. Çevrelerindeki kişileri de grubun normlarına uymaya zorlarlar; farklı kişilere karşı düşmanlığı körükler, "sevmedikleri" kişileri ayıklamaya çalışırlar. Bazen de hedef kişiden kurtulmayı amaçlamasalar bile, onun zor durumlarıyla eğlenerek, kendi yetersizlik duygularını yenmeye çalışırlar. Azınlık grupları, sosyal kesimlere karşı ayırımcı tutumlarını ortaya koyar, önyargıları canlı tutmaya çalışırlar.

Yıldırmaya Hedef Olan Kişilerin Özellikleri

Çoğu kez üstün mesleki özelliklere sahip kişiler yıldırmaya hedef olmaktadır. Yetkinlik düzeyleri yüksek, yaratıcı, dürüst, başarı yönelimli, kendilerini işlerine adamış kişiler bazı kişileri rahatsız edebilir ve bunların şimşeklerini üstüne çekebilir. Bu tür kişiler, insanlara güven duyar, iyi niyetlidir, politik davranmayı bilmez. Yaratıcı ve yenilikçi fikirleriyle başkalarını rahatsız eder, tehdit oluşturur. Kurumlarına çok bağlı olan böyle kişiler, işleriyle özdeşleşmişlerdir. İşlerini kaybetmek, onları daha da derinden etkiler.

Yıldırmaya maruz kalan kişiler, kendilerini aldatılmış, dışlanmış, yetersiz, yalnız, suçlu hisseder. Durumlarından utanır, kendilerine yabancılaşır, özsaygılarını yitirir. Stresle başaçıkamadıkları için özel yaşamları da bozulur, sağlık sorunları başgösterir. "Zor" insan suçlaması, "kurban" duygusu ve davranışlarına yol açar.

Kurum Kültürünün Özellikleri

Akılcı ve insan kaynağına değer veren yönetimi olan şirketlerde yıldırmaya az rastlanırken, yönetim zaafı olan ya da kârlılığı, verimliliği, disiplini tek öncelikli değer olarak görenlerde daha sıkça görülür.

Yönetim ve liderlik zaafı olan, ekip çalışmasının yapılamadığı, iletişim kanallarının kapalı olduğu, çatışmaların örtbas edildiği, günah keçisi anlayışının bulunduğu, insanı gözden çıkaran aşırı kâr tutkusunun egemen olduğu ve aşırı hiyerarşik yapılar yıldırma hareketini besler ve büyütür. Ayrıca küçülme, yeniden yapılanma, birleşme durumlarında ve eşitler arası rekabetin yoğun yaşandığı matriks yapılarda da yıldırma hareketlerine sık rastlanır.

Kurumlar Ne Yapmalı?

Yıldırma sendromu, şirketlerde verimlilik, kârlılık ve çalışan bağlılığında ciddi azalmalara neden olur. Çalışanların dikkati, işten ve hedeflerden, entrikalara ve taktiklere kayar; ekip çalışması imkânsızlaşır. Şirketlerin en değerli insan gücünde büyük kayıplar olur. Bu arada şirket yönetimleri, yıldırmanın ciddi boyutlara ulaşmasını engelleyebilir. Bu nedenle yönetimlerin aşağıda yer alan belirtilere karşı uyanık olması ve hemen önlem alması gerekir.

- Herhangi bir bölümde yaşanan sorunlardan sürekli bir çalışan mı sorumlu tutuluyor?
- Suçlanan kişinin performans ya da davranışları geçmişte ne nitelikteydi, şimdi nasıl ve neden bir fark oluştu?
- Üst yönetim kadrolarının yeterlilik düzeyi nasıl?
- Ani bir kararla işten ayrılan kilit kişiler var mı?
- İş devrinde olağandışı artış görülüyor mu?
- Sağlık nedeniyle izin almalarda artış var mı?
- Şirkette nedeni anlaşılamayan bir moral çöküntüsü gözleniyor mu?
- Şirket, yeniden yapılanma, kadro yenileme, yeni süreç yönetimi ve benzeri, ani bir değişimden geçiyor mu? Çalışanlar bu değişime yeterince hazırlandı mı?

Yıldırma belirtileri değerlendirildikten sonra yüksek maliyetli sonuçlarla karşılaşmamak için alınması gereken önlemler şunlardır:

Durumla yüzleşme ve farkındalık yaratma: İşyerinde duygusal taciz yeni bir olgu değil. Ancak olgunun "adını koymak" ve bununla yüzleşmek, önlem alınmasını kolaylaştırır.

Eğitim düzenleme: Çalışanlar duyarlılık kazanmak ve belirtileri fark edebilmek için eğitilmelidir. Örneğin İsveç Ulusal İş Güvenliği ve Sağlığı Kurulu 1989'dan bu yana tüm işletmelere çeşitli eğitim malzemeleri dağıtmaktadır.

Yıldırmaya karşı etik kurallar oluşturma: Çalışanların hal ve hareketlerini düzenleyen işletme yönergeleri yıldırmaya karşı kuralları da içermelidir.

Çatışma çözme yöntemlerini yaygınlaştırma: Kurum içinde çatışma çözme eğitimleri uygulanmalı, çatışma çözme mekanizmalarına işlerlik kazandırılmalıdır.

Toplumsal Değerler ve Kültürel Normlar

Yıldırma davranışları, insanlık kadar eski, asosyal bir toplu savunma biçimidir. Hiç kuşkusuz ülkemizde de okullarda, gençlik çetelerinde, her nitelikte kurumda çeşitli örselenmelere neden olmaktadır. Ne var ki ülkemizde gündeme gelmemesinin bize göre başlıca iki nedeni vardır.

"Kol kırılır, yen içinde kalır" yaklaşımı: Türk kültürü genelde yüzleşmeye açık bir yapıda değildir. Bu tür sorunlar çoğunlukla bireysel düzeyde çözülmeye ya da örtülmeye, acıları giderilmeye, hatta inkâr edilmeye ve bastırılmaya çalışılır. Kamuoyu önünde tartışılmaz ve adı konmadığı için toplumsal çözümler üretilemez.

Aile desteği ve dayanışmasının gücü: Toplumsal dönüşümlere rağmen, aile Türk kültüründe hâlâ çok güçlü bir kurumdur. Yaşanan sorunlar karşısında aile bireyleri, giderek akraba ve hemşeri grupları kişiye kol kanat gerer ve acıları kendi içinde eritir. O nedenle de yıldırma, bireyci batı toplumlarında gözlenen ciddi hastalıklar ve intihara varan ağır boyutlara ulaşmaz.

İş dünyasının giderek daha yarışmacı bir nitelik kazanmakta olduğu ülkemizde, verimli ve kârlı olduğu kadar insana saygılı işyerleri oluşturmak için, yıldırma belirtilerini zamanında fark edip önlem almak, çağdaş yöneticilere olduğu kadar İK uzmanlarına da düşen önemli bir görevdir. Küçülme ve birleşme gibi kriz dönemlerinde sık görülen yeniden yapılanmaların tetiklediği yıldırma davranışına, içinde bulunduğumuz ortamda ve zamanda özellikle dikkat edilmelidir.

III. BÖLÜM

Saygınlık ve Sürdürülebilir Kârlılık İçin: Etik

Değerleri Hayata Geçirmek

Dünya kurulduğundan bu yana varlığını sürdüren iki kurum vardır. Bunlardan biri ordu, diğeri de dindir. Bu iki kurumun da, şekil değiştirerek de olsa, her gün daha güçlenerek varlığını sürdürmesinin nedeni "ritüel"leridir. "Ritüs", Latincede "doğru eylem" demektir. Ritüeller, topluluğun ve bireylerin, sahip oldukları inanç sistemleri nedeniyle, tartışmaksızın ve âdeta otomatik olarak yerine getirdikleri eylemlerdir. Bir askerin, üstünü gördüğü yerde (buna layık olup olmadığını düşünmeden) selamlaması, bir müminin (günlük meşguliyetlerinin buna imkân verip vermeyeceğini sorgulamadan) beş vakit namaz kılması, ritüellere verilecek örneklerdir.

Örneğin, bu satırları okuyan hemen bütün okuyucular sağlık inanç sistemlerinin uzantısı olarak, ne kadar yorgun olurlarsa olsunlar, dişlerini fırçalamadan yatmazlar.

Günümüzde iş hayatı, dünyaya yön veren üçüncü kurum olmuştur. Ancak çağdaş iş yaşamının din ve ordu gibi binlerce yıllık bir geleneği ve buna bağlı olarak ritüelleri oluşmamıştır. Topluma yön veren her kuruluşun sorumluluğu olması gerekirken, günümüz iş hayatının bu tür bir geleneğe ve role sahip olduğunu söylemek zordur.

İş dünyası, üstlenmek durumunda olduğu bu rolü henüz anlayabilmiş değildir. Kapitalizmin temel kabulüne göre müdahale edilmeyen piyasanın kendi kendini düzenleyeceği hayali, 2008 kriziyle yıkılmıştır.

Denetlenmeyen Kapitalizmin İflası

İş hayatı, genel kanıya göre, amacı para kazanmak ve kâr etmek olan bir süreçtir. Bu dar açıdan bakıldığında, kâr sağlayan her yol mubahtır.

Bu yaklaşım aslında son derece kısa vadeli bir bakış açısıdır ve sonucunda bu amacı güdenlere zarar verir. Çünkü bu anlayış, çalışanları istismar etmeyi, onların sağlığı ve mutluluğu pahasına, gerekirse yasaları da esneterek ve çevreye verilen zararı gözardı ederek kâr etmeyi doğal sayar. Oysa uzun vadede kârlı kalabilmek için insanların temel ihtiyaçlarını ve üzerinde yaşadığımız gezegenin devamlılığını sağlayacak koşulları hesaba katmak gerekir.

İnsanların ihtiyacı sadece para kazanmak ve sağlıklı olmak (bedensel ihtiyaç) değildir. İnsanlar, sonraki sayfalarda ayrıntısıyla ele alındığı gibi, çevreleri tarafından sevilmek, yaptıkları işten ötürü saygı görmek (duygusal ihtiyaçlar), gelişim arayışı içinde olarak (zihinsel ihtiyaçlar) ve kendilerini aşan bir amaca hizmet etmek (manevi ihtiyaçlar) de isterler. Paylaşılan bir vizyon ve misyonun yarattığı heyecan, içinde bulunulan topluma verilen katkıdan duyulan gurur ve kendinden sonra geleceklere "daha yaşanılır bir dünya" kalmasında payı olduğu inancı, olgun insanların hayatına anlam katar.

Denetlenmeyen kapitalizm, olgun olmayan insanların hazza yönelmesi gibi, kısa dönemli amaçlara ve kâra odaklanmıştır. Bu durum, kapitalizmin temel felsefesinin sorgulanmasına yol açmıştır. 16 yıl ABD Merkez Bankası'nın yöneticiliğini yapan ve çok başarılı kabul edilen bir kariyerin ardından emekli olan Alan Greenspan, 2008 yılının son günlerinde televizyon kameraları önünde ağlamaklı bir ifadeyle günah çıkarmış ve şu itirafta bulunmuştur: "Biz, müdahale edilmeyen piyasanın kendi kendini düzenleyeceğine inandık. Piyasanın kendi iç dinamiklerinin sağlıklı bir gelişme doğuracağını düşündük. Üzgünüm, yanılmışız."

Sosyalizmin, insanların ortak çıkarına dönük bir erdem anlayışıyla topluma hizmet edeceği hayali de ne yazık ki gerçekleşememiştir. Sosyalizmi egemen kılmak için mücadele edenlerin bireysel olarak erdemli olmaları, erdemliliği kolektif kılmaya yetmemiştir. Bunun sonucunda doğan ekonomik verimsizlik sosyalizmi çökertmiş ve kapitalizmin tek doğru yöntem gibi algılanmasına neden olmuştur. Böyle bir alternatifsizlik "piyasa ekonomisi"nde kâr etmek için her şeyin mubah olduğu yönünde bir anlayış doğmasına yol açmıştır.

Din ve ordu binlerce yıldır varlığını sürdürüyor ve eskisinden daha sağlam olarak ayakta duruyorsa bunun nedeni değerlere dayalı bir anlayışı, eğitimin her aşamasına yerleştirmiş olmalarıdır. Günümüzde Türkiye'de laik kesimin yaşadığı en büyük sıkıntı, gerçekte altı doldurulmuş değerlere dayalı bir eğitim sistemine sahip olmamaktır. Cumhuriyetin kuruluş yıllarında böyle bir anlayış yerleştirilmiş ancak geçen zaman içinde ya değerlerin içi boşalmış veya cumhuriyetin erdem saydığı değerler bütünüyle unutulmuştur.

Değerler, Davranışlarla Dünyaya Yansır

İnsanların karar ve davranışlarına değerler yön verir. Gün içinde verdiğimiz önemli veya önemsiz her türlü kararın arkasında değerler ve ona bağlı inançlar vardır. Öğle saatinde uzayan bir toplantıya ara verip yemeğe gitmek veya bir sandviç ısmarlayıp hem çalışıp hem yemek yemek konusundaki karar da; işyerinde yolsuzluk yapan birini yönetime bildirme veya bildirmeme kararı da değerlere bağlıdır.

Önemsiz kararlarda değerleri ve altında yatan inanç sistemini fark etmek genelde mümkün olmaz. Değerler, önemli kararlar sırasında, özellikle de baskı altında fark edilir. Ancak bu durumda da değerler hakkında sistematik bir yaklaşımla karşılaşmamış kişiler, kendilerini rahatlatacak bir yoruma yönelirler.

Değerler, kurallar ve kararlar için pusuladır. Aynı zamanda belirli bir sonucu elde etmek için izlenecek yol konusunda en derinde yatan inançlardır. İnsanlar davranışlarını değerleriyle ortaya koyar. "Özü sözü bir olmak" deyişi, kişinin değerleri ve davranışları arasında bir çelişki olmadığını gösterir. Bir kurumun değerleri, kurumdaki herkesin, liderler ve yöneticiler dahil, nasıl davranmalarının beklendiği konusunda açık bir deklarasyondur.

Değerler, kişinin "Ben kimim?", "Hayatta ne elde etmek istiyorum?", "Elde etmek istediklerime ulaşmak için seçeceğim yol nedir?" ve "İnsanlar önünde neyi savunuyorum ve buna uygun davranıyor muyum?" sorularına vereceği cevaplarla şekillenir.

Bu soruları sormadan, değerler hakkında bilinç kazanmak zordur.

Yazılı veya yazılı olmayan değerleri olan kurumlar da bu değerlerini kurum kültürünün uzantısı olan iş yapma ve ilişki biçimleriyle hayata yansıtır.

Değerler soyut ve kişilere göre yoruma açık özellikler taşır. Bu nedenle değerlerle çelişen karar ve uygulamaları, kavram karışıklığı yaratarak, çok konuşup hiçbir şey söylemeyerek, genel doğruyu destekleyen bir cümlenin arkasından "ama" deyip, esas cümlede verdiği mesajın tersini savunan bir yan cümle kurarak örtmek ve "haklı çıkmak" mümkündür.

Yapılan araştırmalar, bir kurumun iş sonuçları ile kurum içinde geçerli olan değer arasında kuvvetli bir ilişki olduğunu ortaya koymuştur. Aynı araştırmalar, kurum çalışanlarının değerleri ile kurum değerleri arasında ilişki olduğunu göstermiştir.

Bireyler inanç ve değerlerini değiştirdikleri zaman karar ve davranışları da değişir. Eğer belirli sayıda kişinin inanç ve değerlerinde aynı yönde bir değişiklik olursa, topluluğun ve de toplumun karar ve davranışları değişir.

K. Wilber'e göre insan ve toplumdaki değer sistemlerinin etkileşimi şöyle gerçekleşmektedir.

Tablo 3: Bireysel ve Toplumsal Değer Sistemlerinin Etkileşimi

	İç dünya	**Dış dünya**
Bireysel	**Kişilik** Kişisel değerler ve sonuçlar	**Karakter** Kişisel kararlar ve davranışlar
Toplumsal	**Kültür** Grup değerleri ve inançları	**Sosyal yapı** Grup kararları ve davranışları

Tablo 3, bir kişinin dış dünyayla ilişkisinde sahip olduğu dört perspektifi temsil etmektedir.

1. Bireyin içeriden dışarıya bakışı –bireysel bilinç düzeyi– kişisel inanç ve değerler
2. Bireyin dışardan algılanışı –bireysel karar ve davranışlar
3. Bir topluluğun parçası olarak bireyin bakışı –grup bilinci– kültürel inançlar ve değerler
4. Bir topluluğun dışarıdan algılanışı –grubun sosyal yapıları, sistemleri, süreçleri ve davranışları

Şekil 4: Bilinçlilik Alanları

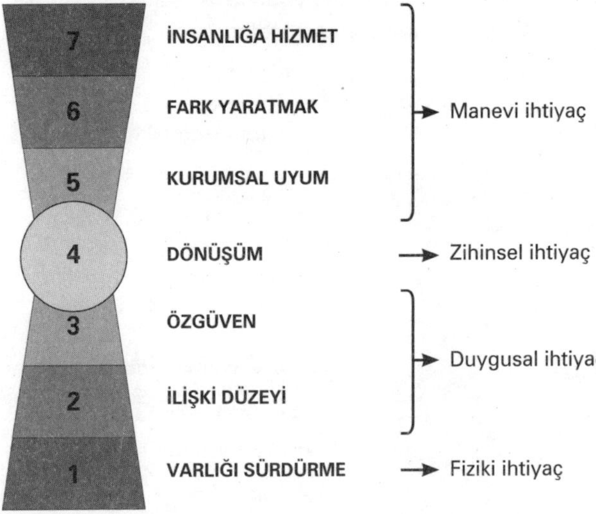

Barrett bireylerde veya bir toplulukta bu dört perspektifte paralel değişiklik sağlayan uygulamayı mühendisliğe benzetir ve buna "tüm sistem değişimi" adını verir.

Buna göre, "tüm sistem değişikliği, bireyin kişisel bilinç düzeyinde başlar ve bir grubun karar ve davranışlarında değişiklikle sonuçlanır". Barrett, kurumlarda değişimin söz konusu olmadığını, insanların değiştiğini ancak kurumların değişmeyip, dönüştüğünü ileri sürmüştür. Bu, şu anlama gelmektedir: Şekil 4'te bilinçlilik alanı olarak adlandırılan alanlarda bir harita çıkartılabilirse, bireyin veya topluluğun bilinç düzeyinin bir değerlendirmesini yapmak mümkün olur. Böylece bir kurum içinde değerleri yöneterek bilinçlilik düzeyini bir seviyeden bir başka seviyeye yükseltmek mümkün olur.

Değerlerin seviyelendirilmesi ve haritalanmasına imkân veren bu yaklaşım çok özgün ve önemlidir. Çünkü böylece zaman içindeki değişimi izlemek ve ölçmek mümkün olabilmektedir.

Bu yaklaşım, Türkiye'deki İslamlaşma olarak adlandırılan değer değişimini de net bir şekilde ortaya koymaktadır.

"Kültürel değişim araçları" adı verilen araçlar, Maslow'un ihtiyaçlar hiyerarşisinden esinlenmiş yedi basamaklı bir sisteme dayanmaktadır. Bu sistemde yer alan seviyeler ve tanımlanmaları anahatlarıyla şöyledir:

Şekil 5: Tüm Sistem Değişiklikleri

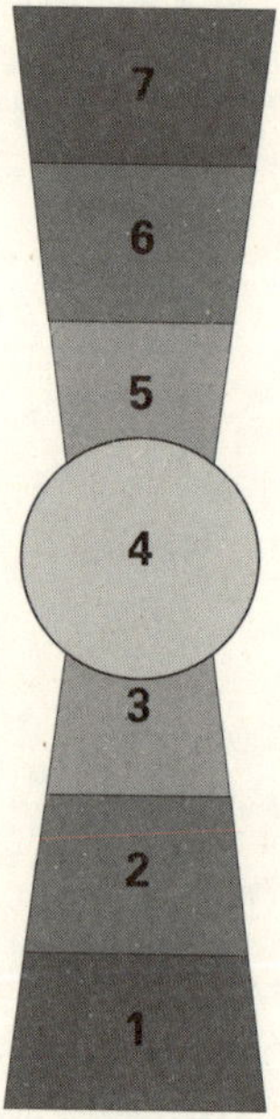

İNSANLIĞA HİZMET	7	**İnsanlığa hizmet** Uzun dönemli amaç, gelecek koşullar, etik, müşteriler ve yerel toplumla işbirliği
FARK YARATMAK	6	**Stratejik işbirliği** Çalışan doyumu, çevre bilinci
KURUMSAL UYUM	5	**Kurumsal topluluk bilinci geliştirmek** Olumlu, yapıcı kurum kültürü, paylaşılan vizyon ve misyon, güven, coşku
DÖNÜŞÜM	4	**Sürekli yenilenme** Öğrenme ve yaratıcılık, çalışan katılımı, sürekli kişisel gelişim
ÖZGÜVEN	3	**Başarılı ve en iyi olmak** Üretkenlik, verimlilik, kalite ve süreç sistemleri geliştirmek
İLİŞKİ DÜZEYİ	2	**Kurum ihtiyaçlarını destekleyen ilişkiler** Çalışan, müşteri ve tedarikçi düzeyinde iyi ilişkiler
VARLIĞI SÜRDÜRME	1	**Kârlılık ve kişi değerlerini yükseltme** Finansal sağlamlık, çalışan sağlığı ve güvenliği

Değerler Ne İşe Yarar?

Paylaşılan değerler güven oluşturur ve ortak paydada buluşan bir topluluk meydana getirir. Değerler uyum ve birlik sağlar. İnsanların birbirlerine samimi arkadaşlık bağlarıyla bağlanmasına imkân verir ve böylece ortak hedeflere hızlı ve etkili bir şekilde ulaşılır. Bir topluluğun gücü, o topluluğu oluşturan bireylerin paylaştıkları ortak değerlere olan bağlılığıyla ölçülür. Eğer paylaşılan ortak değerler yoksa insanlar birbirine aldırmaz ve birbirlerinin sorun ve dertlerine kayıtsız kalır. Hiçbir ortak değeri paylaşmayan topluluklarda, kargaşa ve anarşi yaşanır. Örneğin sıraya girmeyi gerektiren bir durumda herkes öne geçmeye kalkarsa, hem daha çok beklenir, hem de herkes rahatsız ve şikâyetçi olur.

Kuvvetli bir kurum kültürü yaratmak için, değerlerin herkes tarafından paylaşılması ve buna göre yaşanması gerekir. Bu konuda yöneticilerin değerlere uygun tutum ve kararları belirleyicidir.

Güçlü bir kurum kültürüne sahip kuruluşlarda değerler, kurumun bir üyesi olarak kabul edilmenin kuralıdır. Böyle bir kuruluşta kurallara uygun davrananlar iyi sonuçlar alır ve kurum içinde yükselir. Değerlere uygun davrandıkları halde beklenen sonuçları alamayanlara, becerilerini geliştirmek üzere eğitim verilir. Değerlere uygun davranmadan iyi iş sonucu alanların davranış düzenleme eğitimlerinden yararlanması beklenir. Her ikisini de başaramayanlar en kısa zamanda kurumdan ayrılmak zorunda kalır.

Bir değer dizisi oluşturmanın amacı, vizyon ve misyonu destekleyecek ve oluşturacak uyumlu bir kültürü yaratmak için davranış ilkelerini tanımlamaktır. Değerler, kurum içindeki her bireyin sorumlu bir özgürlük anlayışı içinde işini yapabileceği bir çerçeve sunar. Çalışanlar kurumun değerlerini özümsedikleri zaman, herkesin birbirine hesap verme yükümlülüğü olur.

Değerler Kimi Hedef Almalıdır?

Değerler esas olarak çalışanlar içindir. Barrett değerleri, kuşların toplu uçması ve balıkların sürüler halinde yüzmesine benzetir. Kuş sürüsü, yükselir ve alçalırken, konar ve kalkarken âdeta tek bir yerden kumanda ediliyormuşçasına, tek bir organizma gibi uyumlu hareket eder. Bilgisayar simülasyonları, kuşların toplu uçma davranışlarının her bir kuşta aynı olduğunu ortaya koymuştur. Gerçekte kuşların uydukları kurallar basittir. Her kuş yanındaki kuşla minimum bir mesafeyi korur, onlarla aynı hızda uçar ve sabit cisimlerden uzak durur.

Kuşların uçuşlarında uydukları bu davranış kurallarını, onların uyumlu bir birliktelik oluşturmak için uydukları "değerler"e benzetebiliriz. Her çalışan kurumun kurallarına uygun davranırsa, kuş sürüsü örneğindeki gibi uyumlu bir bütün oluşturur. Böyle bir toplulukta herkes andına ve verdiği söze uygun yaşadığı için güven vardır.

İş Hayatında Değerlerin Belirleyiciliği

Kapısından içeri girdiğiniz bir şirketin duvarında şu dört değeri gördüğünüzü hayal edin:

"Saygı, dürüstlük, mükemmeliyet ve iletişim" Nasıl bir şirkete adım attığınızı düşünürsünüz?

1994 yılında J. Collins ve J. Porras yazdıkları *Built to Last* adlı kitabıyla, "değerler"in şirket başarısında belirleyici olduğuna dikkat çekince şirketler, "değerler mönü"sünden kendilerine değer seçmeye başladılar. En çok rağbet gören "kalite, ekip çalışması, müşteri odaklılık, atılganlık, güven, sorumluluk, saygı"ya, son zamanlarda "yenilikçilik" de eklendi. Birçok şirketin girişinde göz alıcı grafiklerle süslenmiş değerler yerini aldı. Bir gün bir toplantıda katılımcılara "her gün önünden geçtikleri altı değer"in ne olduğunu sorduğumda, 150 kişiden altı değeri yazan kimse çıkmadı.

Değerler, dekoratif olmaktan çıkarılarak hayata geçirilmelidir. Bunun da üç temel kriteri vardır:

1. Tutarlılık: Yukarıda yer alan değerler, Enron'un kurum değerleriydi. Duvara asmakla, iş etiği ve değerlerle bağlantılı iş yapma biçimlerine ulaşmak mümkün olsaydı, Enron iş dünyasının tanık olduğu en büyük felakete sürüklenmemiş olurdu.

Değerlerin içi doldurulmadığı zaman ortaya çıkan ikiyüzlülük ve çelişkiler, kurumu gülünç duruma düşürür. İnsanların ne yaptıklarını anlamak için "davranışlarına", neden yaptıklarını anlamak için de "değerlerine" bakılır. Ancak çok kere ne bireylerin, ne de kurum yöneticilerinin değerlerinin gerçekte ne anlama geldiğinin bilincinde olmadığını üzülerek görüyorum.

2. Kararlarla İlişkilendirmek: Değerlerin hayata geçmesi için, alınan her kararın değerlerle ilişkilendirilmesi gerekir. Performans sorunu nedeniyle işten çıkarılması söz konusu olan bir çalışanla ilgili karar nasıl verilecektir? İş sonuçlarıyla ilgili değerler ağırlıktaysa, çalışan işten çıkarılır; insana saygı ve adalet gibi değerler önde geliyorsa, çalışan işten çıkarılmadan önce kendisine koçluk ve mentorluk gibi destekler verilir.

Değerler ve etik ilkeler iş hayatında bireylere yol gösterir, kurum içi ve kurum dışı ilişkileri düzenler. Toplumsal hayatta da birey-toplum çekişmesini azaltmayı amaçlar. Etik ilkelerin dışına çıkıldığında bireysel yarar, ancak kurumsal/toplumsal kayıp vardır. Etik ilkeleri gözardı ederek kâr etmek, Enron örneğinde olduğu gibi, geri tepen bir silah olur.

Değerler, zamana ve kültüre göre değişir. Bu, hem insanlar, hem de kurumlar için geçerlidir. Ancak zamana ve kültüre dayanıklı değerler vardır. Birçok şirketin yöneticisi ve İK profesyonelleri, **ana değerler** ile **hedeflenen değerler** arasındaki fark konusunda kafa karışıklığı yaşamaktadır.

Yıllar önce çalıştığımız bir şirkette, "aciliyet bilinci" kurumsal değerlerin başında gelmekteydi. Bu değere bakarak, şirketteki işlerin hızla başlayıp sonuçlandırıldığını düşünürken, tam tersi bir durumla karşılaşmıştım. "Aciliyet", şirket çalışanlarının en az sahip olduğu bilinçti. Ancak üst yönetim, hedef olarak yazılırsa, çalışanların bu değere uyacaklarını düşünmekteydi.

Ana değerler, Collins ve Porras tarafından doğal ve dokunulmaz değerler olarak tanımlanmıştır. Adalet, hak, dürüstlük gibi değerler, zamana ve kültüre dayanıklı, doğal ve dokunulmaz değerlerdir. Kısa dönemli çıkarlar için "ama" diyerek bu değerlerden ödün verilemez. Hedeflenen değerler ise, kurumun çalışanlarına ve iş yapma biçimine hedef olarak seçtiği değerlerdir.

Yöneticilerin, alınan her önemli kararı değerlerle ilişkilendirmeleri gerekir. Bu olmadığı takdirde değerler yazıldığı yerde kalır. Gördüğüm en yaygın hatalardan biri, değerler arasına "ekip çalışması" yazıp, bireysel performansı ödüllendirmektir. Böylece yöneticiler "tavşana kaç, tazıya tut" demekte, ancak çok kere bunun bir çelişki olduğunu fark edememektedirler.

3. Sadeleştirmek: Değerlerin hayata geçmesindeki bir diğer zorluk da, değer sayısının fazla olmasıdır. Her yönetici kendince önemli saydığı değeri, değerler listesine koyar. Ancak değerlerin bir hiyerarşisi vardır. Üstte olan, altta olanı kontrol eder. Bu nedenle, birbirine benzeyen değerleri azaltmak ve sadeleştirmek gerekir. Çünkü mükemmellik, ekleyecek bir şey kalmadığında değil, eksiltecek bir şey kalmadığında ortaya çıkar.

Yaşanan değişime karşın, doğal ve dokunulmaz olan ana değerler değişmez. Bir tüketici araştırmasına göre, "Kalite ve fiyat farkı olmazsa, topluma karşı sorumluluk taşıdığına inandığım şirket ürününü tercih ederim," diyenlerin oranı, üç yılda %55'ten %65'e yükselmiştir. Bu bulgu, topluma katkının ve ahlaki değerlere bağlılığın ticari karşılığının olduğunun bir işaretidir.

İş hayatı doğru işleri, doğru yöntemle yapmayı gerektirir. Bunun devamlı olabilmesi, sürdürülebilirliğe, iyi hizmete ve kurumun ruhunun özgürleştirilmesine ihtiyaç gösterir. Bunun için de, her düzeydeki yöneticinin ve bütün çalışanların, kararlarını, yürekten inandıkları değerlere dayanarak vermeleri gerekir. Her karar kişilerin ve kurumun sahip olduğu değerle ilişkilendirilmezse, değerlerin yaşaması ve hayata geçmesi mümkün olmaz.

Etik de, tıpkı hukuk gibi, herkes için gereklidir. Şirketlerin ahlaklı davranışı kolaylaştıracak ve ödüllendirecek bir kurum iklimi geliştirmeleri, kâr sağlayan her yolun mubah olmadığı, kurulacak yeni sistemde kârlılıklarının devamını sağlayacaktır.

Kurumsal Etiğin Bireysel Boyutu

Ahlak, birbirleriyle veya devletle olan ilişkilerinde insanlardan beklenen, toplum düzenini sağlayan kurallar ve normlar bütünüdür. Etik ise, kurumun tercih, karar ve davranışlarını yönlendiren değerlere ilişkin kurallardır.

Ahlak bireysel, etik kurumsaldır. Bu ikisi arasında çift yönlü bir ilişki vardır. Ahlak, kişinin davranışlarına yol gösterirken etik, yönetim kurulunda konuşulanlar ile çalışanlara söylenenler ve dış dünyaya anlatılanlar arasında tutarlılık olmasını, kurumun müşterilerine ve çalışanlarına verdiği sözleri tutmasını sağlar.

Ahlak, çalışanların işyerindeki tutum ve davranışlarının işe giriş sırasındaki vaatleriyle uyumlu olmasını gerektirir. İşe geç gelmek, iş telefonunu özel amaçlarla kullanmak, elektronik ortamdaki özel yazışmalar ve interneti iş dışı amaçlarla kullanmak, yönetici geldiği sırada ekran değiştirmek, sigara içmek için sık sık iş ortamını terk etmek, bireysel sohbetlerde iş arkadaşları, yöneticiler veya kurum yönetimi aleyhinde konuşmak, ahlaki açıdan savunulabilecek davranışlar değildir.

Bu tür davranışlarda bulunanlar, davranışlarına açıklama getirirken söze çoğunlukla "ama" diye başlarlar. Uygun olmayan davranışları uygun göstermek için sarf edilen her "ama", gerçekte kişinin savunduğu ahlaki değerlerinin dışına çıktığının işaretidir.

Bu tür davranışların hâkim olduğu işyerlerinde çalışanların yöneticileriyle ilişkisi çocuk-ebeveyn ya da öğrenci-öğretmen ilişkisinin bir uzantısı olarak gelişmekte ve iş hayatının gereksindiği olgunluğa ulaşamamaktadır.

Türk İş Dünyası Etik mi?

Türkiye Etik Değerler Merkezi (TEDMER), ülkemizde etik değerleri güçlendirmek için çalışan bir sivil toplum kuruluşudur. Yaptırdığı Türk İşgücünün İş Etiğine Yaklaşımı araştırması, 12 ilde çeşitli büyüklükteki işyerlerinde çalışanlarla yapılan görüşmelere dayanıyor. Bu araştırmada, işyerinde önemsenen etik davranışların daha çok yasalarca suç sayılan eylemlerle ilgili olduğu görülüyor: Hırsızlık, sahtekârlık, vergi ve diğer ödeme yükümlülüğünü yerine getirmemek, rüşvet almak gibi. Buna karşılık 2003'te ABD'de yapılan benzer bir araştırmada, başkalarının haklarına ya da çalışma düzenine zarar veren bireysel davranışlar iş etiğine aykırı olarak vurgulanmakta: Taciz ve küçük düşürücü davranış (%21), çalıştığı süreyi yanıltarak bildirmek (%20), yalan söylemek (%19), bilgi saklamak (%18). Etik davranış tanımındaki bu fark, Türk çalışanlarda iş etiğinin henüz bireysel çalışma davranışına inmediği biçiminde yorumlanabilir.

TEDMER'in bu konuda yaptığı araştırmaya katılanların yarısı (%49.4) Türk iş dünyasının etik olmadığını, %79'u ise Türkiye'de iş etiğinin tartışılabilmesi için henüz erken olduğunu düşünüyor. Kurumlarda iş etiğinin gelişmesine yapılacak en önemli katkılar, sırasıyla, üst yönetimin etik yaklaşımı desteklemesi (%99), AB'ye uyum süreci (%90), ülkenin ekonomik yönden gelişmesi (%82) ve BDDK gibi düzenleyici otoritelerin müdahaleleri (%75) ve bürokratik engellerin kalkması (%73) olarak görülmektedir.

Etik, Etki Alanında

Bu sonuçlar, **etik anlayışın gelişmesi için çalışanların kendilerini değil başkalarını** (yönetimi, otoriteyi, ekonomiyi vb.) **sorumlu tuttuklarını göstermekte** ve bu açıdan "kurban anlayışı"nı temsil etmektedir. Oysa etik değerlerin yerleşmesi, önemli ölçüde kurumda çalışan bireylerin ilgi alanında değil, etki alanındadır. Bunun için her **çalışanın bireysel ahlakını ve değerlerini, kurumun etik ilkeleriyle birleştirmesi beklenir**. Bu da çalışanların benimsemesi gereken bazı alışkanlıklara bağlıdır. Bu alışkanlıkların temelini şu iki tutum oluşturur:

Bütünlük: Yaptığını söylemek, söylediğini yapmak; başka bir deyişle "özü sözü bir olmak", hiçbir şartta çifte standart kullanmamaktır. Bu özellik, birlikte çalışmak ve yaşamak için en temel duygu olan "güven"in varlığını sağlar.

Ortamda bulunmayanın hakkını korumak: Dedikodunun olduğu bir işyerinde etik ve değerlerden söz edilemez. Çünkü dedikodu, çalışanlar arasındaki güven duygusunu yok eder ve kurum iklimini zehirler. Dedikoduyu engellemenin tek koşulu, kimsenin arkasından konuşmamak ve kimseye bu fırsatı vermemektir.

Kuralsızlığın Sonuçları

Ahlak kuralları, düzen arayışının bir ürünüdür. Bu kurallar bireyi diğer bireylere karşı korurken, topluluğun üyelerini de, kendi çıkarlarını gözeten bireye karşı korur. Kurallara uymamak kişiye kısa vadeli yarar sağlayabilir. Bu arada kuralın ihlali zamanında fark edilmez, engellenmez, yaptırım uygulanmazsa, olumsuz sonuçlar katlanarak büyür:

- Kuralı yok sayarak kazanç sağlama alışkanlığı, bireyin ihtiyaçlar hiyerarşisinin alt düzeylerinde takılıp kalmasına, daha üst düzey ihtiyaçlar doğrultusunda gelişememesine neden olur.
- Topluluk üyeleri arasındaki denge bozulur, ilişkiler yıkıcı rekabet ve çatışmaya dönüşür, kişisel çıkarlar öne çıkar.
- Kuralsızlık yaygınlaşır ve zayıf düşen topluluk, üyelerinin ihtiyaçlarını karşılayamaz hale gelir. O halde, kuralları ihlal etmek, döner, varoluş haklarını korumayan kişiyi bulur. Bundan zararlı çıkan yine bireyin kendisi olacaktır.

Her karar ahlaki bir seçimdir. Seçimlerimizi değerlerimiz yönlendirir. Değerlerimiz ait olduğumuz mesleğin ve kurumun temel değer ve ilkeleriyle örtüştüğü ölçüde, iş etiğinden söz edebiliriz. Değerlerimiz ve davranışlarımız arasındaki tutarlılık kişisel bütünlüğümüzün, işimize saygımız ise sorumluluğumuzun ve iş etiğine bağlılığımızın göstergesidir.

Kârlılığın Devamı, Kurum Değerlerinin Gücüne Bağlıdır

"Açgözlülüğün, bencilliğin, ayak oyunlarının ve kazanma tutkusunun egemen olduğu bir dünya düşünün. Başarının tek ölçütü kârlılığı artırmak olsun. Çalışanlar birbirine güvenmesin, kaygı, korku, tükenme ve birbirini kırıp geçirme kol gezsin. İlişkilerde çatışma, sözünü tutmama, suçlama ve saygısızlık egemen olsun. Bir de farklı bir dünya hayal edin. Takdir kültürünün, işbirliğinin, erdemliliğin, canlılığın, anlam duygusunun öne çıktığı bir dünya... Başarı ölçütü, refahı ve insanın mutluluğunu artırmak olsun. Bu kurumlarda güvenilir, esnek, alçakgönüllü, yüksek olumlu enerjiye sahip bireyler çalışsın. İlişkilerin temelinde anlayış, sadakat, dürüstlük ve saygı olsun. Hayatı yaşamaya değer kılan ilkelere öncelik verilsin."

Bu sözler, kısa bir süre önce örgüt psikolojisi alanına yıldırım gibi düşen, bir avuç bilim adamı tarafından oluşturulan Pozitif Örgütsel Çalışmalar Grubu'nun sözcülerinden Cameron, Dutton ve Quinn'e ait. Grup, rekabetin ve kârlılığın kurumların varlık nedeni olduğunu reddetmiyor, ancak ikinci örnekteki **değerler olmadan da, istenen üstün iş sonuçlarının devamlılığının sağlanamayacağını** savunuyor.

Sosyal Sermaye, Aktif Değerlerin Toplamıdır

John Cohen ve Lawrence Prusak, *In Good Company* adlı kitaplarında insanlar arasındaki güven, karşılıklı anlayış gibi aktif değerlerin toplamını "sosyal sermaye" olarak adlandırıyorlar. İnsanlar arasında bir ilişki ağı oluşturarak işbirliğini mümkün kılan sosyal sermaye, bir şirketin amacına ulaşmak için bireylerin tek tek gösterecekleri çabadan daha fazlasının ortaya çıkmasına imkân sağlar. Sosyal sermaye bir anlamda insanlar arasındaki boşluğu dolduran bir köprü gibidir. Bu köprüyü kurmak, onarmak ve bakımını yapmak da İK uzmanlarının görevidir. Çünkü İK, kurumun bir bütün olarak, işbirliği içinde çalışmasını garanti eden bir "tutkal"dır.

Her ne kadar serbest çalışma düzenleri, sanal çalışma ortamları ve tek kişilik şirketler son yıllarda yaygınlık kazanmışsa da, insanların sosyal bir çevre içinde takdir görmek, yardımlaşmak ve bir kuruma ait olmak gibi çok temel ihtiyaçları vardır.

Günümüzde birçok popüler yönetim teorisi, insanlar arasındaki ilişkileri bir yana bırakarak süreçler ve teknolojiye odaklanmış durumdadır. Birçok şirkette son derece etkili süreçler parayla satın alınabilecek en gelişmiş teknoloji olmasına rağmen yıkıcı rekabet, dedikodu, şüphe ve çok sayıda iş terki, başarısızlığın sebebidir. Bu şirketlerdeki problem, sosyal sermaye eksikliğidir.

Bir kurumun başarılı olması için sadece somut konulara değil, sosyal sermaye gibi soyut alanlara da yatırım yapılması gereklidir. Güven, sağlıklı insan ilişkileri ve adanmışlık üzerine kurulan sosyal sermaye, aşağıdaki konularda gelişime bağlıdır:

- Bilgi paylaşmanın önemini vurgulamak ve ortak amaçları güven temeli üzerine oturtmak
- Şirket ruhu yaratarak işlemlerin maliyetini düşürmek
- İşten ayrılmaları azaltmak, işe alım ve başlangıç eğitimi masraflarını düşürmek
- Şirketteki devamlılık nedeniyle daha güçlü bir uyum yaratmak

Sosyal Sermaye Erozyonu

Günümüzde kurumlar, hızla değişen iş koşullarına uymak için kendi organizasyonlarını ve süreçlerini değiştirmektedir. Şirketler değişen iş koşullarında başarılı olmak için ortaklık, birleşme, satın alma ve satılma yollarıyla ürün ve hizmetlerinin rekabette daha iyi sonuçlar almasına çalışmaktadır. Bütün bu değişiklikler, hızlı büyüme, küçülme, sosyal sermayenin aşınması anlamına gelmektedir. Ya büyüme yoluyla birbiriyle çalışmaya hazır olmayan çalışanlar bir araya gelmekte ya da küçülme nedeniyle işini kaybedenler, çalışmaya devam edenlerin güvenini sarsmaktadır.

Sosyal Sermaye Ne Değildir?

Sosyal sermaye, kurum içindeki merkezlerin birbirleriyle "hiç çatışmadan, güzel güzel" çalışması demek değildir. Benzer şekilde sosyal sermaye, çalışanların birbirlerine özel hayatlarının ayrıntılarını anlatarak özel dostluklar kurmaları, iş ve özel hayatın sınırlarını ortadan kaldırmaları da değildir.

Hafta sonlarında açık alan etkinlikleri, şirket piknikleri ve tek oturumluk sosyal etkinlikler katılanları eğlendirir, çocukluk günlerine geri götürür, ancak sosyal sermayenin oluşmasına katkıda bulunmaz. Bu aktiviteler hem kısa sürdükleri hem de işle ilgili olmadıkları için sosyal sermaye oluşturmaz. Çünkü açık alan etkinliğinde yere düşen birini kaldırmak, işin akışı içinde zor durumda olan birine yardım etmeyi gerektirmez.

Karşılıklı Bağımlılık

Bir kişinin işiyle ilgili her şeyi bildiği ve kendi işini kendi başına yaparak kurum için başarılı sayıldığı dönem çoktan geride kaldı. Sınırlı bilgimizi artıran ve eşgüdümünü sağlayan bir sisteme ait olmak büyük önem kazandı. Her bireyin işini daha iyi yapabilmek için başkalarına, her bölümün şirket amaçlarına katkıda bulunabilmek için diğer bölümlerin katkılarına ihtiyacı var. Bunun adı "karşılıklı bağımlılık dönemi"dir.

"Herkes işini iyi yapsın, şirketin işleri iyi gider" dönemi tarihe karışmıştır. Resmin bütününü görmeden atılacak her adım, kurumu rekabette zor duruma sokabilir. Birçok kurumda çalışanlardan beklenen, yan odadakilerle değil, başka şehirdekilerle veya şehrin başka yerindeki işyerlerinde çalışanlarla işbirliği ve eşgüdüm içinde olmalarıdır.

Günümüzde sadece hizmet üreten değil, ürün üreten şirketler bile, rekabette sundukları hizmet farkıyla üstünlük sağlamaya çalışmaktadır. Bu durum kaçınılmaz olarak, bilgiyi işlemeyi ürün işlemekten daha değerli hale getirmektedir.

Bilgiyi, CRM uygulamalarında olduğu gibi, işletme kaynaklarında en önemli duruma getiren, nitelikli çalışanlardır. Bugün şirketlerin en değerli varlığı sorumlu, katılımcı, yaratıcı, işbirliğine yatkın çalışanlardır.

Duygusal zekâsı yüksek şirketler, çalışanlarından bekledikleri vefa ve bağlılığı, kendileri de çalışanlarına gösterirler. Bunun literatüre geçmiş örneklerinden biri, 1995 yılında ABD'de Malden Mills fabrikasında yaşanmıştır. Yalıtımda kullanılan elyaf üreten bu fabrika yandığında, yeniden üretime başlayana kadar 3000 işçisine maaş ödemeye devam etmiştir. "Geleneksel iş mantığı"yla bağdaşmayan bu tutum pek çok kişi tarafından yadırganmış olsa bile, söz konusu şirket uzun yıllar, çalışan başına verimliliği en yüksek ve iş terki en düşük kuruluşlardan biri olmuştur.

Bunun tam tersi örneklere de 2001 krizinden sonra ülkemizde sıkça tanık olduk: Panik içinde yapılan perşembe toplantılarından sonra, cuma günleri çalışanlara duyurulan "işten çıkarıldınız"lar, kalanlar arasında işini korumaktan kaynaklanan mutluluk duygusuna değil, büyük bir güvensizliğe ve tedirginliğe yol açmıştır.

2008 krizinde de aynı hatayı tekrarlayan kurumlar, ekonomi canlanmaya ve işler yoluna girmeye başladığında, kendi işlerini yoluna sokmakta büyük zorluk yaşayacaktır.

Sosyal Sermayenin Temeli: Güven

Güven, insan ilişkilerinde en kolay yıkılan duygudur. ABD'de pırlanta ticaretinin %80'i New York-Manhattan'daki 47. Cadde'de bir Musevi grubu tarafından yürütülür. İşlemlerin hemen tamamı –resmi bürokratik yazışmalar ve kâğıt üzerinde anlaşmalar dışında– söze ve güvene dayalı yapılır.

Güven, bütün sosyal ilişkilerin temelidir. Böylece insanların çatışmasız, korkusuz ve kaygısız yaşamaları mümkün olur. Güven duygusunun zayıf olduğu kurumlarda enerji, dedikodulu, kaygı dolu senaryolara gider. Buna karşılık yüksek güven duygusu, çalışanlar arasında yaratıcılık ve işbirliği doğmasına imkân verir.

Güven duygusunu geliştirmek ve sürdürmek, bugünün İK profesyonellerinin rollerinden biridir. Bu konuda İK profesyonellerinin özen göstermesi gereken üç nokta aşağıdaki gibidir:

İK etiği oluşturun: İK fonksiyonlarının her biriyle ilgili etik standartlar geliştirmek, kurumun belirli değerler doğrultusunda işleyişinin sağlanması açısından zorunludur. Bu konuyla ilgili daha ayrıntılı bilgiyi, İnsan Kaynakları Etiği yazısında bulacaksınız.

Açık olun ve açıklığı cesaretlendirin: Çalışanları insan olarak tanımak ve onlarla ilgilenmek, gerçekte kim olduklarını ve değer sistemlerini anlamaya, dolayısıyla sağlıklı insan ilişkileri kurulmasına imkân verir. Bunun dışında, terfi ve performans sisteminin açık olması, çalışanların güven duygusunu geliştirir.

Sanal ortamın güven için bir tehdit oluşturduğunu fark edin: Teknoloji insan ilişkilerinin yerine geçmek için değil, onu kolaylaştırmak içindir. Elektronik ortamda bilgi alışverişi yapılır ancak sorun çözülmez. Tam tersine artan çatışmalar ve yaşanan gerginlikler bütünüyle içinden çıkılmaz duruma gelebilir.

Toplam kalite yönetimi, ISO standartları gibi birçok konuda şirketlerin belirledikleri başarılara ulaşamamalarının ardındaki neden, bu süreçleri düzenlemenin yeterli olmamasıdır. Yeniden yapılanan şirketlerde kaynakların %75'i süreçleri düzenlemeye, %25'i çalışanları bunlara adapte etmeye ayrılmaktadır. Oysa başarısızlık nedenlerinin %80'inin insanlardan ve insan ilişkilerinden kaynaklandığı görülmüştür. Bu nedenle, çalışanların birbiriyle ve dış dünyayla ilişkilerinin kalitesini belirleyen sosyal sermayenin bir kurumun en değerli varlıklarından olduğunu kabullenmek ve buna gereken yatırımı yapmak gerekir.

İnsan Kaynakları Etiği

Her meslek alanında olduğu gibi insan kaynakları alanı için de geçerli meslek ilkeleri ve yükümlülükler vardır. Kurumları adına eğitim ve işe alım süreçlerinde dış kaynak kullanan, danışmanlık şirketleriyle işbirliği yapan İK sorumlularının, etik standartlarını açık seçik belirlemesi ve bunlara uygun hareket etmesi gerekir.

Herkes serbest girişim özgürlüğü içinde kendi işini kurma hakkına sahiptir. Ancak serbest girişim ve rekabette meşruluk, kişilerin bizzat kendilerinin ürettiği değerlere dayanır. Bir başka kurumun ürettiği malzemeleri kendine mal edip kullanarak, o şirketin insan kaynağından yararlanarak ve müşterilerini hedef alarak yeni bir girişim başlatmak, serbest girişimin ve özgür rekabetin özüne aykırıdır. Bu tür faaliyetler gerek etik kurallar gerekse yasalar önünde haksız rekabet kabul edilir; ayrıca da ayıp ve kanunen suçtur. Serbest rekabetin egemen olduğu gelişmiş ülkeler, katma değer üretimini sonuna kadar teşvik ederken, bir başkası tarafından üretilmiş değerlere sahip çıkarak rekabet etmeyi engelleyen düzenleme ve yaptırımlar geliştirmişlerdir. Ülkemizde de bu yönde bir bilinçlenmenin geliştiğini görmek sevindiricidir ancak aykırı gelişmelere de çok sık rastlanmaktadır.

Şirketleri adına eğitim kurumu seçen İK bölümleri bunları bilmekle yükümlüdür. Eğitim alırken, üretilen ve aktarılan bilginin kaynağını araştırmak İK'ya düşen ciddi bir görevdir. Tereddüde düşüldüğünde bilginin ve malzemelerin kaynağını soruşturmak ve sorgulamak en temel hakları olduğu gibi aynı zamanda sorumluluklarının başında gelir.

Başkaları tarafından üretilmiş ya da özgün bilgilerin işlenmesiyle yeniden üretilmiş bilgileri kaynak göstermeden aktarmak, iş etiğine aykırıdır.

Aksi halde İK, yarıya yakın düşük bir bedelle kaynağı belli olmayan bir ürün satın alıyor duruma düşer ve şirketine avantaj sağlamak yerine zarar verir. Böyle bir yaklaşım, bilerek veya bilmeyerek suça katılmaktır. Bilerek ya da bilmeyerek, çalıntı mal alan ve kullanan kişilerin yasa önünde suçlu olması gibi, toplanmış bilgi ve malzemeye dayanan eğitimleri seçmek de yasal yaptırımlara tâbidir. Bu tür seçimler İK sorumlularına ve mesleğe zarar verdiği kadar, bu kişilerin temsil ettiği kurumun etik inandırıcılığını da azaltır.

Etik Kodlar Belirlemek

İnsan kaynakları, meslek olarak günümüzde birçok gencin hayalini süslüyor. Bu alanda çalışanların gelecek kuşaklara örnek olacak bir İK etiği oluşturma sorumluluğu var. İK fonksiyonlarının her biriyle ilgili etik standartlar geliştirmek zorunludur:

İşe alımda "nüfuzlu" adayları ayıklamak, baskılara göğüs germek

Psikometrik ölçümler ve iş görüşmelerinde özlük haklarına ve nesnel ölçütlere özen göstermek

Performans sistemlerinde nesnel ölçütlerin kullanılmasını sağlamak

Eğitim planlamasında, ödenek ya da adam/saat hesabı yerine, "çalışan, kurum ve sektör" ihtiyaç ve yetkinliklerine odaklanmak

Eğitim kurumu ve danışman seçerken profesyonel ölçütleri gözönüne almak

Öte yandan değerlerin etik kodlara dönüştürülmesi için odak grup çalışmaları düzenlemek, etik kodları çalışanlara benimsetmek, etik eğitim ve çalıştaylarını *(workshop)* organize etmek, etik davranışların performans değerlendirmesine yansımasını sağlamak da İK uzmanlarının görevidir. Özellikle etik eğitimleri, kurumsal etik yönetiminin temelini oluşturur.

Yaygın inanca göre, etik öğretilemez ve eğitimi yapılamaz. Oysa önemli olan insanların taahhütlerini almaktır çünkü insanlar taahhüt ettiklerine bağlanır ve onu benimser. Kurumun etik ilke ve kodlarının konuşulduğu eğitim ortamında, kişilerin taahhütleri, etik kodlara bağlılıklarını güçlendirir.

İK çalışanları, görevlerinin inceliklerini etik ölçütlerle gözden geçirerek kendi alanlarına özgü etik kodları belirlemek zorundadır. Aksi halde, fark etmeden kendilerini etik sorunların içinde bulmaları işten bile değildir. Güçlü değerlere ve analitik düşünceye dayanmayan seçimler, beklenmedik olumsuz sonuçlara yol açabilir, kurumları ve bireyleri açıklanması zor durumlarda bırakabilir.

IV. BÖLÜM

İK'nın Vazgeçilmezi: Yetkinlikler

İK Yönetiminde Yetkinlikler

Yetkinlik akımı, 1973 yılında David C. McClelland'ın "Zekâ Yerine Yeterliliği Ölçmek" adlı makalesinin yayınlanmasıyla başladı. Araştırmalar, akademik sınavların ve okul notlarının iş performansını ve hayat başarısını öngörmediğini ortaya koymuştu. Bu sonuçlar McClelland'ı, "yetkinlik değişkenleri"ni tanımlamak için başka yollar aramaya yöneltti. Bu amaçla başlıca iki yöntem kullandı:

- İşlerinde ve hayatlarında yüksek başarı göstermiş kişiler vasat düzeyde başarılı olanlarla karşılaştırıldı ve başarılı kişilerin özellikleri tanımlandı.
- Bireyler, yapılanmamış (doğal) durumlar içinde gözlemlendi ve başarılarının ardındaki tutum ve davranışlarıyla ilgili görüşleri alındı.

Yetkinlik araştırmalarında odak noktası iş sonuçlarından çok, bu sonuçların alınmasına neden olan davranışlardır. Yetkinlikler, iş performansı bakımından önemli davranışların ortaya çıkmasını sağlayan bireysel özelliklerdir. Kişilik, yetenek, ilgiler, motivasyon ve geçmiş yaşantılar tarafından biçimlenen, gözlemlenebilir davranış ve eylemler kümesidir. Bireyin bu davranışları ne kadar etkili ya da etkisiz biçimde sergilediği, performans düzeyini belirlemektedir. Yetkinlik modelinin temelini de bu özellikler oluşturur.

Yetkinlik Belirleme Yöntemleri

Bugün yetkinlikleri belirlemek ve ölçmek için genel olarak iki yöntem kullanılmaktadır:

İş odaklı yaklaşım: Mesleklerle ilgili literatür taranır, iş analizleri yapılır ve iş tanımları elde edilir. Sonra bunlar önem derecelerine göre sıralanır ve kümelenir. Bazen de işlerin, o işte uzman ve deneyimli çalışanlar tarafından tanımlanması ve sınıflandırılması istenir.

Yetkinlik odaklı yaklaşım: Performans değerlendirmeleri temel alınarak yüksek ve vasat düzeyde başarılı çalışanlar belirlenir. Oluşturulan odak gruplarda bu kişilerin, yaptıkları işin gerektirdiği becerileri tanımlamaları istenir. Yine aynı amaçla yetkin ve daha az yetkin çalışan gruplarıyla yapılandırılmış davranışsal görüşmeler yapılarak, işte karşılaştıkları "belirleyici olaylar" *(critical incident)* paylaşılır ve başarı için belirleyici olan davranışlar tespit edilir.

Baltaş Grubu'nun yürüttüğü yetkinlik çalışmaları, Amerikan Eğitim ve Geliştirme Birliği'nin (ASTD) tavsiyeleriyle paralellik gösterir: Yetkinlik belirleme çalışması, işi yapan kişilerle başlatılmalıdır.

- Yetkinlikleri tanımlama süreci, seçilmiş birkaç kişiyi değil, bütün çalışanları kapsamalıdır.
- İş yetkinlikleri her yıl gözden geçirilmelidir.
- Üstün performansı ayırt eden yetkinliklere geçmeden önce, tüm yetkinlikler yelpazesi tanımlanmalıdır.

Uygulama Alanları

İK işlevlerinin hemen hepsi yetkinliklerle bağlantılandırılmıştır. İşe alım, performans değerlendirme, yükseltme, ücretlendirme, eğitim, yönetici geliştirme, kurum kültürü oluşturma, işe son verme ve kariyer planlaması vb. gibi uygulamalarda yetkinlikler temel alınır.

İşe alım: Kişilik testleri uygulanarak işin gerektirdiği yetkinliklere uygun adaylar belirlenir ve bu değerlendirmeler ışığında yetkinlikleri ortaya çıkaran yarı yapılanmış davranışsal görüşme teknikleriyle işe alım görüşmeleri yapılır. Görüşmeler yetkinlik belirleyici sorular üzerine kurulur. Adaylar çoğunlukla yetkinlik değerlendirmelerine dayanarak elenir.

Performans yönetimi: Performans değerlendirme süreci, hedefler kadar yetkinlik düzeylerinin de değerlendirilmesini içerir. Bu süreçte yöneticilerin, eşitlerin, iç müşterilerin, astların, dış müşterilerin görüşlerinden yararlanılabilir. Yönetici ile çalışanın birlikte yaptıkları gelişim planları ve hedefler yetkinlikler üzerine yapılandırılır. Elde edilen sonuçlar koçluk çalışmalarına temel olurken, yükseltme, eğitim ve ücretlendirme kararlarına da yol gösterir.

Eğitim ve gelişim: İhtiyaç analizi sonucu saptanan yetkinlik düzeyleri, verilecek eğitimlerin niteliğini ve içeriğini belirler. Yetkinliklerin değerlendirilmesine bağlı olarak eğitimlerde, zihin haritalarının değiştirilmesi, insanlararası becerilerin geliştirilmesi, iş ve ürün bilgisinin güncellenmesi hedeflenir.

Ödüllendirme: Yetkinlik düzeyleri takdir, teşvik, ikramiye gibi konularda verilen kararlara ışık tuttuğu gibi, maaş artışlarında bir dereceleme yapmak için de kullanılır. Çalışanın yetkinlik düzeyi, hangi ücret kademesinde yer alacağını belirler.

Strateji ve Yetkinlikler

Etkili bir kurum, misyon ve vizyonuyla tutarlı hedeflerini gerçekleştirecek yetkinliğe sahip bölümler ve her biri kendi konumunda yetkin bireylerden oluşur. Bir organizasyonun stratejisinin başarısı, büyük ölçüde, çalışanların her birinin kurum tarafından üretilen değere yaptığı katkıya bağlıdır. Bunun gerçekleşmesi için üç koşul gerekir:

Her çalışanın, her bir yetkinlikle ilgili kapasitesi, geçerli ve güvenilir yöntemlerle ölçülmelidir.

- Yöneticiler ve İK uzmanları, çalışanların gelişimi için zaman ve emek harcamalıdır.
- Performans sisteminde yer alacak yetkinlik ve ölçütlerin belirlenmesi sürecine mutlaka bölüm yöneticilerinin de katılması sağlanmalıdır. Bu konu, sadece İK'nın sorumluluğu olarak görülmemelidir. Yöneticiler iş rollerini, İK ise bunun davranışçı göstergelerini tanımlar. Böylece oluşan sinerji, masa başında oluşturulmuş "sözde" değil, işin içinden çıkmış "gerçek" bir performans değerlendirme sisteminin oluşmasını sağlar.

Öte yandan, bir kurumda yetkinliklerin toplamı, yan yana gelmiş bireysel yetkinliklerin çok ötesinde bir anlam taşır. İş yapış biçimleriyle ilgili ortak algı, ortak dil, işbirliği yapma yeteneği gibi ögeler, **topluluk yetkinliklerini** oluşturur ve bu sinerji, kurumu bir yetkinlikler sistemine dönüştürür.

Yetkinlik Sayısı

Kurumların her pozisyon ve düzey için ihtiyaç duyduğu yetkinliklerin sayısı, performans değerlendirme ve gelişim programlarının düzenlenmesi açısından büyük önem taşımaktadır. Birçok kurumda yetkinlik sayısı 10-20 arasında değişmektedir. Bu, gerçekçi değildir. Hiç kimsenin bu kadar alanda mükemmel olması beklenemez. Ayrıca işi bu incelikleri görmek olmayan yöneticilerin bunlarla ilgili gerçekçi bir değerlendirme yapması da mümkün görünmemektedir. Bunun kaçınılmaz sonucu olarak ortaya yasak savma türünde, bir performans değerlendirme anlayışı çıkmaktadır.

Yetkinliklerin sayısının sonuç için kritik başarı faktörü sayılabilecek 4-6 arasında olması ve her yıl bir veya iki hedef yetkinliğin geliştirilmesi hedeflenmelidir. Unutmamak gerekir ki mükemmellik, ekleyecek bir şey kalmadığında değil, çıkartacak bir şey kalmadığında elde kalandır.

Yetkinlik Belirlemede Kullanılan Yöntemler

Kurumlarda yetkinlik belirleme çalışmaları, "ne" ve "ne kadar" sorularını cevaplayan niceliksel ile "neden" ve "nasıl"ı açıklayan niteliksel verilere dayanır.

Niceliksel veri toplama yöntemlerinin başlıcası, geçerlilik ve güvenilirlik çalışması yapılmış psikometrik ölçümlerdir. Niceliksel yaklaşım daha çok sayıda kişiyi kapsar, uygulama ve değerlendirme kolaylıkları sağlar. Elde edilen sayısal veriler istatistik analizlerden geçirilerek nesnel ve güvenilir sonuçlara ulaşılır. Hogan Kişilik Ölçeği *(Hogan Personality Inventory – HPI)* bu ölçümler için kullanılan en uygun araçlardan biridir. Niceliksel bulgular, **sorunların saptanması, değişkenler arasındaki bağlantıların belirlenmesi** açısından yararlı bilgiler sunar. Ancak sorunların "ne" ve "ne kadar" olduğunu göstermekle birlikte, sorunun bağlamını ve ardındaki anlamı, başka deyişle "neden" sorusunun derinlikli yanıtını vermez.

Niceliksel bulguların dayandığı güvenli ve geçerli bilgilerin ardındaki gerçeklere ulaşmak istendiğinde niteliksel yöntemler devreye girer. Her iki yöntemin birlikte ve birbirini tamamlayıcı biçimde kullanılması, daha kapsamlı ve anlamlı sonuçlara ulaşılmasını sağlar.

Niteliksel araştırma yöntemleri, resmin bütünüyle ilgili bilgi toplamak, "neden" ve "nasıl"a ulaşmak için kullanılır. Genel olarak iş ortamında, özel olarak da yetkinlik belirleme çalışmalarında en sık kullanılan niteliksel araştırma yöntemlerinden biri, odak gruplarda yürütülen derinlemesine görüşme teknikleridir. Araştırılan konuyla ilgili ortak deneyim, görüş ve beklentilere sahip kişilerarasından seçilen temsili bir grupla birlikte yürütülür. Aynı konuyla ilgili **farklı bakış açı-**

ları, fikirler, değerlendirmeler ve yaşantılardan derlenen zengin bir içerik elde edilir. Yetkinlik araştırmalarında insan kaynakları danışmanlarının en çok başvurdukları, bu yöntemdir. Ancak bu uygulamalarda yöntem bilgisi ve becerisine özen gösterilmemesi, uygulamanın serbest söyleşi formatına yakın bir biçimde yürütülmesi, bulgulardan beklenen analizlerin elde edilmesini engeller ve yanılgı payını artırır.

Odak Grup Çalışması

Belirli bir konu çerçevesinde, seçilmiş katılımcılar grubunun ayrıntılı bilgi ve fikirlerini belirlemek amacıyla yapılandırılmış özel bir grup görüşmesi tekniğidir. En uygunu, grubun 10-12 kişiden oluşmasıdır. Görüşme, kişilerin düşüncelerini ve yaşantılarını açığa çıkarmak amacıyla soru sorma ve özetleme teknikleri kullanan bir uzman tarafından yönetilir. Veriler analiz edilerek katılımcıların dile getirdiği değerlendirme, kaygı ve görüşlerin bir sentezi yapılır. Odak grup çalışmaları tek başına ya da niceliksel çalışmaların sonuçlarıyla birlikte, kararlara ve eylem planlarına yön verir.

Odak gruplarından güvenilir ve amaca uygun bilgi elde edilebilmesi için uyulması gereken bazı koşullar vardır. Proje ekibi içinde çalışmayı yöneten kişi, önemli bir role sahiptir. Yazılı bir gündem hazırlar ve oturumları yönetir. Bu kişinin yetkinlikleri, odak gruplardan elde edilmesi beklenen verilerin kalitesini önemli ölçüde etkiler. Kurum içinden seçilen grup yöneticileri, genellikle kurumu yakından tanıyor olsalar da, beklenen sonuçlar konusunda yönlendirici olabilirler. Bu kişiler katılımcılarda gizlilikle ilgili tedirginlik yarattıkları için cevapların dürüstlüğüyle ilgili güvensizlik sorunu yaşanır. Oysa dışardan bir danışman, gündeme odaklanmayı kolaylaştırır, herkesi tartışmalara dahil eder, gizlilik açısından daha güven vericidir ve katılımcıları rahatlatır, iç dengelerle ilgisi olmadığı için daha dürüst cevaplar verilmesini sağlar.

Odak grup sürecinde yetkin bir danışman;

- Açık uçlu sorular sorarak tartışmayı teşvik eder. Kişilerin, düşünceleri, gözlemleri ve yaşantıları hakkında ayrıntılı bilgiler vermelerini sağlar.

- Söylenenlerin ardında yatanları ortaya çıkarmak için irdeleyici sorular sorar ve derinlemesine bilgiye ulaşır.
- Her ifadenin ne anlama geldiğini araştırır.
- Söylenenleri tekrarlayarak yanlış anlamaları önler.
- Farklı ifadeler arasındaki ilişkilere dikkat çeker.
- Her katılımcının tartışmalarda yer almasına özen gösterir.
- Bir katılımcının görüşmeye egemen olmasına izin vermez.
- Çekingen katılımcıları gözardı etmez.
- Katılımcıları hiçbir açıdan eleştirmez.
- Hiçbir ifadenin anlamıyla ilgili varsayımda bulunmaz.
- Kişisel görüş bildirmez.
- Konunun dağılmasına izin vermez.

Grup yöneticisi kadar, konuşmaları tutanağa dönüştüren raportör de önem taşır. Verilerin analizi, oturum sırasında tutulan notların niteliğine ve düzgünlüğüne bağlıdır. Tutanaklar için, oturum öncesinde bir form hazırlanması kolaylık sağlar. Oturum sırasında olumlu ve olumsuz ifadeler ayrı ayrı sütunlara bütün ayrıntılarıyla yazılır.

Oturum öncesinde çalışmanın amacına uygun olarak geniş ve dar kapsamlı konular birbirinden ayrılmalı, önem sırasına göre dizilmeli ve böylelikle oturum gündemi belirlenmelidir. Oturum başında, çalışma yöneticisi konuyu tanıtır, katılımcılardan ilk yaşantı örneklerini alır ve anlamlandırma sorularını kendi sistematiği içinde açar.

Oturum öncesinde sorular belirlenmeli ve hatta mümkünse öntestten geçirilmelidir. Oturum sırasında genel sorularla başlanıp giderek daha ayrıntılı sorulara geçilir. Ortalama bir oturum, konuyla ilgili duygu ve düşünceler tekrarlanmadan ortaya konacak şekilde, iki ila üç saatte toparlanmalıdır. Bu sürede 3-4 genel, 2-3 de irdeleme sorusuna zaman ayrılır. Oturum sonuna gelindiğinde, konuşulmuş olan ana temalar kısaca özetlenir. Yanlış anlamalar önlenir ve son sözler alınır.

Odak grup çalışmalarında öznel veriler değerlidir. Tutanaklarda yer alan veriler içerik analizinden geçirilir. Katılımcılar arasındaki mutabakat, ortak yapı, temalar ve bu temaların altında yer alan ayrıntılı örneklerin sentezi yapılarak raporlanır.

Odak grup çalışması, niceliksel çalışmaların yansıtamadığı çeşitlilikte ve zenginlikte bilgi sağlar. İhtiyaçları, değerleri, algıları, tutumları ortaya çıkararak verilere derinlik kazandırır, yanlış anlamaları ve genellemeleri önler. Rollerin ve sorumlulukların belirlenmesini kolaylaştırır. Yetkinlik çalışmalarının yanı sıra, performans değerlendirme, koçluk, mentorluk, çalışan memnuniyeti, kurum kültürü oluşturma, kurum algısı, vizyon ve misyon çalışmaları gibi amaçlarla kullanılır.

Niteliksel çalışmaların güvenliği; kayıtların doğru ve ayrıntılı tutulması, oturum yöneticisinin hayata bakışı, önyargısı ve inançlarıyla grubun aktardıklarını şekillendirmesine bağlıdır. Bu sebeple niteliksel yöntemleri kullanan danışmanların kişilik özellikleri ve yetkinlikleri sonucu belirleyici rol oynar.

Eğitim almış ve süpervizyonla yetiştirilmiş deneyimli ve yetkin danışmanlar tarafından yönetilen odak grup süreci, kurumsal ve stratejik kararların verilmesinde şirket yönetimine ve İK bölümüne değerli veriler sağlar.

V. BÖLÜM

Doğru İnsanı Bulmak: İşe Alım

GÖRÜŞME YÖNTEMLERİ

Adayı Tanımak

İşe alım konusunda en yaygın yöntem, karşılıklı görüşmedir. Görüşmeyle işe alım birçok kişi için çok kolay gibi görünür; çünkü yöntemin bir hazırlık gerektirmediği inancı yaygındır. Diğer taraftan görüşme yapan kişiye mutlak bir egemenlik duygusu sağladığı için de rahatlık veren ve egoyu okşayan bir yöntemdir. Ancak gerçekte, hakkıyla uygulanan görüşme yöntemi, görüşme öncesinde ciddi bir hazırlığı, sırasında yüksek bir odaklanmayı, sonrasında da düzenli kayıt tutmayı içeren sistemli bir yaklaşımdır.

Görüşmenin özünde karşılıklı ve iki yönlü bir iletişim vardır. Görüşmenin temel amacı, bir sonraki adımların atılması için gerekli olan bilgi alışverişine imkân sağlamaktır. İşe alma görüşmesi, kişilerin kurumda verimli ve mutlu olarak çalışabilmesi için gerekli olan motivasyon düzeylerinin belirlenmesini amaçlar.

Cevaplanacak Sorular

İşe alım görüşmesi yöneticiye, işe başvuran kişiyle yüz yüze konuşarak işin özelliklerine, ekibe ve kurum değerlerine uygunluğunu anlayabilmek için ona soru sorma imkânı verir. Bu süreçte yönetici, kişinin gelecekte gösterebileceği performansı tahmin etmeye çalışır. Sadece konuşarak bunu gerçekleştirmek oldukça güç olsa da birçok yönetici, bu yolla yıldız adaylarını fark edebileceğine inanır.

İşe alım görüşmesi, aynı zamanda işe başvuran kişinin söz konusu işin sorumluluklarına, çalışma ortamına ve gelişim imkânlarına yönelik konular hakkında bilgi edinmesine imkân sağlar. Bu şekilde kişi de işin kendisi için ne derece uygun olduğuna karar verir.

İşe alım görüşmesi yapan yöneticinin cevap aradığı sorular şunlar olmalıdır:

- Bu kişiyle çalışabilir miyim?
- Bu kişi, bu iş için en iyisi mi?
- Bu kişi, ekibin diğer üyeleriyle etkin ve uyumlu bir biçimde çalışabilir mi?

Başvuruda bulunan kişinin cevap aradığı sorular şunlar olmalıdır:

- Bu iş, benim beklenti ve ihtiyaçlarımı karşılayabilir mi?
- Bu yöneticiyle üretken bir biçimde çalışabilir miyim?
- Ekip üyeleriyle iyi ilişkiler kurabilir miyim?

Görüşmecinin Sorumlulukları

Görüşmecinin sorumluluklarının başında, görüşme için hazırlık yapmak gelir. Bu hazırlık sırasında, adayın iş performansını değerlendirmek amacıyla, rol ve iş tanımlarını incelemeyi içerir.

Görüşme sırasında adayı gözlemlemek, zincirleme soru sormamak, dinlemek, adayı konuşması için cesaretlendirmek, önemli bilgileri not almak, alınan notları standart bir formda toplamak, görüşmeye katılan kişinin kendini iyi hissetmesini sağlayarak onu yolcu etmek, görüşmeciden beklenen davranışlardır. Daha sonra gözlemleri rapor etmek ve uygun bir zamanda adaya geribildirimde bulunmak, yine görüşmecinin sorumlulukları arasındadır.

Görüşmeci adaya, işin kurum içindeki yerini, temel sorumluluk ve görevlerini, eğitim, gelişme ve yükselme fırsatlarını anlatmalı. İşin gerektirdiği bilgi beceri ve deneyimlere adayın ne ölçüde sahip olduğunu anlamak için uygun sorular sormalıdır.

Görüşme süresinin en az %80'i adayın dinlenmesine ayrılmalıdır.

Görüşmenin Yapılandırılması

Görüşmeler belirli bir amaca yönelik olarak farklı biçimlerde yapılabilir:

Yapılandırılmış görüşme: Belirli sorulara cevap bulmaya, kişinin bilgi düzeyi ve deneyimleri gibi belirli konularda bilgi toplamaya imkân verir.

Durumsal görüşme: "...durumunda siz olsaydınız nasıl davranırdınız?" sorusuna cevap arayarak görüşmeye alınan kişinin gelecekte belirli durumlarda nasıl davranacağını değerlendirmeye imkân verir.

Sözel değerlendirme: Bir vaka çalışmasında verdiği tepki ve yaklaşım biçimlerinden yola çıkarak o kişinin genel özelliklerini ortaya çıkarmak amacıyla yapılır.

Belirli kriterlere bağlı görüşme: Belirli bir iş için gerekli olan bilgi, beceri ve yeteneklerin ortaya çıkarılması için yürütülür.

Davranışsal durum görüşmeleri: Performansı hakkında ayrıntılı bilgi sahibi olmak amacıyla kişinin geçmiş yaşantılarının araştırılmasıdır. Geçmiş yaşantılar, gelecekteki tutum, tavır ve performans konusunda öngörüde bulunmaya imkân verir.

Görüşme Çeşitleri

Görüşülen kişilerden alınmak istenen bilgiye göre farklı görüşme teknikleri kullanılmaktadır:

Birebir görüşme: İşe alınacak kişilerle ilgili gerekli bilgiyi edinmek için görevlendirilmiş kişi tarafından yürütülür. Bu görüşme, herkesi eşit ortamda değerlendirebilmek için daha önceden belirlenmiş soruların sorulması biçiminde yapılandırılmış veya yapılandırılmamış olabilir.

Panel türünde görüşme: Bu görüşmede iş başvurusunda bulunan kişiler iki ya da daha fazla kişi tarafından görüşmeye alınır. Bu tür bir görüşme 2-6 kişi tarafından yapıldığı takdirde sağlıklı bir karar vermek mümkündür. Ancak bu sayı altının üzerinde olursa etkin bir bilgi alışverişi engelleneceği için, sağlıklı bir karar almak zorlaşabilir. Bu nedenle bazı araştırmacılar bu görüşme biçiminin zaman kaybı olacağına işaret etmektedir.

Tablo 4: Panel Türünde Görüşme Değerlendirmesi

Yararları	• Zaman kazandırır • Panele katılan herkes, kendi uzmanlık alanında soru sorar • Ortak bir değerlendirme yapılmasını sağlar
Sakıncaları	• Adayla kişisel ilişki kurmak zorlaşır • Soruların bir düzen içinde sorulması güçleşir • Panele katılan herkes gerçekten ilgili olmayabilir
Başarılı olabilmesi için	• Panele katılan herkesin net bir katkısı olmalıdır • Panel öncesi görüşme planı yapılarak kriterler belirlenmelidir • Panel üyeleri görüşme becerileri konusunda eğitilmelidir

Ardı ardına görüşme: Her bir görüşme, kişinin teknik bilgi, deneyim, tutum gibi belirli özelliklerini araştırmak için farklı kişilerce yürütülür.

Görüşme Öncesi Hazırlık

Görüşmenin temel amacı, görüşmeci ile aday arasında bilgi alışverişini gerçekleştirmek ve her iki tarafın ihtiyaçlarına uygun bir karar verilmesine imkân sağlamaktır. Bu kararın doğru verilebilmesi, görüşme öncesi bazı bilgilerin toplanması ve gereken hazırlıkların yapılmasıyla mümkündür. İyi bir hazırlık, görüşmenin etkinliğini ve verimliliğini artırdığı gibi, kurum hakkında olumlu bir imaj oluşmasını da sağlar.

Hazırlığın ilk adımı, görüşme yerinin ve görüşmeye birden fazla kişi katılacaksa bu kişilerin belirlenmesini içerir. Görüşmenin bölünmesini engellemek için gerekli düzenlemeler yapılmalı ve görüşülecek kişiler arasında uygun zaman boşlukları bırakılmalıdır.

Görüşmenin Adımları

Görüşmeci, adaya, kendisini ve kurum içindeki rolünü tanıtarak görüşmeye başlamalıdır. Buzları kırmak için genel sorularla başlamak, birçok görüşmenin tercih ettiği yoldur.

Bir pozisyon için birden fazla adayla görüşülecekse hepsini aynı biçimde değerlendirmek için yapılandırılmış bir form oluşturmakta yarar vardır. Her seferinde sadece bir soru sormak, öğrenilmek istenen özelliği değerlendirmeyi mümkün kılar. Aynı sorunun içinde birden çok soru sorulması, adaya istediği soruya cevap verme imkânını sağlar. Çok fazla resmi hava içinde olmak, görüşülen kişide gerginlik yaratır ve sorgulandığı duygusunu verir.

Görüşmecinin çok fazla konuşması, adayın yerine konuşması ve boşlukları doldurması, en sık yapılan hatalar arasındadır. Bu nedenle, küçük sessizliklere tahammül etmek önemlidir. Sorulan sorulara adayın cevap vermesi için ona zaman tanımak gerekir. Adayın tahmin edilebilir sorulara hazırlıklı olarak gelmiş olabileceğini gözönünde bulundurmak gerekir. Görüşülen her aday, kendisini en iyi biçimde sunmaya ve "en iyi"nin kendisi olduğunu göstermeye çalışacaktır. Adayın iş için ne kadar iyi olduğunu anlamak, görüşmecinin ustalığına bağlıdır.

Soru Sorma Teknikleri

Kaliteli ve amaca uygun sorular sorabilmek için beceri ve hazırlık gerekir. Farklı türde cevaplar almaya yardımcı olacak soru biçimleri Tablo 5'te sıralanmıştır.

Etkin bir görüşmenin sadece soru sorulup cevapların alınmasıyla mümkün olmayacağını, bunun ancak her iki tarafın birbirlerini etkin dinlemesiyle gerçekleşeceğini unutmamak gerekir.

Tablo 5: Farklı Soru Biçimleri

Soru Biçimi	Amaç	Örnek Sorular
Açık	Kişiyi belli bir konuda daha ayrıntılı bilgi vermesi için cesaretlendirmek	*"Bu olanlar sizde nasıl bir iz bıraktı?"*
Sondaj	Kişinin bir konunun ayrıntılarına girmesini sağlamak	*"Bu yaklaşımın neden işe yaramayacağını düşünüyorsunuz?"*
Yansıtıcı	Kişinin söylediklerinin doğru anlaşılıp anlaşılmadığını kontrol etmek	*"Kendinizi kızgın hissettiniz. Doğru mu anlıyorum?"*
Kapalı	Bir gerçeği veya bir bilginin belirli bir bölümünü ortaya çıkarmak	*"Düşündüğünüz bu yöntem işe yarıyor mu?"*
Yönlendirici	İstenen cevabı almak	*"Bu tür bir iş için gerekli olan beceriye sahip olduğunuzu mu düşünüyorsunuz?"*
Varsayım yüklü	Yorum ve yargı taşıyan sorulardır, savunuculuğa yol açar	*"Sizin hazırladığınız raporlar neden özensizdi?"*
Çoklu	Bilgi sağlama değeri olmayan sorulardır	*"Nelerden bahsetmek istiyorsunuz? Bunun istenen sonuca ulaşmanızı sağlayacağını mı düşünüyordunuz? Size inanmamış olsalardı ne yapardınız?"*

Etkin Dinleme

Sorular sorulduktan sonra görüşmeyi yapan kişinin verilecek cevapları etkin bir biçimde dinlemesi gerekmektedir. Bunun için aşağıdakiler yapılmalıdır:

Dikkati toplamak: Adayı iyi değerlendirmek için onun söylediklerini dinlemek, neler yaptığını izlemek, anlatılanlarla işin gerekleri hakkında ilişki kurmak gerekir. Görüşmecilerin sık yaptıkları hata, daha sonra ne söyleyeceğini planlamaktır. Adaya hatasını göstermek, yanlış düşündüğü konusunda onu ikna etmeye çalışmak da, görüşmecinin düştüğü hatalardan biridir.

Görüşmecinin kendi beden dilini kontrol etmesi: Adayın daha fazla konuşmasını cesaretlendirici hareketlerde bulunmak, örneğin başla onaylamak, yumuşak bir yüz ifadesine sahip olmak, yargılayıcı değil destekleyici bir duruş içinde olmak, adayın kendisini en iyi şekilde ifade etmesine imkân verir. Görüşmecinin önündeki kâğıt, kalem ya da parmaklarıyla oynamaktan kaçınması, sayfalarca not almaması ve önündeki kâğıda resim yapmak gibi işlerle meşgul olmaktan kaçınması gerekir. Bütün süreç boyunca ilginin aday üstünde olması ve bunun ona hissettirilmesi, hem görüşmecinin hem de kurumunun profesyonelliğinin işaretidir.

Beden dili hakkında ayrıntılı bilgi, *Bedenin Dili* kitabında bulunabilir.

Bilgi Verme

Yapılan gözlem ve araştırmalar, bu bölümün çoğunlukla yapılmadığını veya görüşmenin sonunda çok kısa bir süreyle geçiştirildiğini ortaya koymaktadır. Görüşmeye gelen kişilere, kendileri için önem taşıyan sorular sorabilecekleri bir süre verilmelidir. Görüşme, tek taraflı sözel bir sınav niteliğinden çok, iki tarafı da içine alan ve her iki tarafın beklentileri arasında bir denge oluşturmaya çalışan bir müzakere biçiminde olmalıdır. Bu süreç içerisinde görüşmeye gelen kişinin iş, kurum, fırsat ve beklentileriyle ilgili sorulara cevap arayacağı unutulmamalıdır.

Görüşmeyi Yönetme

Görüşme süreci her zaman bir kişinin sorumluluğunda olmalıdır.

Görüşmecinin kendini yönetmesi: Görüşmeyi yapan her birey kendi davranışlarından sorumludur. Bu kişiler görüşmenin içeriğini değiştirebilecek katılım ve katkılardan kaçınmalıdır. Örneğin bazı görüşmeciler, görüşmeye alınan kişiye kendi hoşlarına giden konular üzerinde daha fazla soru sorma ve ayrıntıya girme isteğinde olabilir.

Görüşmeye katılan diğer kişilerin yönetilmesi: Panel türünde görüşmenin tam anlamıyla planlandığı gibi gerçekleşmesi bazı zorlukları içerir. Görüşmeyi yöneten kişi, görüşmenin normal akışında gitmesi, sorulması planlanan soruların sorulması, gereksiz olanların en az düzeyde tutulması gibi konulardan sorumludur.

Görüşme süresinin etkin bir biçimde kullanılması: Görüşmeci, adayın anlattıklarından ne anladığını kısaca özetlemelidir. Örneğin, "Anlattıklarınızdan şunu anlıyorum..." Aday bir konuda gerekli olmayan ayrıntılara giriyor veya konuyu kendi istediği yöne çekiyorsa, konuşmasını nazikçe kesmek ve konuya odaklamak gerekir. "Bu konuyu biraz önce açıklamıştınız. Benim merak ettiğim..." Görüşme istenen yönde gidiyorsa onaylayıcı baş hareketleriyle adayı cesaretlendirmek yararlıdır.

Görüşmeyi sona erdirme: Görüşmenin profesyonel bir çerçevede sona erdirilmesi için işe alınacak kişinin nasıl belirleneceği, bu kararı kimin vereceği, verilen kararın nasıl ve ne zaman bildirileceği, kimden geribildirim alınabileceğiyle ilgili bilgilerin verilmesi gerekir. Başarılı bir görüşme sonunda aday, kendini ifade ettiğini ve saygı gördüğünü hissetmelidir. Ayrıca adayın, iş ve kurumla ilgili bilgiye sahip, bir sonraki adımın neler olduğunu bilerek görüşmeden ayrılıyor olması gerekir.

Adayın iyi bir izlenim yarattığını hissederek, iyi duygularla ayrılmasını sağlamak önemlidir. Ancak görüşmeci, işin gerektirdiği deneyim, bilgi ve becerilere en çok sahip olan kişinin işe alınacağını belirtmelidir. İşe kabul edilmemiş olmanın, kişinin başarısızlığı ve değersizliği anlamına gelmediği açıklanmalıdır. Gelecekte yapılması muhtemel görüşmeler için bilgi vermek de yararlıdır.

Algıyı Etkileyen Faktörler

Görüşmenin en kolay bölümü, görüşmeye alınan kişilere sorular sormak, en zor bölümü ise işe kimin alınacağına karar vermektir. Görüşülen kişilerle ilgili algıların oluşmasını ve görüşme sonucunu etkileyen pek çok faktör vardır:

Görünüş: Kişilerin tercih ettiği kıyafet, parfüm, makyaj ve saç biçimi gibi fiziksel görüntü unsurları ve çekicilik, olumlu bir ilk izlenimin oluşmasını sağlayan etkenlerdir.

Davranış: Kişinin görüşme odasına girme biçimi ve görüşme sırasındaki davranışları, kişiyle ilgili birtakım ipuçları verir.

Kullanılan dil: Kişinin söyledikleri ve konuşma biçimi, eğitimi ve aldığı kültür hakkında bilgi verir.

Görüşme yönteminin işe alımla ilgili olarak tek başına etkili bir araç olduğu konusunda ciddi kuşkular vardır. Ancak psikometrik testler ve değerlendirme merkezi uygulamalarının verileri üzerine gerçekleştirilecek –yukarıda anlatılanlara uygun– yapılandırılmış bir görüşme, işe alım konusunda doğru adayı seçmeyi kolaylaştırır.

TESTLER

Verimliliği Artıran Psikometrik Yöntemler

Geçmiş dönemlerde çalışanların seçimi akraba, eş dost ve yakın çevre ilişkilerine dayanırdı. Daha sonraları diploma bilgileri gibi objektif veriler işe alımda kullanılır oldu. Âdeta birer insan sarrafı gibi davranan görüşmeciler, adaylarla yüz yüze görüşmeler yapmaya başladılar. Ancak zamanla görüşülen adayın özelliklerinden çok, görüşmeyi yapan yöneticinin sübjektif gerçeklerinin adayların seçiminde etkili olduğu anlaşıldı.

Geçen yüzyılın son çeyreğinden itibaren işe alımda kullanılmaya başlanan **psikometrik ölçümler,** adayların düşünsel yeteneklerinin ve kişilik özelliklerinin değerlendirilmesini sağlamış, iş hayatına büyük ölçüde güven getirmiştir. Böylelikle kurumun çalışandan, çalışanın da kurumdan güç alması kolaylaşmış, işten çıkarmaların azalması, sinerjik ekiplerin kurulması, başarıya odaklanma, iş verimliliğinin artması ve buna katkıda bulunmanın verdiği güvene dayalı çalışan mutluluğu gibi sonuçların, doğru seçme ve değerlendirme süreçleriyle mümkün olduğu anlaşılmıştır. "Doğru işe doğru insan"ı yerleştirmek için psikometrik testlerin kullanımı gittikçe artmaktadır. *Wall Street Journal* dergisinde çıkan bir habere göre 1999 yılında Fortune 500'e giren şirketlerin sadece %20'si işe alımda kişilik testlerinin uygulanmasını zorunlu kılarken bugün bu oran %40'a çıkmıştır.

Güçlü kurumlar, güçlü bireyler demektir. Günümüzde, uygun işi uygun adayla buluşturabilen kurumların başarıyı yakalamakta önemli bir avantaj sağladıkları görülmektedir. Uygun işin uygun adayla buluşabilmesi için, pozisyonun gerektirdiği yetkinliklerin önceden belirlenmesi, sonra da adayın bu yetkinliklere uygunluğunun ölçülmesi gerekir.

Bireylerin ve kurumların başarılı olabilmeleri, kendilerini gerçekleştirip belirledikleri hedeflere ulaşabilmeleriyle mümkündür. Ortak bir amaç çevresinde bir araya gelen nitelikli bireyler, güçlü kurumların çekirdeğini oluşturur; organizmayı oluşturan hücreler gibi, aynı hedef doğrultusunda, ama farklı özellikler ve işlevleriyle kurumların organizmasını yapılandırır. Bir yap-boz tahtasında yap-bozun bütününü oluşturabilmek için parçalar birbirlerini en iyi tamamlayacak şekilde bir araya getirilmeye çalışılır. Yap-boz parçalarını, pozisyonlar ve bireyler olarak düşünürsek kurumun bütünlüğünü, birbirlerini en iyi şekilde tamamlayan pozisyonları ve bireyleri birleştirerek elde ederiz. Kurumun bu bütünlüğü, başarısının anahtarıdır.

Bir araştırmaya göre, yönetici olarak görev yapan üst düzey çalışanların %30-50'si arasında değişen bir oranı, bir yıldan kısa bir süre içinde işten ayrılmaktadır. Diploma bilgilerine ve becerilerine göre seçilen çalışanlar, kişilik özelliklerine bağlı uyum sorunları nedeniyle işi bırakmak zorunda kalıyorlar. Bu sonuçlar iş kaybının yanı sıra, seçme süreçlerine ayrılan zaman ve maddi yatırım kaybı ile kurum kültürünü zedeleyen sosyal dalgalanmalara yol açmaktadır.

Beş yıl boyunca 200 şirkette yapılan bir araştırma, psikometrik testleri uygulayan şirketlerin kârlılığında somut bir artış olduğunu saptamıştır.

Geçen yüzyılın son çeyreğinde geliştirilen yeni kuşak psikometrik ölçümler, iş performansını tanımlayan kişilik teorilerine dayanmaktadır. İş performansını öngören bu kişilik ölçümleri, başka yöntemlerle ulaşılması mümkün olmayan aday bilgilerine ulaşmayı sağlamaktadır. Böylece görüşmelere davet edilmeden önce, adayların aynı fizik ortamda bir araya gelmesine gerek kalmadan, en kısa sürede en uygun havuz oluşturulabilmektedir. Daha sonra iş amaçlarına uygun davranışları ortaya çıkaracak sağlıklı soruların sorulabilmesine olanak sağlanır. İşe kabul aşamasından sonra bireye özgü etkin gelişim planları yapılabilir. Böylece adayın, bilgisini, deneyimlerini ve yeteneklerini hangi yetkinliklerle iş hayatına taşıyacağı konusu açıklık kazanır.

Baltaş Grubu olarak ilaç sektörünün önde gelen kuruluşlarından biriyle yaptığımız bir çalışmada, işe alım sürecinde kullanılan ölçüm araçlarının kurumda yarattığı katma değeri ölçtük. Her bir tıbbi satış temsilcisinin aylık getirisinin 13.000 dolar olduğu düşünülerek hazırlanan tablolar aşağıdaki gibidir.

Tablo 6: Yatırımın Geri Dönüşü-Yapılandırılmış Görüşmeyle Yürütülen İşe Alım Süreci Sonucunda (bir kişi için)

Süre	Performans Yüzdesi	Gelir ($)
İlk üç ay	65	25,350
2. üç ay	80	31,200
3. üç ay	90	35,100
4. üç ay	95	37,050
Toplam		**128,700**

Tablo 7: Yatırımın Geri Dönüşü-Psikometrik Değerlendirme ve Yapılandırılmış Görüşmeyle Yürütülen İşe Alım Süreci Sonucunda (bir kişi için)

Süre	Performans Yüzdesi	Gelir ($)
İlk üç ay	90	35,100
2. üç ay	100	39,000
3. üç ay	100	39,000
4. üç ay	100	39,000
Toplam		**152,100**

Yapılandırılmış görüşmeyle işe alınan çalışanın yıllık getirisi 128,700 dolar iken, psikometrik değerlendirme ve yapılandırılmış görüşmeyle işe alınan çalışanın yıllık getirisi 152,100 dolardır. Aradaki fark, 23,400 dolardır.

İş Hayatındaki Başarıyı Biçimlendiren En Önemli Öge: Kişilik

Uzun yıllar düşünsel zekânın iş başarısında belirleyici olduğu düşünülmüştü. Oysa iş sonuçları ve yapılan araştırmalar, kişilik özelliklerini öne çıkarmaktadır. İş başarısı ve bireyin iş doyumu için, "ne yapıldığı" kadar "nasıl yapıldığı"nın da önemli olduğu görülmüştür; işin nasıl yapıldığı ise, bireyin kişilik özellikleriyle ilişkilidir.

Kişilik ölçümleri, bireylerin kişilik özelliklerini irdeleyerek bu özellikleri çeşitli ölçekler aracılığıyla gün ışığına çıkarmakta ve kurumların ihtiyaçları açısından incelemektedir. Beş Faktör Kişilik Kuramı'na dayanan Hogan Kişilik Ölçeği (HPI), bunların en önde gelenlerinden dir.

Psikometrik Testler İş Hayatının Hizmetinde

Beş Faktör Kişilik Kuramı, kişiliğin 5 temel faktörden ya da boyuttan oluştuğunu öne sürer. Bu boyutlar dışadönüklük, sorumluluk, uyumluluk, duygusal denge ve deneyime açıklıktır. Kişiliği beş alt faktöre dayandırarak genel bir tanımlama sağlayan Beş Faktör Kişilik Kuramı, geniş bir yelpazede yer alan kişilik yapılarını entegre ederek farklı yönelimlere sahip araştırmacılar arasındaki iletişimi kolaylaştırır ve kişilik özellikleriyle davranışlar arasındaki ilişkilerin sistematik bir biçimde incelenebilmesine olanak sağlar.

Bu kurama dayanan yeni kuşak testlerden olan HPI, kişiliğin iş yaşamı için önde gelen özelliklerini yansıtan yedi ölçek sunmaktadır. Baltaş-Eksen ve Hogan Değerlendirme Sistemleri, bu yedi ölçek temelinde değerlendirmeler yaparak, kurumların işe alım sürecinde yararlanacakları kişilik testlerini geliştirmiştir. Bunlar Türk kültürü için geçerlilik ve güvenilirlik çalışmaları yapılmış ölçeklerdir. Yedi ölçek, kişiliğin yedi boyutundan oluşmaktadır. Bu boyutlar iç uyum, sosyallik, hırs, uzlaşılabilirlik, tedbirlilik, yeniliğe açıklık ve öğrenmeye açıklıktır.

1. **İç uyum:** Kendine güven, özsaygı ve baskı altında sükûnet yeteneği
2. **Sosyallik:** Dışadönüklük, topluluk içinde bulunmaktan hoşlanma, sosyal etkileşim ihtiyacı
3. **Hırs:** Rekabetçilik, liderlik potansiyeli
4. **Uzlaşılabilirlik:** Sıcaklık, samimiyet, ilişkileri sürdürebilme yeteneği
5. **Tedbirlilik:** Yaptığı işe özen gösterme, kendine hâkim olma, çalışkanlık

6. **Yeniliğe açıklık:** Hayal gücü, merak, keşfetme potansiyeli
7. **Öğrenmeye açıklık:** Kendini geliştirmek için eğitim ve öğretimle ilgilenme, güncel kalabilme isteği

Beş Faktör Kişilik Kuramı'na dayanan diğer ölçüm araçlarını şöyle özetleyebiliriz:

16 PF Kişilik Envanteri, 16 "temel kişilik özelliğini" ve 5 "genel kişilik eğilimini" ölçmektedir. Bu kişilik özellikleri, sıcakkanlılık, problem çözme, strese dayanıklılık, baskınlık, canlılık, kurallara bağlılık, sosyal girişkenlik, duyarlılık, ihtiyatlılık, soyuta odaklılık, ketumluk, kendini sorgulama, değişimlere açıklık, kendine yeterlik, mükemmeliyetçilik ve gerginliktir. Bu faktörlerden örneğin baskınlık, diğerleri üzerinde güç sahibi olma ve onları kontrol etme isteğini ifade eder. Baskınlığın düşük olması, insanları hayal kırıklığına uğratmama arzusunu, uzlaşmacılığı, çatışmalardan kaçınmayı, otoriteye itaat etmeyi ve uyum sağlamayı kapsarken, yüksek olması, insanlara işlerini nasıl yapmaları gerektiğini öğretmeyi, zorlayıcı olmayı, atılganlığı, saldırganlığı ve rekabetçiliği ifade etmektedir.

Mesleki Kişilik Envanteri'nin (OPQ) 4.2, 5.2 ve 32 olmak üzere üç ayrı formu bulunmaktadır. Örneğin OPQ32, 8 boyuttan (baskın, sosyal, empati, analiz, yaratıcılık ve değişiklik, yapı, endişe, kontrol ve enerji) meydana gelmektedir. Bu 8 boyut, toplam 32 alt boyuta ayrılmaktadır.

Myers-Briggs Kişilik Envanteri'nin (MBTI) temel amacı, insanların algılamalarına dayanan temel tercihlerini belirlemektir. Envanter, insanların 4 temel tercihi ve bu tercihlerin de iki yönü olduğu yaklaşımına dayanmaktadır. Tercihlerin kombinasyonu da bireyin psikolojik tipini belirlemektedir. Bu tercihler dışadönük/içedönük (kişinin enerjisini nereye yönlendirme eğiliminde olduğu), genel/özel (kişinin çevresine ait bilgileri nasıl topladığı), düşünen/hisseden (kişinin kararlarını nasıl verdiği) ve yargılayan/algılayan (kişinin dışındaki dünya hakkında karar vermeyi mi yoksa bilgi toplamayı mı tercih ettiği) şeklinde sınıflandırılmaktadır.

NEO PI-R, İngiltere'den Çin'e, İsrail'den Rusya'ya kadar çok sayıda ülkenin diline çevrilmiş ve tüm bu ülkelerde araştırmaları yapılmıştır. Kişiliği kendi içinde altışar alt boyuta bölünen beş faktörle (duygusal dengesizlik, dışadönüklük, açıklık, geçimlilik, sorumluluk) ölçen envanterin en önemli üstünlüklerinden biri, değişik ülke ve kültürlerde uygulandığında benzeri sonuçları vermesidir.

HPI ve Kişiliğin İşe Yansıyan Yedi Boyutu

HPI'ın ölçtüğü yedi boyut, kişinin iç dünyasının dışarıdan görünen ayrıntılı bir haritasını çıkarmaktadır. Bu ölçekler, insan doğasındaki toplumsal davranışın temelini oluşturan "**iyi geçinme**" ve "**öne geçme**" becerilerini ölçerek, bireyin iş performansı üzerine öngörüde bulunmaktadır.

Sosyoanalitik teori, iyi geçinme ve öne geçmeyi bireyin kurumsal davranışının temeline yerleştirir. Çünkü insanlar grup halinde yaşarlar ve gruplarda bir hiyerarşi söz konusudur. Hiyerarşik yapıdaki grubu bir kurum ortamı olarak düşünürsek, çalışanların birbirleriyle iyi geçinmelerinin ve ilerlemek için birbirlerinin önüne geçmelerinin zorunlu olduğu anlaşılmaktadır.

Çalışma ortamında bir gündem ve insanların sorumluluk alacakları roller vardır. Bir başka ifadeyle, iş ortamında kurum tarafından belirlenen bir hedef ve bu hedefe ulaşmak için gereken sorumlulukları yerine getirecek farklı roller bulunmaktadır. Çalışanlar, gündem içindeki rollerini yerine getirmek için diğerleriyle iyi geçinmek, yetkinleşip daha üst rollere layık görülmek için de öne geçmek durumundadır. Bireylerin iyi geçinme ve öne geçme konusundaki becerileri, iş ortamındaki başarılarının hazırlayıcısıdır.

Kişiliğin iş hayatına yansıyan yedi temel boyutu, kişinin iyi geçinme ve öne geçme becerilerini yansıtmaktadır. İç uyum, tedbirlilik ve uzlaşılabilirlik "iyi geçinme"yle; hırs, sosyallik, deneyime ve öğrenmeye açıklık ise "öne geçme"yle bağlantılıdır.

İç uyumu yüksek, tedbirli ve uzlaşılabilir kişiler başkalarıyla olumlu ilişki kurar çünkü bu kişiler kendine güvenen, emeklerine saygı duyan, üstlendikleri işi büyük bir titizlikle yerine getiren bireylerdir. Onlar kimi zaman üniversitedeki öğretmenimiz, kimi zaman dosyalarını özenle düzenleyen çalışma arkadaşımız olabilir. Özsaygıları yüksek olan bu kişiler, kendi emeklerinin yanı sıra başkalarının çabalarına da saygı duyar, çalışma arkadaşlarına tam bir iyi niyet ve samimiyetle yaklaşır.

Öne geçmek daha çok dışadönüklük, öğrenmeye ve deneyime açıklıkla ilgilidir. İş dünyasının merdivenlerinde adım adım ilerlemek hedefinde olan bir kişi için iç uyum "olmazsa olmazdır"; ancak kendine güven ve yüksek özsaygının yanında merak, öğrenmeye açıklık ve dışadönüklük de gereklidir. Onlar proje müdürlerimiz ya da yeni terfi etmiş çalışma arkadaşlarımızdır; öne geçmek için gerekli olan diğer niteliklere de sahiplerdir: Sosyal etkileşim ihtiyacı içindedirler, topluluk içinde bulunmaktan hoşlanırlar, liderlik potansiyelleri yüksektir ve boş hayaller kurmazlar.

Kişiliğin "dıştan görünen yüzünün" yedi temel özelliği, iş performansını belirlemektedir. Bununla birlikte tedbirlilik ve iç uyum gibi iki kişilik boyutu, iş performansını öngörmede özellikle etkindir. Çalışkan, güvenilir ve disiplinli kişiler yüksek iç uyumlarıyla kendilerine güvenirler ve sakindirler. Kendisiyle barışık ve disiplinli olan bu kişiler, işe alım sürecinde kurumlar tarafından diğer adaylara oranla daha olumlu bir şekilde değerlendirilmektedir.

İşin ve Kişinin Özelliklerini Bağdaştırmak

Her meslek için belirli kişilik özellikleri tanımlayabilmekteyiz. Örneğin bir satış temsilcisinin sosyal becerilerinin çok yüksek olması gereklidir; çünkü sorumluluğu insan ilişkilerine dayalıdır ve insanları ikna etmek zorundadır. Buna karşılık, sosyallik becerisi, ar-ge görevlisi için elzem değildir. Araştırma görevlisinin, emek, sabır ve özenle çalışmak için yüksek derecede öğrenmeye açıklığa, tedbirliliğe ve iç uyuma ihtiyacı vardır; aynı beceriler üniversite öğretim görevlileri için de gereklidir.

İş davranışının gerektirdiği tarz bireyin kişilik özellikleriyle bağdaşmadığında işe uyum sağlama süreci uzun, sıkıcı ve bazen de başarısız olmaktadır. Örneğin tedbirliliği düşük birinin başarılı bir muhasebeci ya da tedbirliliği çok yüksek birinin başarılı bir satış uzmanı olması çok zor, hatta bazen olanaksızdır.

Her meslekte başarıyı belirleyen kişilik özellikleri farklı olduğu gibi, her kurumun mesleki özelliklerle ilgili puan aralıkları da farklı olabilir. Her kurum ve meslek için norm oluşturmak mümkündür. Norm oluşturma çalışması en nitelikli çalışanlardan oluşturulan grubun verimliliği artıran özellikleri saptanıp bir profile dönüştürülerek yürütülür.

Kurum ve meslek normlarına uygun kişilik özelliklerini gözönüne alarak yapılan seçimler, işe alımda yadsınmaz imkânlar sağlamaktadır. Bu çalışmaların kazandırdığı iş sonuçlarını şöyle özetleyebiliriz: Devamsızlığın azalması, işten ayrılma oranının düşmesi, oryantasyon ve eğitim giderlerinin azalması, kişinin güçlü yönlerinin ortaya çıkması, zihinsel katma değerin artması, ekip sinerjisinin yaratılması ve iş veriminin yükseltmesi. Her alanda olduğu gibi işe uygun kişiyi seçme ve değerlendirmede de bilimin sunduğu olanaklardan yararlanmak hayatı kolay ve verimli kılmaktadır.

Yeni Kuşak Ölçüm Araçlarının Sunduğu Olanaklar

Verimliliğin böylesine öne çıktığı bir dünyada, çalışanın yaratacağı katma değer bir kurumun en önemli rekabet gücüdür. Çalışanın yaratacağı katma değere yönelik her türlü ölçüm, değerlendirme ve yöntemin günümüzde böylesine önem kazanması da bu nedene dayanıyor.

Henüz iş başvurusu aşamasında adayların performanslarını gerçeğe çok yakın bir ölçüde öngörmek, İK sorumlularını ve yöneticileri uğraştıran konuların başında gelir. İsabetli bir seçme süreci, **bütünlüklü bir yaklaşımla ve dört yönlü bir değerlendirmeyle** mümkündür. Dört yönlü değerlendirmenin ögeleri: Teknik bilgi ve zihinsel yeterlilikler, kişilik, baskı altında davranışlar ve kurumsal bağlılığı belirleyen değerler ve yönelimlerdir.

Teknik bilgi ve zihinsel yeterlilik: Bir görevin gereklerinin iş tanımına uygun düzeyde yapılıp yapılmayacağını belirlemek için, adayların **özgeçmişlerinin taranması ve iş görüşmesi** yeterli olur. Bu incelemede eğitim düzeyi ve iş deneyimi gerçeğe çok yakın bir biçimde değerlendirilebilir.

Kişilik özellikleri: Bir kişilik testiyle ölçülebilir, böylelikle adayla ilgili, geçerliliği daha yüksek bir değerlendirme yapılabilir.

Ancak bireylerin iş başarısı, bugüne kadar geliştirilmiş olan testlerle ölçülemeyen iki faktöre de bağlıdır. Bunlardan biri **strese dayanıklılığı içeren baskı altında davranış,** diğeri **değerler, motivler ve tercihler tarafından belirlenen kurumsal bağlılık**tır.

Tablo 8: Performansı Ölçmek

Teknik bilgi ve zihinsel yeterlilik	ÖZGEÇMİŞ Eğitim Deneyim Problem çözme yetkinliği	DAVRANIŞLAR **Görünen yüz** ***Ne yapıyor?*** İnisiyatif Çalışkanlık Dürüstlük	**Kişilik ölçümü**[1]
Baskı altında davranışlar ölçümü[2]	BASKI ALTINDAKI DAVRANIŞLAR **Saklı yüz** ***Baskı altında nasıl davranacak?*** Art niyet Strese dayanıklılık Meslek hayatını riske atan özellikler	DEĞERLER **İç yüz** ***Neden öyle yapıyor?*** Ekip çalışması Kurum kültürüne yatkınlık Bağlılık	**Değerler ve yönelim ölçümü**[3]

(1) Hogan Kişilik Ölçümü (HPI)
(2) Hogan Baskı Altında Eğilimler Ölçümü (HDS)
(3) Hogan Yönelim ve Değerler Ölçümü (MVPI)

Görev Performansı ve Ortam Performansı

Özgeçmiş ve iş görüşmesi ile teknik bilgi ve düşünsel yeterliliklerin belirlenmesi, pozisyonun gerektirdiği görevin beklendiği biçimde yerine getirilip getirilmeyeceğini öngörmeyi sağlar. Ancak, günümüzün yoğun rekabet ortamında öne geçmeyi amaçlayan şirketler bu düzeyde bir iş performansıyla yetinemezler.

Değişimci ve yenilikçi kurumların ihtiyaç duyduğu iş performansının gerçek belirleyicisi, ortam performansıdır. Ortam performansının da iki boyutu vardır:

Birinci boyut çok çalışmak, gönüllülük ve kuruma bağlılık özelliklerini içeren işe adanmışlık; ikincisi ise işbirliği, ekip üyelerine destek olmak gibi davranışları içeren insanlararası ilişkileri kolaylaştırmaktır.

Günümüz çalışma hayatının derinden ihtiyaç duyduğu ekip çalışması, işe adanmışlık, baskı altında verimli olma özellikleri ancak yeni kuşak ölçüm araçlarıyla ölçülebilir.

Tablo 9: Testlerle İlgili En Çok Sorulan Sorular

Neden kullanmalı?	Elde edilmek istenen performans, yetenek ve nitelikleri nesnel ölçülere göre doğru tahmin edebilmek için
	İşe alımda hata ihtimalini azaltarak, seçilen kişinin yerleştirildiği iş alanında başarılı olmasını sağlamak için
	Kurum kültürüne uygun kişileri seçmek, olası yönetim sorunlarını öngörebilmek için
	Gelişim ihtiyaçlarını tanımlamak ve geleceğe yönelik gelişim fırsatlarını fark etmek için
Nasıl kullanmalı?	Zihinsel yetenek testleri: Sözel, sayısal, soyut akıl yürütme testleri
	İşin gerektirdiği beceri ve yetkinlikleri ölçen testler
	İşe uygun kişilik özelliklerini ölçen testler: Beş faktör temeline dayanan testler (liderlik, karar verme, problem çözme, yaratıcılık testleri gibi)
Ne zaman kullanmalı?	Başvuranlar arasından "yıldızları" ayırt edebilmek için
	Adayları, iş görüşmesinin yanı sıra, bağımsız ve nesnel biçimde değerlendirebilmek için
	Adayları benzer konumdaki çalışanlarla karşılaştırarak öngörü yapabilmek için
Kim karar vermeli?	İK bölümü
	İşe alımda danışmanlık yapan şirket
	Kurumun yönetim ve eğitim danışmanı
	Psikometrik test uygulamada uzman kuruluşlar
Kim uygulamalı?	Test uygulama, puanlama ve yorumlama uzmanı
	Test konusunda eğitilmiş psikolog
	Test sunucunun görevlendirdiği özel eğitimden geçmiş teknik eleman
Maliyet nedir?	İsabetli işe alım kararının kuruma katacağı değer test maliyetinden fazladır
	En yüksek maliyet, hatalardan kaynaklanır
	Doğru seçilmiş kişiye paha biçilemez
Test uygulanan kişinin hakları nelerdir?	Adayın şirketi seçme hakkı
	Adayın özlük ve kişilik hakkı
	Gizlilik
	Test sonuçlarıyla ilgili geribildirim

Robert Hogan'a Göre Kişilik Testinin Özellikleri

Son yıllarda kişilik testlerinin özellikle işe alımlarda sıklıkla kullanıldığına tanık oluyoruz. Ancak testleri alanların ve kullananların zihninde, yanıtları hâlâ çok berrak olmayan soru işaretleri olduğunu görüyoruz. Merak edilen konuları, kişilik ve kişilik testleri konusunda dünyanın en yetkili isimlerinden olan Robert Hogan'dan öğrenmeye çalıştık.

Bir insanın kişilik testinde yalan söylemesini, daha iyi bir izlenim bırakmaya çalışmasını engellemek mümkün mü?

Bazı insanlar gerçek hayatta yalan söyledikleri gibi, kişilik testlerinde de yalan söyler. Şaşırtıcı gelebilir belki, ama tahmin ettiğinizden daha az insan böyle testlerde yalan söyler. İş başvuruları sırasında kullanılan kişilik testlerinde, her yedi kişiden yalnızca birinin sahte cevap verdiği tahmin ediliyor.

Testlere sahte cevaplar verebilmek de bir başarı sayılmaz mı?

Nasıl gerçek hayatta iyi ve kötü yalancılar varsa, kişilik testlerinde de "başarılı sahte cevaplar" verenler vardır. İş başvurusu sırasında uygulanan kişilik testlerinde "başarılı" biçimde yanıltıcı cevap vermek için iki konuda bilgi sahibi olmak gerekir: Birincisi, işe alma eylemini yapacak olanların hangi kişilik özelliklerine önem verdiğini bilmek, ikincisi de, bu özelliklerle ilgili puanları uygun düzeyde tutmak için hangi sorulara ne şekilde cevap verilmesi gerektiğini tahmin etmek. Bu da, inanın hiç kolay değil. Çünkü her iş için gerekli olan kişilik özelliğinin niceliği farklıdır. Örneğin, iyi bir muhasebeci ile iyi bir yöneticinin kişilik profilleri arasında çok fark vardır. Üstelik de testlerde bu profillere denk düşen cevap bileşenlerini kestirebilmek gerçek bir yetenek işidir.

O zaman sahte yanıt pek o kadar da kötü bir şey değil...

Hayır, bence de değil. Nasıl "beyaz yalanlar" varsa, kişilik testlerinde sahte yanıt verilmesi de her zaman istenmeyen, önlenmeye çalışılması gereken bir şey değil. Araştırmalar, böyle testlerde başarılı bir şekilde sahte yanıt veren kişilerin sosyal açıdan daha fazla içgörü sahibi olduğunu ve birtakım işlerde daha yüksek performans gösterdiğini ortaya koymuştur.

Ama testlerin kendi içinde de sahte cevap verenlerin anlaşılmasını sağlayacak kimi mekanizmalar var, değil mi?

Evet. Özellikle ciddi ve kapsamlı testlerde, olduğundan iyi ya da kötü görünme çabaları ya da gelişigüzel cevap verme, %85 gibi bir olasılıkla yakalanır.

Kişilik testlerine verilen cevaplar o an içinde bulunulan ruh halinden etkilenmiyor mu çoğu zaman?

O an kendimizi nasıl hissettiğimizin ve moralimizin davranışlarımızı etkilediği doğrudur, ama duygularımızda ve ruh halimizde değişiklikler olsa da, davranışlarımızın değişmeyen, temel bir örüntüsü var. Kişilik testleri zaten bu örüntüyü ölçmek için vardır, o yüzden de ruh halimizdeki anlık değişimler onları çok etkilemez. Bunun bir istisnası, büyük bir travma olabilir. Örneğin sevilen bir kişiyi kaybetmenin travması, bir kişilik testinin sonuçlarını geçersiz hale getirebilir.

Özetlersek, iyi bir kişilik testi nasıl olmalıdır?

İyi bir kişilik testinde, maddelerin gerçekte neyi ölçtüğünün cevaplayıcı tarafından tahmin edilememesi gerekir. Bununla beraber maddeler açık ve net olmalıdır. Örneğin "zihnimde bir gariplik var" gibi ifade bu koşulu yerine getirmez. Maddeler genelden ziyade özel, belirgin durumları kapsamalıdır. "Ailemin yaptığı bazı şeyler beni korkutmuştur" ifadesi çok geneldir, bir kişilik testinde yer almamalıdır. Her madde tek bir soru sormalı ya da tek bir ifadeyi dile getirmelidir; aksi takdirde testi yapanın hangi durumu düşünerek cevap verdiği bilinemez. Örneğin "çabuk kızar ve çabuk unuturum" maddesinde böyle bir durum vardır. Sonra mesela kişilik hakkında değil de o anki ruh hali hakkında bilgi veren "çok gerginim" gibi ifadelerden mümkün olduğunca kaçınılmalıdır. Testin yönergesi açık ve anlaşılır olmalıdır. Son olarak da test, aynı kişiye birden fazla kez uygulandığında aynı sonucu vermelidir.

Peki, bir testte kişinin bir mesleğe uygun olup olmadığını anlamak için ne gibi özelliklere bakılır?

İç uyum, işte baskı altında sakin kalma ve stresle başaçıkma becerisi olarak kendini gösterir. **Hırs**, sorumluluk alabilme ve belirsiz durumlarda işi üstlenme becerisi olarak ortaya çıkar. **Sosyallik**, değişik tip insanlarla ilişki kurabilme becerisidir. **Uzlaşılabilirlik**, kışkırtıcı ya da zor kişilere tahammül edebilme konularında kendini gösterir. **Tedbirlilik**, emirleri, görevleri zamanında yerine getirme becerisine denk düşer. **Yeniliğe açıklık**, sorun çözmek ve işi gerçekleştirmek için yararlı fikirler üretme becerisi şeklinde ortaya çıkar. **Öğrenmeye açıklık** ise yeni kaynakları, bilgileri çabuk öğrenebilme becerisidir.

SİMÜLASYON

İşe Alımda En İsabetli Sonuçlar

Yöneticilerin ve İK çalışanlarının en büyük yanılgısı, basit gibi görünen sıradan işlerin herkes tarafından yapılabileceğine inanmalarıdır. Bunun için işi parçalarına bölmek, sonra işin nasıl yapılacağını ayrıntılı olarak tanımlamak ve daha sonra da denetlemek yeterli görülür. Oysa en basit iş için bile özel yetenek gerekir.

Bir hemşirenin iğne yapmayı öğrenmesi için manken üzerinde 3-4 deneme ve gözlem altında 10 uygulama yapması yeterlidir. Daha sonra kendi başına 20 kere iğne yapan bir hemşire bu konuda uzmanlaşır. Ancak 20 yıl hastanede çalışmış bir kişi olarak biliyorum ki, hastaların çoğunun kendilerine iğne yapacak hemşire konusunda bir tercihi vardır ve bu tercih büyük çoğunlukla aynı kişiler üzerinde toplanır. Tercih edilen hemşireleri özel yapanın ne olduğu anlaşılmadan ve bu özelliği aramadan yüksek performans elde etmek mümkün olmaz.

İşi parçalarına bölerek yapılan ayrıntılı tanımlamalar ve açıklamalar, sadece "ortalama" performansı mümkün kılar. Bunun sonucu olarak, bir süre sonra, performans değerlendirme sistemlerinin ortalama performansı ödüllendirmek zorunda kaldığını görüyorum.

Kurumsal Performans

Kurumsal performans üç faktörün karşılıklı etkileşimine dayanır: **Çalışan**, **yönetim kalitesi** ve **kurum kültürü**. Bu, iyi bir hasat elde etmek için gerekli olan **iyi tohum**, **elverişli iklim** ve **uygun toprak** ilişkisine benzer. Bu benzetmede çalışan tohum, yönetim kalitesi iklim, hissedarların veya kurumun sağladığı zemin de topraktır. Bunların her biri önemlidir. Ancak tohumun kalitesi her açıdan iş sonuçları üzerinde belirleyici etkiye sahiptir. Çünkü hatalı seçilmiş her çalışan, kuruma ölçülebilen ve doğrudan ölçülemeyen maliyetler yükler. Daha sonra bu hatalı seçimler arasından yapılan yükseltmeler, iklimi (yönetim kalitesini) oluşturur.

Bu nedenle Murphy kuralları arasında en çok gerçeklik taşıyanı bence şudur: "Herkes, başarısız olacağı son noktaya kadar terfi eder." Bu konudaki en yaygın örneklere satış örgütlerinde rastlanır. Başarılı bir satış elemanı, müdürlük veya şeflik gibi bir pozisyona terfi ettirilir. Ancak satış gibi tek boyutlu bir görevi başarılı bir şekilde yapmakla, bir ekibi yöneterek onlar aracılığıyla sürdürülebilir başarı sağlamak birbirinden farklı özellikler gerektirir.

İşe Alımda Yanlışlar ve Doğrular

Bir pozisyonun doldurulması için gereken işe alım maliyeti, bu kişi için yapılacak eğitim harcamaları da hesaba katıldığında, o pozisyon için ödenecek yıllık ücretin %30 ila %150'si arasında değişmektedir.

Buna hatalı alım sonucu beklenen performansın alınmadığı ve çalışanın acemilik dönemindeki hataların bedeli de eklendiğinde, ortaya çıkan zararın boyutları daha da artmaktadır.

İşe alım yöntemlerinin başarı katsayıları

• Gelişigüzel seçme	0
• Yapılandırılmamış mülakat	1
• Yapılandırılmış mülakat	2
• Mülakat+psikometrik testler	4 - 5
• Mülakat+psikometrik testler+simülasyonlar	4 - 6

Bu sonuçlar, mülakat + psikometrik testler + simülasyonların, yapılandırılmamış mülakata kıyasla 16 ila 36 kez daha isabetli olduğunu göstermektedir.

İşe alımda yapılan hatalı uygulamaları şu başlıklar altında sıralayabiliriz:

- **İşe alınacak kişiye sorumlu yöneticinin karar verdiği ve bunu kendine özgü bir görüşmeyle gerçekleştirdiği işe alımlar.** Bu tür yöneticiler "adamı gözünden anladığını" düşünür ve çoğunlukla da kendi ayna hayalini seçer.

- **İK'nın da sürece dahil olduğu "yapılandırılmış görüşme" ile yapılan işe alımlar.** Araştırmalar gösteriyor ki, her türlü yapılandırılmış görüşme, uygulayıcıları tarafından bir süre sonra gerçekleştirilen "kestirme yollar" sonucu objektif olma özelliğini kaybeder.
- **Standardize olmayantestlerle yapılan işe alımlar.** Çoğunluğu yurtdışından gelen ve özensizliği Türkçe'sinden kolayca anlaşılabilecek testlerle yapılan işe alımlar. Bunlara uluslararası bazı şirketlerin yurtdışındaki genel merkezlerinden gelentestleri de dahildir.
- **Gereken eğitimi almamış birden çok yöneticinin katıldığı panel mülakatla yapılan işe alımlar.** Bu tür işe alımlara psikolojik testlerin de eklendiği olur. Ancak görüşmeciler, genellikle bunları nasıl yorumlayacaklarını bilmedikleri için gözardı ederler.

Oysa **ideal bir işe alım uygulamasının, genel hatlarıyla şu aşamalardan geçmesi gerekir:**

1. Genel yetenek ve kişilik testi uygulaması
2. Simülasyonları içeren DM uygulamaları
3. Bu sonuçları gözönünde bulunduran İK yöneticisi ve adayın yöneticisinin katıldığı 45 dakikayı aşmayan yarı yapılanmış bir görüşme

Bedeli Şimdi mi, Sonra mı Ödemek İstersiniz?

Bilimsel temellere dayanan bir simülasyon uygulaması, adayın gelecekteki performansını öngörme konusunda oldukça sağlam kanıtlar sunar. Simülasyon uygulamalarını içine alan bir değerlendirme merkezi çalışması, işe alımlar, yönetim düzeyinde yapılacak atamalar ve kurum içindeki gelişim ihtiyaçları konusunda yanılgı payını azaltan objektif sonuçlar verir. Böylece kurum, yanlış işe alım yüzünden daha sonra büyük bedeller ödemek zorunda kalmaz.

Simülasyonlar bir anlamda durumsal testlerdir. Bilimsel geçerliliği olan her test gibi, simülasyonlar da, adayın ölçülmek istenen alandaki özelliklerini sayısal olarak ortaya koyan, standardize edilmiş süreçlerdir. Simülasyonlar, birçok açıdan kalem-kâğıt testlerinden farklıdır. Beceri ve kişilik testlerinin doğrudan sorularına karşılık, simülasyon uygulamaları oldukça karmaşıktır. Simülasyonlarda karşılaşılan problemler, gündelik iş hayatında karşılaşılanlara benzer. Bu nedenle simülasyon uygulamaları, kâğıt-kalem testlerine oranla çok daha fazla güvenilirdir.

Kâğıt-kalem testleri ile simülasyonlar arasındaki önemli bir diğer fark da gözlenen davranışlarla ilgilidir. Kâğıt-kalem testleri sözel veya sayısal bir problem çözümünün gözlenebilecek davranışlarını değil karmaşık düşünce sürecini ortaya koyar. Buna karşılık simülasyon uygulamaları sorun çözmek veya baskı altında karar vermek gibi karmaşık, açık ve gözlenebilir davranışların ortaya konulmasını sağlar.

Kâğıt-kalem testleri ile simülasyon uygulamaları arasındaki üçüncü ve en önemli fark, değerlendirme süreçlerindedir. Kâğıt-kalem testleri doğru cevapların sayılarak toplanmasıyla değerlendirilirken, simülasyon uygulamaları, değerlendirilen davranışın boyutlarını yorumlamaya imkân verir ve adayın her bir boyuttaki yetkinlik derecesini değerlendirecek eğitimli uzmanlara ihtiyaç gösterir.

Boyut kavramı, tanımlanmış, gözlemlenebilir, mantıklı ve güvenilir olarak bir araya getirilmiş davranış grupları anlamında kullanılmaktadır. Bunlar vasıftan farklıdır. Çünkü simülasyonla ölçülen boyutlar gözlenebilen davranışlar, vasıf ise davranışların altında yatan kişilik özellikleridir.

Bir kişinin iş performansını öngörmek için kullanılan araçlar arasında farklar vardır. Performans alanında iş için gerekli belirlenmiş, gözlenebilir beceri ve davranışlar aşağıdaki şekilde sağ uçtadır ve bunlara **somut çıktılar** denir.

Şekil 6: Performans Öngören Araçlar

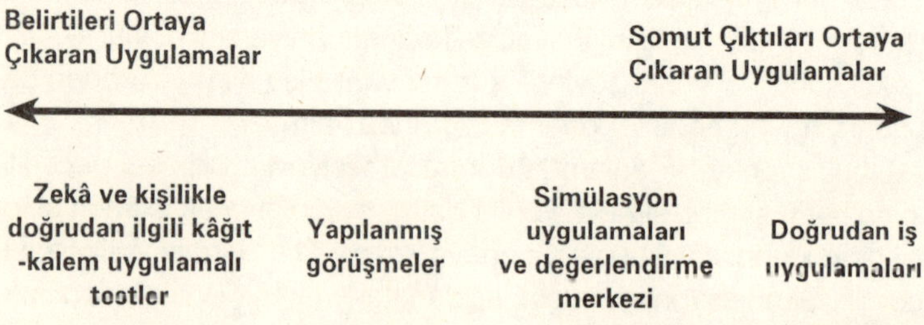

İş ortamında yaşananlardan farklı olan durumlara ilişkin daha soyut özellikleri ortaya koyan verilere ise **belirtiler** denir ve diğer uca düşerler. Bu uçta yer alan araçlar, iş için gerekli olan davranışlarla ilgili olarak dolaylı bilgi verir. Örneğin, zekâ doğrudan gözlenebilen bir davranış değildir. Bu nedenle zekâ testinde adayın performansı, zekice davranışların belirtisi olarak kabul edilir.

Simülasyonların Gücü Nereden Geliyor?

Seçim sürecinde uygulanan simülasyonları olimpiyat oyunlarının seçmelerine benzetebiliriz. Sporcular seçmelerde becerilerini kanıtlamadan, rekabet ortamında performanslarını göstermeden takımlara alınabiliyorlar mı? Koçlar sporcuların başarı grafiklerini görmeden takımları oluşturuyorlar mı?

Simülasyonların gücü, çalışanın işini yaparken göstereceği performansı yüksek bir doğruluk oranıyla tahmin etmeye olanak sağlamasında yatmaktadır. Simülasyonlar bu güçlerini birkaç temel ögeden alırlar:

- **Kararın doğruluk oranı yüksektir.** Simülasyonlar sonunda yapılan değerlendirme, yapılacak "gerçek iş" ile yakından ilişkilidir. Elde edilen veriler belirli bir konudaki bilgiye değil, görevin gerektirdiği becerilere ne kadar yakın olursa, bu değerlendirme ışığında verilecek kararın doğruluk oranı da o kadar yüksek olur.
- **Geçerlilik sağlanmıştır.** Simülasyon uygulamalarında kullanılan içerik ile söz konusu görevin içeriğinin uyumu yüksek oranda sağlanmıştır. Böylece hem değerlendirme sonucunda verilecek kararın geçerliliği garanti edilir, hem de adayın bakış açısından şirketin bu uygulamasına karşı güven oluşur.
- **Eğlencelidir**. Simülasyon, aday için eğlenceli bir durum olabilir. Bu öge şirketin, kullandığı değerlendirme yöntemiyle, bir "istihdam süreci markası" olmasını sağlayabilir. Hem şirkete hem de adaya fayda getiren değerlendirme süreci, her iki taraf için de kazançtır.
- **Yapılacak işin gerçek önizlemesidir**. Simülasyonların yapılacak işe olan benzerliği, adayın performansını önceden gerçekçi bir şekilde görmeyi mümkün kılmaktadır. Kendisini ya-

pacağı işe uygun görmeyen ya da yapacağı işten keyif almayan aday seçim sürecinden çekilebilecek, böylelikle personel devinimine karşı potansiyel bir fayda elde edilmiş olacaktır.

- **İşi yaparken kullanılan davranış biçimlerinin göstergesidir**. Simülasyonlar, yapılacak işle ilgili davranışlar hakkında veri toplanabilen, adayın doğru davranışı doğru zamanda kullanma becerisinin en kolay gözlenebildiği yöntemlerdir. Bu bağlamda simülasyon yöntemiyle, kişilik testlerinden ya da mülakatlardan çok daha fazla veri elde edilebilmektedir.
- **Performans yönetimiyle bağlantılıdır**. Simülasyonlar genellikle yetkinlik temelli olarak tasarlandığından, aynı zamanda şirket çalışanlarının kurum içinde başka görevlere tayinlere ya da terfilere hazır olup olmadıklarının değerlendirilmesi amacıyla da kullanılabilir. Kişinin kendisine tanınan belirli bir süre içerisinde rolüne uygun olarak verilen görevleri tamamlamasının istendiği 'ajandamdaki işler' (*in-basket*) uygulamaları gibi bazı simülasyonlar yıllardır bu amaca yönelik olarak kullanılmaktadır. Bu yöntem ile seçme süreci, eğitim ve geliştirme süreçleri arasında sıkı bağlantılar kurulabilmektedir.

İş performansı modeline uygun birden çok simülasyonu içeren değerlendirme merkeziyle yapılmayan işe alımlar, kurumsal performans önünde çok güçlü bir tehdittir ve verimsizliğin en önemli nedenlerinden biridir. Çünkü günümüzde adaylar, en sıradan üniversitelerde bile, işe alım görüşmelerinde nasıl davranacakları konusunda bilgilenmiş olarak görüşmeye gitmektedir. Birçok görüşmede adayın görüşmeyi yönlendirdiğini, görüşmeciden daha "profesyonel" ve tutarlı olduğunu gözlemek ender rastlanan bir durum değildir.

Daha sonra çok yönlü bedeller ödememek için işe alım sürecini, her düzey ve pozisyon için ciddiye almak gerekir. Bunun için de ilk bakışta süreci uzattığı ve maliyeti yükselttiği düşünülürse de, ideal bir işe alım uygulamasının yukarıda belirttiğimiz üç adımına uymak, gerçekte en ekonomik yöntemdir.

ASTROLOJİ

Gökyüzüne Bakarak Yeryüzündekini Anlamak

İnsanın doğumu sırasında gezegenlerin ve yıldızların konumunun kişilik üzerindeki etkisi, öteden beri ilgi çekmiştir.

Astrolojinin gazetelerin magazin sayfalarını süslemesinin ve günlük fallarıya insanların kendilerini eğlendirmesinin hiçbir sakıncası yoktur. Her yılbaşında burçlara göre yapılan yıllık tahminler hayata "renk katar" ve okunduktan birkaç dakika sonra unutulur. Ancak son zamanlarda astrolojinin iddiası, insanları eğlendirme ve oyalamayı aşmıştır. Ciddi olduğuna inandığımız gazetelerde işlenmiş olan bir cinayetin veya kene saldırısının öngörülmüş olduğunu, gazete yönetimi "kendi astroloğunun kehanetinin doğrulanması" olarak birinci sayfada duyurmaya başlamıştır.

Yüzyıllardır astrologlar insanların doğum zamanıyla ilgili bazı ayrıntıları inceleyerek bireylerin kişilik özelliklerine ve kaderlerine ilişkin derin bilgilere ulaşılabileceğini savunuyorlar.

Bunun uzantısı olarak astrolojiyle ilgilenenler günümüzde iddialarını daha da ileri götürerek İK alanında ve personel seçiminde de astrolojik öngörülerin geçerli olduğunu ileri sürmeye başladılar.

Astroloji konusundaki inancın ne kadar güçlü ve yaygın olduğunu İstanbul Üniversitesi'nde ders verdiğim yıllarda, psikolojide kişilik konusunu işlerken fark ettim. Sınıfımdaki öğrenciler, kişilik psikolojisinin kuramsal ve bilimsel temellerine, astrolojiden bildikleri referanslarla karşılık veriyorlardı. Bunun üzerine ben de, derste bulunan 27 öğrenciden doğum tarihlerini yıl, ay, gün ve saat olarak yazmaları istedim ve bu konuda yetkili bir kişi tarafından kişilik tahlilleri yapılacağını söyledim.

Piyasada yüksek satış yaptığı bilinen bir astroloji kitabından bütün burçları tarayarak kişiliği ve çeşitli durumlar karşısındaki tutumları tanımlayan on beş ifade seçtim ve bunlara benzeyen on beş ifadeyi de masa başında yazdım.

Bu ifadelerden birkaç tanesi şöyleydi:

"Dışarıya karşı her zaman ortaya koymasanız da önemli konuların üstesinden gelecek bir zekâ ve beceriye sahipsiniz."

"Sizi ilk tanıyanlar kendini beğenmiş, soğuk bir kimse olduğunuzu düşünse de, sizinle dost olunca yanıldıklarını hemen anlarlar."

"Bildiğiniz ve denediğiniz şeyler sizde kaygı yaratmaz, ancak yeni bir şeye alışmak zamanınızı alır."

"Her zaman ortaya koymasanız da sıcakkanlı, dostluğa önem veren, şefkatli bir insansınız."

Bu ifadeleri gelişigüzel üç gruba ayırdım ve öğrencinin adını taşıyan orijinal bir metinle birlikte kapalı ve kişiye özel bir zarf içinde, bir hafta sonra kendilerine verdim. Bu zarfın içine ifadelerin geçerliliğini araştıran üç soruyu içeren kâğıtları da koydum.

Sorular şunlardı:

1. Kişilik tanımınız size ne ölçüde uyuyor?
   - Kişilik tanımım bana bütünüyle uyuyor.
   - " " oldukça uyuyor.
   - " " uyuyor.
   - " " pek uymuyor.
   - " " hiç uymuyor.
2. Size kesinlikle uymayan ifade sayısı kaç tane?
3. Size bütünüyle uyan ifade sayısı kaç tane?

Öğrencilerden, kendi kişilik tanımlarıyla ilgili bilgileri diğer arkadaşlarına göstermeden önce bu soruları cevaplamalarını istedim.

"Kişilik tanımınız size ne ölçüde uyuyor?" sorusunu 10 öğrenci %100, 5 öğrenci %90, 9 öğrenci %80 olarak cevaplamıştır.

Kişilik tanımlamasının uygunluk derecesini sorguladığımda 11 öğrenci "bütünüyle", 14 öğrenci ise "oldukça" uyduğunu belirtmiştir.

Bu bilgilerden açık olarak anlaşıldığı gibi araştırmaya katılan 27 öğrenciden 24'ü (%89), zarftan çıkan standart kişilik tanımını kendileri için %100 ila %80 arasında değişen oranlarda uygun bulmuştur. Birinci değerlendirmede 10, ikinci değerlendirmede 11 öğrenci (%41) kişilik tanımlamalarının kendilerine bütünüyle uyduğuna inanmaktadır.

İkinci değerlendirmede de, birinci değerlendirmede olduğu gibi, 27 öğrenciden 24'ü kişilik tanımlamasının kendilerine bütünüyle veya oldukça uyduğuna inanmaktadır.

"Size kesinlikle uymayan ifade sayısı kaç tane?" sorusuna ise, 12 öğrenci bütün ifadelerin kendisine uyduğu, 4 öğrenci 1, 9 öğrenci ise 2 ifadenin kendisine uymadığı cevabını vermiştir.

Buradan anlaşılacağı gibi standart ifadeler öğrenciler tarafından genel olarak kabul görmüştür.

"Size bütünüyle uyan ifade sayısı kaç tane?" sorusuna 10 öğrenci bütün ifadelerin kendisine bütünüyle uyduğunu, 4 öğrenci 9, 6 öğrenci ise 8 ifadenin kendisini bütünüyle temsil ettiğini bildirmiştir.

Elde edilen sonuçlar, herhangi bir yoruma veya istatistik incelemeye gerek duyulmayacak kadar açıktır.

Bu araştırma, bu alanda yapılan diğer çalışmalar gibi, insanların "genelleştirilmiş tanımları" kendi kişiliklerinin kesin bir özeti gibi gördüklerini ortaya koymaktadır.

Forer'in yaptığı ve benzer sonuçlar aldığı araştırmadan bu yana 70 yıla yakın bir zaman geçmiş olmasına karşın, insanların astrolojiye olan inançlarının kuvvetlenerek devam etmesinin sebeplerinden biri, astrolojik kişilik tanımlarındaki ifadelerin yapısıdır. Daha önce örneğini verdiğimiz türden genel ifade ve tanımlamalar birçok insan için geçerli olduğundan, tek tek bireylere uygulandığında o bireylere özelmiş yanılgısını doğurmaktadır.

Astrologların veya falcıların ortaya koyduğu kişilik değerlendirmelerinin kabulü ve yaygınlığında, yapılan işlemin mistik niteliğin de etkisi vardır. Bunun dışında, bazı falcılar, kişinin görünümünden ve tepkilerinden ustaca ipucu toplamaktadır. Böylece, kişilik tanımının küçük bir kısmının şaşırtıcı isabeti, deneği bütün değerlendirmeyi kabule hazır hale getirmektedir.

Yapılan araştırmalara göre insanlar, projektif testlerden elde edilen verilerin sonucu olarak sunulan kişilik tanımlarını, görüşme veya kişilik envanteri sonucu elde edilen kişilik tanımlarından çok daha kolay kabul etmektedir.

Projektif testlerde insanlar, tam olarak anlayamadıkları yollarla kendilerini açığa vurduklarına inanmaktadır. Görüşmeler ve kişilik envanterleri daha açık teknikler olduğu için, insanların burada tepkilerini bilinçli olarak kontrol edebildikleri farz edilmektedir.

"Araştırma, Astrolojinin Saçma Olduğunu Kanıtlıyor"

Londra'da yayınlanan *Times of India* gazetesinin 17 Ağustos 2003 tarihli nüshasındaki bir yazının başlığı böyle demekteydi. Birçok kişinin elinin tersiyle ittiği ancak aynı oranda kişinin de bağımlısı olduğu astrolojinin, 40 yıldır çeşitli bilim adamları tarafından sürdürülen araştırmalar sonucunda saçmalık olduğunun kanıtlandığı öne sürülmekteydi.

Araştırma 1958 yılında başlamış ve 2003 yılında saygın bir yayın olan *Journal of Consciousness Studies* dergisinde yayınlanmıştı. Bu, o güne kadar astroloji konusunda yapılmış en titiz bilimsel çalışmaydı.

Bulgular astrologlar arasında büyük telaş ve kızgınlık uyandırdı. İngiliz Astrologlar Birliği'nin o zamanki Başkanı Roy Gillett, *Telegraph* gazetesine verdiği beyanatta, çalışmaya temkinli yaklaşmak gerektiğini söyledikten sonra, araştırmacıları, astrolojinin asılsız olduğunu kanıtlamak için olağanüstü çaba harcamakla suçluyordu.

Araştırmada birkaç dakika arayla dünyaya gelmiş 2000'den fazla insan birkaç on yıl boyunca izlenmişti. Astrolojiye göre bu insanların benzer özelliklere sahip olması beklenmekteydi. Araştırmacılar 100'den fazla özelliğe baktılar: Bu kişilerin seçtiği meslekler, kaygı düzeyleri, evlilikleri, saldırganlık özellikleri, sosyallikleri, zekâ düzeyleri, sanatta, sporda, matematikte ve okumada gösterdikleri yetenekler gibi, astrologların doğum anında gezegenlerin etkisiyle ortaya çıktığını iddia ettikleri özellikler incelendi.

Ne var ki bilim adamları, "zaman ikizleri" adı verilen bu kişilerarasında hiçbir benzerlik saptayamadı. Araştırmanın analizi, bir bilim adamı, araştırmacı yazar ve bir zamanlar kendisi de bir astrolog olan Avustralyalı Geoffrey Dean ve Kanada Saskatchewan Üniversitesi'nde psikolog olan Ivan Kelly tarafından yapıldı.

Dean, astrolojinin "kabul edilebilir bir sistematiği olmadığını, dayandığı ilkelerin geçersiz ve yüzlerce testte başarısız olduğunu" savunuyor. "Astroloji kitaplarında hiçbir izine rastlayamazsınız, ancak astroloji yanıltmaya dayanmaktadır. Eminim astroloji çevrelerinde en nefret edilen kişiyim, çünkü onlar beni bir dönek olarak görüyorlar," diyor.

Dean ve Kelly, yanlış inanışlara yol açan algı ve düşünce yanılgılarına "gizli ayartıcılar" adını veriyorlar. Gizli ayartıcıların teknik anlamda, insan zihninin ürünü olan istatistikler ve çıkarımsal yargılar olduğunu belirtiyorlar. Birçok astroloğun bütün aleyhte kanıtlara rağmen hâlâ astrolojinin gücüne inanmaya devam etmesinin arkasında da bu gizli ayartıcıların yer aldığını iddia ediyorlar. Bunlardan birkaçını kısaca gözden geçirelim.

Gizli Ayartıcılar

Gizli ayartıcıları anlamak için öncelikle insan zihninin ya da bilişsel süreçlerin belli başlı ilkelerinden olan seçici algı ya da seçici düşünme sürecini tanımak gerekir. Seçici düşünme, kişinin olumlu kanıtları seçip ayırarak bunlara odaklanması ve hatırlaması, olumsuz kanıtları ise gözardı etmesi demektir. Gizli ayartıcıların çoğunun altında, insan zihninin temel işleyiş mekanizmalarından biri olan bu olgu yatar.

1. Sözde bilim, bilimsel olmayan ancak bilimsel olarak sunulan teorilerden kaynaklanan bir dizi fikre dayanır. Sözde bilim adamları teorilerinin denenmiş somut kanıtlara dayandığını iddia eder. Bazen gerçekten de bazı bilimsel yöntemler kullanıyor olabilir, ancak kontrollü araştırma metodolojileri eksik ve yetersizdir. Birçokları teorilerinin bilinen olgularla ya da kehanetleriyle tutarlı olduğunu söylemekten gurur duyar. Ancak tutarlılığın, önemli bir koşul olmakla birlikte, bir bilimsellik kanıtı olmadığını kabul etmezler. Olgularla tutarlı olmayan bilimsel bir teori iyi bir teori değildir; ancak onun olgularla tutarlı olması da iyi bir teori olduğunu göstermez.

2. Sosyal pekiştirme, bir iddianın, bir toplumun çeşitli kesimlerince sürekli tekrarlanması sonucunda güçlü bir inanca dönüşmesidir. İddia araştırılmaz ve inancı haklı çıkaracak yeterince somut kanıtlarla desteklenip desteklenmediğine bakılmaz. Çoğu kez kitle iletişim araçları iddiaları eleştirel olmayan bir yaklaşımla destekleyerek bu sürece hizmet eder. Hatta medya, en dayanaksız iddialara bile, sınanmamış ve desteklenmemiş söylemlerle ve sorgulamadan zımni destek verir. Böylelikle sağlıksız bir zihnin ürünü olan bir hezeyan, bir topluluk tarafından benimsendiğinde bir külte, daha büyük topluluklar tarafından benimsendiğinde de neredeyse dinsel bir inanca dönüşür.

3. Küme yanılsaması, "Birlikte ortaya çıkan rasgele olaylar aslında hiç de rasgele değildir" görüşüne dayanır. Bu yanılsama da yine yanlış varsayımlara dayanan bir seçici düşünce örneğidir. Basit bir örnekle açıklarsak, para atışlarında üst üste yazı gelmesi çoğu kişinin buna bir anlam atfetmesine neden olur. Oysa 20 atışta üst üste yazı gelme olasılığı %50'dir. Bilim dünyasında "Texaslı Silahşorun Yanılgısı" adı verilen bu olgu, 2002 Nobel Ekonomi Ödülü sahibi Kahneman ve Tversky tarafından da incelenmiş, "Küçük Sayılar Yasası İnancı" olarak nitelenmiştir.

4. Doğrulanma önyargısı, yine bir seçici düşünme örneğidir. Kişinin, inançlarını doğrulayacak olguları araması ve bunlara dikkat etmesi, inandıklarını çürüten olguları gözardı etmesi ve konuyla ilgisiz sayması anlamına gelir. Örneğin, eğer her ay dolunayda müşterilerinizin şikâyetlerinin arttığını düşünüyorsanız, her dolunayda şikâyetlere odaklanırsınız, diğer günlerdeki şikâyetlere ise dikkat etmezsiniz. Ay'ın, müşterilerin şikâyetleri üzerinde etkili olduğuna ilişkin inancınız, hiçbir somut gerekçeye dayanmasa da, zaman içinde güçlenir. Öte yandan somut olgulara ve kanıtlara dayanarak oluşturduğumuz inançlarımız söz konusu olduğunda da, inançlarımızı pekiştirecek kanıtlara odaklanırız. İnandığı bir varsayımı çürüten kanıtları reddetmekse hiç kuşkusuz kişiyi katı ve dogmatik bir düşünce yapısına götürür. Araştırmalar, doğrulayıcı kanıtlara odaklanmanın zihinsel olarak kolaya kaçma eğiliminden kaynaklandığını göstermektedir.

5. Forer etkisi, insanların, çok sayıda kişiye uyabilecek bir ifadeyi kendileri için de geçerli ve isabetli sayma eğilimini ifade eder. Psikolog Bertram R. Forer, insanların bulanık ve genel tanımları, tam da kendilerini tanımladığını düşünmeye eğilimli olduklarını, aslında bu tanımın herkese uyabileceğini gözardı ettiklerini göstermiştir. Forer bir araştırmasında deneklere önce kişilik testi yapmış, sonra bu testi bir kenara bırakarak onlara aşağıdaki ifadeleri dağıtarak kendilerini ne kadar temsil ettiğini sormuş, uygunluk derecesini 0-5 arasında puanlamalarını istemiş.

"Gerçeklerle pek de uyuşmayan isteklere sahipsiniz."

"Zaman zaman dışadönük, sevecen, sosyal, zaman zaman da içedönük, çekingen ve mesafeli olabiliyorsunuz."

"Kendinizi samimiyetle başkalarına açmanın çok akıllıca olmadığını düşündüğünüz oluyor."

"Bağımsız ve mantıklı biri olmaktan gurur duyuyorsunuz ve yeterli kanıt olmadan başkalarının düşüncelerini kabul etmiyorsunuz."

"Aşırıya kaçmadıkça değişiklikten ve hareketten hoşlanıyor, sınırlamalarla karşılaştığınızda kendinizi sıkışmış hissediyorsunuz."

"Zaman zaman doğru karar verip vermediğiniz ya da doğru şeyi yapıp yapmadığınız hakkında kuşkuya kapılıyorsunuz."

"Dışardan bakıldığında kontrollü ve disiplinli görünüyor olsanız da iç dünyanızda kaygılı ve güvensiz olma eğilimi gösteriyorsunuz."

1948 yılında yapılan bu araştırmada, grubun ortalama puanı 4.26 idi. O gün bugündür bu araştırma defalarca başka bilim adamları tarafından da tekrarlandı ve her defasında deneklerden 5 üzerinden 4.2 puan alındı. İnsanların %84'ü bu ifadenin kendisini tanımladığını düşünüyordu. Benim İstanbul Üniversitesi öğrencileriyle yaptığım araştırma da, bu bulgularla uyum göstermektedir. Forer kişilik analiziyle deneklerini şaşırtmıştı, ancak denekler bu ifadenin bir gazetenin astroloji sütunundan alındığını bilmiyorlardı.

İnsanlar kendileriyle ilgili tanımları yaşantılarını anlamlandırmak için benimserler. Üstelik onlara duymak istedikleri şeyler söyleniyorsa, kabullenmeye hazır olurlar. Psikolog Barry Beyerstein bu durumu şöyle açıklıyor: "Umut ve belirsizliğin yol açtığı güçlü psikolojik süreçler, insanların karakterlerini ve geleceklerini okuyan kişilerin bu alandan ekmek yemelerini sağlamaktadır. İnsanlar her gün karşılaştıkları birbiriyle ilintisiz gibi görünen şeylerden bir anlam çıkarmaya çalışırlar. Karmaşık olaylardan anlamlı bir senaryo oluşturmak için boşlukları doldurmakta öylesine ustayızdır ki, bazen saçmalıklara bile anlam atfederiz."

6. Pragmatik yanılgı, bir şeyin işe yaradığı için doğru olduğunu savunmaktır. "İşe yaramak" çok çeşitli anlamlara gelebilir; çoğunlukla kişi bir yarar elde ediyordur ve doğru olup olmadığı onu fazla da ilgilendirmiyordur. Örneğin kişi astrolojiden, "Hoşuma gidiyor, eğlendiriyor", "Kendimi daha iyi hissediyorum", "Anlam veremediğim bir şeyleri açıklıyor", "Başaçıkmakta zorlandığım belirsizlikleri açıklıyor" gibi yararlar umabilir. Açıklamalar ile gerçekler arasındaki nedensel ilişkilerin somut kanıtlara dayanıp dayanmadığını önemsemez.

7. Kendi kendini kandırma, kişinin kendi kendini, geçersiz ve yanlış olan bir şeyin geçerli ve doğru olduğuna inandırmasıdır. Yanlış inançları haklı çıkarma çabasıdır. Örneğin, çocuğunun yalan söylemediğine inanan ve inanmak isteyen bir anne, çocuğun yalan söylediğine ilişkin somut kanıt olsa bile, onun doğru söylediğine inanmakta ısrar eder ve onu savunur. Kendi kendini kandırmak ne ahlakidir, ne de bir zekâ sorunudur. Arkasında çok çeşitli nedenler olabilir. Astrolojinin kehanetlerine inanan insanların da bu tür farklı ve çeşitli nedenleri vardır.

8. Kılıfına uydurmak, kişinin güncel bir olayı, kendi ilgi alanına, inandıklarına ve gündemine uydurmasıdır. Astrologlar da geçmişteki kehanetlerini doğrulamak için güncel olayları kanıt gösterirler. Bu çok güvenli bir yoldur çünkü yanlış olduğu kanıtlanamadığı gibi, çoğu insan bir olay olup bittikten sonra, onu geçmişteki bir iddianın kanıtı gibi göstermenin ne kadar kolay olduğunun farkında değildir. Hele iddianızı geniş bir yayılım içinde ve yoruma açık ifade etmişseniz, artık her kılıfa uydurabilirsiniz; İslamcı kesimin, Gölcük depremini yıllardır uyardıkları günahkârların cezalandırılması olarak nitelemesi gibi.

9. Tekil varsayımı, bir kişinin, teorisiyle uyuşmayan bir olguyu saf dışı etmek için başvurduğu bir yöntemdir. Sözde bilimciler kehanetleri sarsıldığında bu yöntemi sıklıkla kullanır. Kendilerine karşı çıkanları inançsızlıkla suçlar, önyargılı ya da tutucu, kötü niyetli ya da çekemez oldukları için tek tek istisnai durumlara odaklandıklarını söyler. Öne sürülen kanıtların kendi teorilerini çürüten bir görüş olduğunu görmeyip, farklı bir kategori olduğunu iddia eder. Astrologlar, astrolojinin bilimselliğini kanıtlamak için istatistiklere başvurur. Oysa istatistiklerin bilimsel analizi her zaman iddiaları doğrulamaz. O zaman da verilerin iddialarıyla çelişmediğini, başka nedenlerden, örneğin başka gezegen etkilerinden kaynaklandığını savunmaktan kaçınmazlar.

Konuya bu kadar ayrıntılı yaklaşmamızın nedeni şudur: Bugüne kadar farklı niteliklerdeki birçok seminer ve toplantıda, astrolojik tanım ve öngörülerin geçersizliği ve burçların insan hayatında hiçbir şeyi belirlemediği konusundaki görüşlerimin dinleyicilerde hayal kırıklığı ve rahatsızlık yarattığını fark ettim.

Astrolojinin bir inanç konusu olduğunu gördüm. İnançla ilgili konular insan bilincinin en derinlerinde yer almakta ve her türlü mantıklı kanıta direnmektedir. Öyle ki, konuyu biraz abartırsam, bu durum bir kişinin ileri sürdüğü gerekçeler ile diğerinin dinini veya tuttuğu takımı veya milletini değerlendirmeye ikna etmeye çalışmasına benzemektedir.

İş hayatı rasyonel temellere dayansa da, temelde yatan bu inanç, kaçınılmaz olarak her türlü şüphenin astrolojinin lehine yorumlanmasına yol açmaktadır. Buna bir de astroloji konusunda "uzman" olan bazılarının, hiç durmadan konuşmaları ve birbiriyle ilgisiz bilgi ve konuları kendi görüşlerinin kanıtıymış gibi sunmalarıyla yarattıkları kafa karışıklığı ve kirlilik de eklenince, bilimsel temellere dayalı eğitim almış olanların dahi zihinlerine şüphe tohumunu ekmeleri zor olmamaktadır. Bir de bunlara araya sıkıştırılan ve nereden çıktığı, ne anlama geldiği belli olmayan kuantum fiziği ve bilimsellik iddiaları da eklenince ipin ucu iyice kaçmaktadır.

Yüzyıl önce bilimsel kriterlerle açıklanamayan birçok konu daha sonra bilimin sınırlarına girmiştir. Bu nedenle bilim adına da doğmatik ve katı olmamak gerektiğine inanıyorum.

Belki ilerde bir gün, gökyüzü olaylarının bir şekilde yeryüzünde olan biteni bir ölçüde etkilediği ortaya konacaktır. Ancak bu durumun, günümüzdeki astrologların haritaları, yöntemleri ve iddialarıyla uzaktan yakından ilgisi olmayacağı muhakkaktır. Bu nedenle çalışmak için iş arkadaşı seçerken, adayın su veya karayla ilgili bir burçtan olmasına veya yükselen ve alçalan yıldızına bakmak yerine; beceri ve yetkinliklerine, kişisel değerlerine ve bunları ölçen -bu kitapta ayrıntılı olarak anlatılan- bilimsel yöntemlere itibar etmek ve onlardan yararlanmak, bugün sahip olduğumuz bilgiler açısından çok daha gerçekçidir.

VI. BÖLÜM

Performansı Öngörmek: Değerlendirme Merkezi

Çok Yönlü Değerlendirme

İş hayatının en ironik çelişkilerinden biri, herkesin başarısız olacağı son noktaya kadar terfi etmesidir. Bu uygulamanın en yaygın örneği, başarılı bir satış elemanının bölge müdürlüğüne terfi ettirilmesidir. Oysa satış gibi tek boyutlu bir görevin başarılı bir şekilde yapılmasıyla bir ekibi yöneterek sürdürülebilir başarı elde etmek çok farklı özellikler gerektirmektedir. Değerlendirme merkezleri (DM) bu tür çelişkileri ortadan kaldırmaya yarar: Bir yandan çalışanların uygun olmadıkları pozisyonlara getirilerek boşu boşuna başarısızlık duygusu yaşamalarını önler, bir yandan da iş sahiplerini maddi ve manevi kayıplardan korur.

Yirmi beş yıla yaklaşan danışmanlık tecrübelerim sırasında sık rastladığım bir başka olgu da, özellikle patron şirketlerinde iş sahiplerinin, yıllar önce birlikte yola çıktıkları, aynı değerleri paylaştıklarından emin oldukları kişilere en sorumlu mevkileri teslim etmeyi doğal saymalarıdır. Oysa değişen dünyayı doğru okumak ve işi ileriye taşımak için patronun güvenini kazanmış olmak yeterli midir? Birlikte yola çıkılan kişiler, gerçekten de işi en iyi yapacak olan kişiler midir?

Türk Kültürü ve Değerlendirme Merkezi

Yukarıdaki sorulara en güvenilir cevapları, son on yıl içerisinde büyük gelişme göstermiş olan DM'ler vermektedir. Çünkü DM uygulamaları **birden çok sayıda yetkin değerlendiricinin bir araya gelerek adayları çok farklı açılardan, birden çok uygulama içinde gözlemlemesine** dayanır. Uygulama sonrasında değerlendiriciler bir araya gelir, adayla ilgili gözlem ve yorumlarını enine boyuna tartışır ve ortak bir sonuca varır. Bu niteliğiyle DM yöntemi, Türk kültüründe yüzyıllar öncesine dayanan bir yönetim anlayışı ve danışma geleneğinin sistematik ve çağdaş bir uygulaması gibidir. Adil ve hak edilmiş bir seçme sürecinin koşullarını içinde barındırır. Kaldı ki Osmanlı Devleti de, fethettiği topraklardan devşirme olarak başkente getirdiği seçkin çocukları, DM ilkelerine çok benzeyen yöntemlerle belirlerdi.

1980'li yıllarda DM'ye duyulan ihtiyacın öngörülemeyecek ölçüde artmasının birkaç önemli nedeni var. Bunların başında, **yüksek rekabet ortamında başarılı olacak kişilerin, birden çok özelliğe sahip olma zorunluluğu** gelmektedir. Bu çeşitliliği tek bir ölçme aracıyla ya da yalnızca yüz yüze görüşmeyle değerlendirmek mümkün olmamaktadır. Artık kişiye çok farklı açılardan bakabilen, onun da kendini farklı biçimlerde ortaya koyma fırsatı bulacağı, çok yönlü değerlendirme ortamları gerekmektedir. Örneğin, bir üst düzey yöneticinin vizyonunu veya hat işçisinin Kaizen'e katkı derecesini yalnızca test ve görüşme yöntemiyle öngörmek kolay değildir. Benzer şekilde, bir satış elemanı için sosyallik, ilişki yönetimi ve hırs, aranan özellikler olmasına rağmen, uzun dönemdeki başarısının, proaktif davranış, analitik ve stratejik düşünceye dayandığı görülmektedir. Bu öncelikler ancak DM aracılığıyla ortaya koyulabilmektedir.

Başarılı Bir Değerlendirme Merkezi İçin Mesleki Disiplin

Bir DM uygulamasının amacına ulaşması için temel koşullar şunlardır: Etik olması, yetkin değerlendiriciler tarafından uygulanması, kurgulama metodolojisinin iş analizinin bilimsel ilkelerine uygun olması.

Değerlendiricilerin psikolojik danışmanlık disiplininden gelen, özellikle de Rogers ve Maslow'un insan-merkezli yaklaşımını benimsemiş, kişiye olumlu yaklaşan bir tutum içinde olması, DM'nin temel dayanağıdır. Yoksa internet üzerinden bir tıkla ulaşılan çok sayıda simülasyon ve vaka çalışmasından edinip, şirket içinde bir çırpıda "sözde DM" düzenlemek işten bile değildir.

Bir başka risk, hazır simülasyonların kullanımında kültürel farklılıklardan kaynaklanır. Örneğin, "inisiyatif" boyutunu yansıtan davranışlar toplumdan topluma ve hatta sektörden sektöre değişmektedir. Dolayısıyla hedeflenen boyutu temsil eden davranışların belirlenmesi ve bu davranışları ortaya çıkaran simülasyonun tasarlanması uzman yetkinliği gerektirir.

DM uygulamaları, son derece ciddi sonuçları olan, bilimsel temele dayanan ve üst düzeyde mesleki yeterlilik gerektiren uygulamalardır. Bu uygulamalara bir kere tanık olup bunu kendisinin de yapacağını düşünmek, sağlık memurunun hekimin, diş teknisyeninin diş doktorunun yerini alabileceğini düşünmesi gibidir.

Değerlendirme Merkezi Aşamaları

Yasemin Duman

Değerlendirme merkezi deyince, nedense birçok kişinin aklına hâlâ, kapısında "Değerlendirme Merkezi" yazılı bir tabela bulunan bir mekân geliyor. Oysa DM bir mekân değil, bir yöntem. Bu yöntemle değerlendirilen adaylar, genellikle (yöneticiler, İK profesyonelleri ve psikologlardan oluşan) bir heyet tarafından gözlemleniyor, daha sonra her gözlemcinin notu bir havuzda toplanıyor ve değerlendiriliyor.

DM, ortak özellikleri olmakla beraber, kurum ihtiyaçları ve amaçları doğrultusunda, kuruma özgü bir yapıda tasarlanır. Çoğu zaman hiçbiri diğerine benzemeyen DM uygulamaları, bütün farklılıklarına rağmen ortak bir dizi ilkeye bağlı olarak ve ortak bir model doğrultusunda yapılandırılır. Başlıca sekiz aşamadan oluşan bu modelin adımlarını tek tek incelediğimizde, DM'lerin sistematik ve güvenilir bilgi üretmesinin nasıl bir disipline bağlı olduğu daha iyi anlaşılacaktır. DM aşamalarını aşağıdaki gibi sıralayabiliriz:

1. İhtiyaç belirleme: Bütün sürecin etkinliğini belirleyen en önemli aşama, ihtiyacın belirlenmesidir. İhtiyacın belirlenmesi, DM'de ele alınacak pozisyon belli olduktan sonra, pozisyonun temel gerekliliklerinin, performans kriterlerinin, bu pozisyona en uygun kişilik özelliklerinin ve yetkinliklerin tanımlanmasını içerir.

Bunların yanı sıra, başarılı bir DM uygulaması için kurum kültürü ve ikliminin, kurumda yazılı olan ve olmayan kuralların, iş yapış biçimlerinin ve yönetim tarzının bilinmesi gerekmektedir.

2. Yöntem belirleme: Değerlendirme yönteminin ihtiyacı karşılayacak bütün yetkinlik ve özellikleri karşılaması önemlidir. Her yöntem, her pozisyon ve kurum için uygun özellikleri taşımayabilir. Bu sebeple bir kurum ve pozisyon için çok açıklayıcı olan uygulama ya da vaka, bir başkası için uygun olmayabilir.

Buz kırıcı niteliği taşıyan başlangıç uygulamalarında, her pozisyon için uygun olan "zaman kullanımı", "ekibi etkileme", "planlama yapma", "amacı anlama" ve "sonuca odaklanma" gibi genel yetkinliklerle ilgili bilgi alınabilmektedir. Ancak pozisyona özgü boyutları belirlemek için, "sorunu anlama ve buna uygun çözüm üretme", "analiz etme", "doğru yargıya varma", "yönetim yetkinliklerini doğru kullanma", "geribildirim alma ve verme" gibi yetkinlikler, kuruma ve işe özel geliştirilen vaka çalışmalarında ortaya çıkmaktadır.

Bu aşamada verilmesi gereken en önemli kararlardan biri, jenerik (genel) vaka ile kurumun ve pozisyonun özelliklerine uygun olarak hazırlanmış vaka arasında yapılacak olan seçimdir. Jenerik vakalar pozisyonla doğrudan ilgili olmayan, ancak genel yetkinliklerin ölçülmesini amaçlayan durumlar içerir. Özel vakalar ise, pozisyona ve işe göre özel hazırlanmış, işin kendi özel zorluklarını ve yetkinliklerini içeren durumlar üzerine kurulmuştur. Jenerik vakalar, kişilerin genel özeliklerinin ve yetkinliklerinin değerlendirilmesini sağlar. Özel olarak hazırlanmış vakalar kişinin, kurumun iş yapma ve yönetim biçimlerine uygunluğunu ve pozisyonun gerektirdiği özel yetkinliklere sahip olup olmadığını değerlendirir.

3. DM'nin amaçlarının duyurulması: Değerlendirme duyurusu, genellikle yönetim tarafından gözardı edilen ve gerekli titizliğin gösterilmediği bir aşamadır. Katılımcının, nasıl bir süreçten geçeceğini, sonuçların hangi amaçlarla kullanılacağını, kimlerle paylaşılacağını bilmesi gerekmektedir. Böylece kişi DM'de kendini rahat hissedecek ve daha etkin performans gösterecektir. Özellikle şirket içerisinde yapılan yetkinlik taramalarında, duyurunun genel müdür ve İK yöneticisi tarafından yapılması ve sonuçlarının gelişim amaçlı değerlendirileceğinin açıklanması, katılımcıların rahatlamasını ve gerilmemesini sağlayacaktır.

4. Değerlendiricilerin seçilmesi ve eğitimi: Değerlendirme sürecinin yönetilmesi uzman gözlemcilerin sorumluluğu altında olmalıdır. Ancak şirket içi terfilerde ve dışarıdan aday alımlarında yöneticilerin ve İK uzmanlarının bulunması, değerlendirmenin geçerliliğini ve adayın farklı açılardan gözlenmesini sağlayacaktır.

Psikoloji disiplininden gelen ve örgüt davranışı konusunda uzman danışmanlar, yetkinlikleri, kişilik özelliklerini ve bunların davranışsal göstergelerini isabetle yorumlar. Şirket yöneticileri ise adayın problem çözme tarzını, iş yapma biçimini ve bunun kurum kültürüne uygunluğunu değerlendirir. İK uzmanlarının da gözlemciler arasında yer alması, adayların kurumsal değerler ve hedeflerle uyumlu performansını öngörme olasılığını artırmaktadır. Değerlendirme süreci başlamadan önce yöneticilerin ve hatta İK uzmanlarının değerlendirme yöntemine uyum sağlamış olmaları, aranan yetkinlikleri ve davranışsal göstergeleri ve bunu nasıl ölçeceklerini bilmeleriyle mümkün olmaktadır. Kişinin sadece kendi gözlüğünden bakarak yola çıkması, değerlendirmenin objektifliğini bozacaktır.

Psikoloji kökenli danışmanların, davranış ile yetkinlikler ve kişilik özellikleri arasındaki bağlantıyı kurmada ve adaylar arasındaki farkları görmede önemli katkıları olduğu görülmektedir. Yöneticilerin ise özellikle kendi ekiplerinde görev alacak kişileri değerlendirirken, kendileriyle benzer özellikler gösteren, ekip uyumunu da bozmayacak kişilere eğilimli oldukları gözlenmektedir. Bu kaygının performansı öngörmenin önüne geçtiği durumlarda İK uzmanlarının kurumsal bakış açısını gündeme getirmeleri dengeleyici bir etki oluşturmaktadır. İK profesyonellerinin, kurumu temsil rollerinin yanı sıra yöneticiler ile danışmanlar arasındaki köprüyü kurarak, değerlendirme merkezlerinin daha çok düzenleyici sponsoru olarak görev almaları, uygulamanın etkinliğini artırmaktadır.

5. Değerlendirme sürecinin yürütülmesi: Değerlendirmede gözlemcilerin rolü, en az adayın rolü kadar ön plana çıkmaktadır. Gözlemciler, üstlendikleri rolün sınırlarını aşan duygu ve düşüncelerini belli etmeden ve sürece karışmadan, sadece gözlemlemek üzere orada bulunmaktadır. Önemli olan, adayın, DM içerisinde kendini ifade etmek ve ortaya koyabilmek için yeterli zamana sahip olmasıdır. Özellikle yöneticilerin müdahale istekleri ne kadar yoğun olursa olsun, bu süreçte katılımcılar kendileri ve gruptaki diğer adaylarla baş başa kalmalıdır.

6. Raporlandırma: Altıncı aşama ise adayların değerlendirilmesi ve raporlandırılmasıdır. Bu aşamada DM'nin hemen ardından, adaylarla ilgili izlenimler henüz hafızalarda tazeyken, yöneticilerin ve gözlemcilerin bir araya gelmeleri, gözlem ve yorumları paylaşmaları, tartışmaları ve genel olarak adayları değerlendirmeleri önemlidir. Bundan sonra da bireysel ve grup raporlarının hazırlanması ve gelişim önerilerinin belirlenmesi, uzman gözlemcilerin sorumluluğundadır.

7. Bireysel geribildirim: Geribildirim iki aşamada verilir. Yöneticilere yönelik olan birinci adımın amacı, grubun genel özelliklerini belirlemek ve genelde grubun güçlü ve gelişmesi gereken özelliklerine işaret ederek, gelişim alanlarıyla ilgili öneri ve planları hayata geçirecek adımları atmaktır. Bu aşamada bireylere verilecek geribildirimin anahatlarını ve kuruma uygunluğunu belirlemek de önem taşır. Bireylere yapılacak geribildirim, DM'yle ne kadar yakın bir tarihte yapılırsa o kadar etkili olur. Sergilenen davranışların somut olarak ortaya konması ve değerlendirme ile gerçek hayat arasındaki bağlantının aday tarafından fark edilmesinin sağlanması çok önemlidir.

8. Gelişim eylem planının yapılması: Son yıllarda giderek daha yoğun olarak, değerlendirme merkezlerinin aynı zamanda geliştirme merkezi niteliği taşıması, katılımcıların mesleki gelişimine katkıda bulunması üzerinde durulmaktadır. Geribildirimler bu amacın birinci aşamasını oluştururken, ikinci aşamada da gelişim eylem planları, gerekirse eğitim programları oluşturulmalı ve kurum tarafından da izlenerek desteklenmelidir.

Değerlendirme Merkezinde Bir Gün

Tipik bir DM uygulaması, aşağıdaki gibi gelişti:

Bir pazartesi sabahı, bir üst pozisyona terfi ettirilecek şeflerden oluşan 12 katılımcı, gözlemci olarak görev yapacak yöneticiler ve İK ekibinden oluşan altı kişi ve bir idareci, bir otelde bir araya geldiler. Değerlendiriciler daha önce eğitimden geçmiş, katılımcılara da karşılaşacakları uygulamayla ilgili bilgi verilmişti. İdareci, herkesi tanıştırdı, düzenle ilgili bilgi verdi ve program saatlerini bir daha hatırlattı.

İki gün boyunca, katılımcılar bir dizi durumsal alıştırmaya katılacak ve değerlendiriciler tarafından gözlemlenecekti. Katılımcılardan altısı bir grup problem çözme durumuna katılacak, diğer altı kişi kurumsal bir problemle ilgili bireysel vaka çalışması yapacak ve yazılı birer rapor hazırlayacaktı. Daha sonra tüm katılımcılar, performans problemi olan bir çalışanla performans görüşmesi yapacak, operasyonları iyileştirmek için alınacak önlemler konusunda bir sunum gerçekleştirecek, çalışanın masasında birikmiş olan işleri tamamlayacaktı.

Değerlendiriciler alıştırmaları gözlemledi ve not tuttular. İzlemekle yükümlü oldukları katılımcının karar verme tarzı, insanlarla ilişkileri ve iletişim becerileri hakkında her alıştırmadan sonra yazılı bir rapor hazırladı. Katılımcılar dönüşümlü olarak gözlemlendi; her katılımcı en az üç farklı kişi tarafından gözlenmiş oldu.

İki gün sonra katılımcılar işlerine döndü, değerlendiriciler ise iki gün daha bir arada çalışarak gözlemlerini ve raporlarını tartıştı, her katılımcı hakkında yorumlarını paylaştı. Tartışmadan sonra değerlendiriciler her adaya, her performans boyutu üzerinden 1'den 5'e kadar puan verdiler. Değerlendirmeler bir tabloya dönüştürüldü. Farklı görüşlerde uzlaşma sağlanana kadar tartışmalar devam etti. Her adayın bir yönetici olarak başarı olasılığı üzerinde hemfikir olunana kadar konuşuldu. Adayların gelişim ihtiyaçları belirlendi, eksiklerin giderilmesi için yapılabilecek tavsiyeler belirlendi.

Daha sonra her katılımcıya performansıyla ilgili yazılı ve sözlü bir rapor verildi. Ayrıca terfi kararını verecek üst düzey yöneticilere de rapor sunuldu. DM eğitim ihtiyaçlarını belirlemek amacıyla yapılmışsa, katılımcı ve yöneticisiyle birlikte bir geribildirim toplantısı ve eylem planı yapıldı.

Görüldüğü gibi DM uygulamasında en kısa süreyi uygulamanın kendisi alır. Eğer uygulama öncesi planlama aşamasına yeterli zaman ayrılmaz, gerekli çalışmalar yapılmazsa, uygulama sonrasında da sonuçların kullanılmasında ve geribildirimde gerekli özen gösterilmezse DM'den beklenen sonuçlara ulaşmak mümkün olmayacağı gibi ortaya çıkacak sonuç İK'nın itibar kaybetmesine de neden olacaktır.

Değerlendirme Boyutları

Değerlendirme merkezlerinde gözlemlenen ve değerlendirilen katılımcı özelliklerine, boyut diyoruz. Boyut, belirli davranışlardan oluşan ve tutarlı bir biçimde gözlemlenebilen davranış kümesidir. Değerlendiriciler tarafından doğru gözlenmesi ve yorumlanması için boyutun ayrıntılı tanımı şu ögeleri kapsamalıdır: Boyutu oluşturan davranışların tanımı, bu davranışların hangi koşullarda ortaya çıktığı ve hangi katılımcının o davranışı hangi etkinlikte sergilemesinin beklendiği.

Hangi boyutların değerlendirileceği kararı DM'nin amaçlarına bağlıdır. DM'yle hangi iş rolü ve görev mercek altına alınacaksa, o iş rolünü temsil eden boyutlar saptanır ve değerlendirmede kullanılır. DM'yi düzenleyen İK yöneticileri, önce elde edilecek verilerin hangi amaçlarla kullanılacağını açıkça ifade edebilmelidir.

Hedeflerin en baştan belirlenmesi, değerlendiricilerin neyi gözlemleyeceğini, gözlemlerini nasıl anlamlandıracağını, nelere dikkat edeceğini belirler. DM'nin amacı katılımcının genel davranışlarını değerlendirmekse, değerlendirici duruma o açıdan bakacaktır; amaç baskı altında karar verme davranışı ise, değerlendiricinin bakış açısı da değişecektir. O halde değerlendiricinin amaca yönelik gözlem ve yorum yapabilmesi için, amaçlar ile boyutlar uyumlu olmalıdır.

Amaçlar ile boyutların birbirini tutmadığı durumlara sık rastlanır. Bazı DM'ler işbaşında kolaylıkla öğrenilebilecek bilgi ve becerileri de değerlendirmeye alır. Eğer DM'nin amacı, mevcut beceri ve yetkinliklerin düzeyini belirlemekse, böyle bir tasarım uygundur. Bir kamu kuruluşu, adayın belirli kural, yönetmelik ve usulleri bilip bilmediğini görmek isteyebilir. Ya da bir imalatçı, işe alacağı ustabaşının belli makineleri doğru kullandığından emin olmalıdır. O zaman iş benzeri bir örnek durum yaratılır ve adayın bilgi ve beceri düzeyi değerlendirilir. Ancak işletmelerde yöneticiler, en çok da yeni bir pozisyonla ilgili gelişme potansiyeline sahip adayları belirlemek için DM yöntemini kullanmaktadır. Böyle bir durumda adayların bildikleri ve yapabildiklerinden çok, öğrenebilme ve yapabilme potansiyelini değerlendirmek daha anlamlı ve yararlı olacaktır.

Öte yandan tanı koymayı amaçlayan DM'ler, "geliştirilebilir" becerileri ölçmeyi amaçlar. Geliştirilebilir beceriler, gerek kişi gerekse kurumun makul bir çabasıyla oldukça kısa bir sürede iyileştirilebilecek olan becerilerdir.

Böyle bir DM sonundaki geribildirim sırasında, katılımcıya hangi eğitimlerin önerileceği, yöneticisine onu geliştirmesi için hangi tavsiyelerde bulunulacağı planlanmalıdır.

Alıştırma Türleri

DM uygulamalarında kullanılan alıştırma ve teknikler, amaca ve pozisyona göre seçilmelidir. Seçme, terfi ve gelişim amaçlı değerlendirme merkezlerinde seçilecek teknikler birbirinden farklı olmalıdır. Program oluşturulurken, birden fazla yöntem bir arada kullanılır. Değerlendirme merkezlerinde en yaygın kullanılan alıştırma türleri şunlardır:

- Vaka çalışması: Adayların kısıtlı süre içinde verilen vakayı doğru anlayıp yorumlamaları, analiz etmeleri ve çözmeleri beklenmektedir. Bu çalışma, analitik beceri, problem çözme, somut verileri kullanabilme, etkileme ve ikna etme gibi yetkinliklerin belirlenmesinde önemli rol oynar.
- Tasarım oyunları: Amaç, adayların bir yönergeyi anlamaları, ekip olarak çalışmaları ve sonuç almalarıdır. Tasarım oyunları zaman kontrolü, problem çözme, az bilgiyle karar verip sonuca ulaşma, ekip çalışması, yönlendirme yol gösterme, etkileme ve ikna etme gibi yetkinlikler hakkında çok önemli veriler sağlar.
- Canlandırma: Katılımcılara belli bir görev ve rol verilerek canlandırma yapmaları istenir. Bu yöntem, baskı ve stres altında çalışma, etkileme ve ikna etme, olumlu-olumsuz geribildirim verebilme gibi yetkinliklerin gözlemlenmesini sağlar.

- Sunum: Sunum sırasında adayların gözlemcilerden gelebilecek sorulara hazır olması ve stres altında bu sorulara hızlıca çözüm üretmesi gerekmektedir. Adayın, kendini ifade, kendine güven, etkileme ve ikna etme gibi yetkinliklerinin gözlemlenmesine imkân vermektedir.
- Bekleyen işler: Aday olunan pozisyona bağlı olarak kişiye, masasında bekleyen işler listesi verilir. Adaylarda öncelik belirleme, zaman baskısı altında performans gösterme, karar alma, delege etme gibi kriterlerin gözlemlenmesine olanak sağlar.
- Bireysel görüşme: Terfi ve seçme süreçlerinde kullanılmaktadır. Davranışşal ikili görüşme yöntemiyle adayların yetkinlikleri ve pozisyonun gereklerini yerine getirip getiremeyeceği sorgulanır.

Grup çalışmaları, uzman düzeyindekilerin değerlendirilmesinde zaman ve maliyet açısından tercih edilirken, üst kademelere doğru yükseldikçe bireysel değerlendirmeler ön plana çıkmaktadır. Lievens tarafından bildirilen araştırma sonuçlarına göre alıştırma türlerinin kullanılma oranları şöyledir:

Bireysel alıştırmalar: Bekleyen işler (%82), vaka çalışması (%49)

İkili alıştırmalar: Rol oyunu (%54)

Grup önünde birey alıştırmaları: Sunum (%46), veri toplama (%38)

Grup alıştırmaları: Serbest grup tartışması (%59), rol atamalı grup tartışması (%44)

Bütün bu alıştırmalar, DM'ye konu olan iş örnek alınarak tasarlanır ve pozisyonun gerektirdiği beceri ve yetkinlikleri yansıtacak şekilde oluşturulur. Dolayısıyla doğrudan doğruya kişinin aday olduğu işte gerekli olan özelliklerine odaklanılır. Aynı zamanda kişinin, potansiyelini, bilgi ve becerisini, kişilik özelliklerini yansıtabileceği farklı ortamlar yaratılmış olur.

Boyut Sayısı

İlk DM'ler, bazen sayıları 100'ü bulan çok sayıda boyutu gözlemlemeye çalışıyordu. Daha sonraları bu boyutların bazılarının zaten birbiriyle örtüştüğü ve neredeyse aynı olduğu, bazılarının da hedeflenen görevle doğrudan ilişkili olmadığı fark edildi. Ayrıca bu kadar çok sayıda davranışı gözlemlemenin sağlıklı olamayacağı görüldü. Son yıllardaki araştırmalar, en uygun ve sağlıklı sayının, alıştırma başına, gözlemlenebilir 4-5 adet boyut olduğunu göstermiştir. Yine de şirketlerin ortalama 11 boyut değerlendirdiğine, hatta bazılarının 18 boyuta kadar çıktığına tanık olunmaktadır.

Boyutların belirlenmesinin ilk adımı, titizlikle yürütülen bir iş analizidir. Bir işin sistematik analizinde ele alınan yedi temel değişken vardır: Pozisyon fonksiyonlarının sonuçları, görev ve sorumluluklar, pozisyonun diğer/bağlantılı etkinlikleri, pozisyonu etkileyen dış değişkenler (müşteri, piyasa, rekabet...), pozisyonu etkileyen iç değişkenler (yönetici, eşitler, astlar, kurum kültürü...), kritik başarı faktörü, bilgi ve beceriler.

Bu değişkenler çıkarıldıktan sonra istenen sonuca götürecek tutum ve davranışlar, kurum ve müşteri ihtiyaçlarıyla bağlantılı olarak ele alınır.

DM uygulamalarında adaylar, içinde bulundukları rollerden sıyrılır, değerlendirilmekte olduğunu unutur ve gerçek iş performansına yönelik önemli bilgiler verir. İyi planlanmış ve doğru yapılandırılmış DM, iş davranışlarını bütünsel olarak öngörme olanağı veren değerli bir yöntemdir.

Değerlendirme Merkezi ve Psikometrik Ölçümler

Dilek Dicleli

İş performansını belirleyen dört temel yetkinlik alanı, aynı zamanda kişinin gelişim ve terfi imkânlarının belirlenmesinde de önemli rol oynar.

Bunlar;

1. İş bilgi ve becerisi

2. Liderlik becerisi (karar verme, inisiyatif alma, ekibi aracılığıyla sonuç alabilme)

3. İlişki kurma becerisi (dinleme, karşısındakinin duygularını anlama, zorlamadan ve zorlanmadan olumsuz geribildirim verme, ikna etme)

4. Kendini tanıma ve yönetme becerisi (stresle ve olumsuz duygularla başaçıkma, güçlü ve zayıf yönlerinin farkında olma)

Araştırmalar, yukarıdaki yetkinlik alanlarından iş ve liderlik becerilerinin diğerlerine oranla daha kolay geliştirilebildiğini göstermektedir. Öte yandan geliştirilmesi en zor ve zaman alan yetkinlikleri kapsayan kişilerarası ilişki becerileri ile kendini tanıma yönetme becerileri, kişinin kariyer basamaklarında ilerlemesinde o oranda belirleyici rol oynar. Fevri, olumsuz duygularıyla başaçıkamayan, kendini ifade edemeyen, dolayısıyla hep yanlış anlaşıldığından şikâyet eden, ilişki yönetiminde başarısız, olumsuz geribildirim verirken astlarını kırıp geçiren kişilerin başarılı bir kariyer yönetimi yapmaları mümkün olmamaktadır. Dolayısıyla işe yansıyan, **performansı belirleyen davranışların çoğunun ardında kişilik özellikleri vardır**.

Aday çalışanın işteki potansiyelini doğru öngörmek ve tanımlamak için yapılan çok yönlü değerlendirmeler daha gerçeğe yakın bulgulara ulaşılmasını sağlar. Psikometrik ölçümler bilişsel yetenekleri ve kişilik özelliklerini ortaya çıkarmaya yararken DM yöntemi işle ilgili tutum ve davranışların sergilenmesine olanak verir. Bu anlayış doğrultusunda psikometrik ölçümler ile DM'nin birbirini tamamlar ve destekler biçimde kullanılmaları, amaca daha uygun sonuçlara götürmektedir. Nitekim uygulamalarımızda da, kişilerin güçlü yönleri ve gelişim alanlarını belirleme aşamasında, kişilerarası ilişki becerileri ve kendini tanıma ve yönetme becerilerinin, daha sıklıkla gelişim alanı olarak öne çıktığını görmekteyiz.

Psikometrik ölçümler, kişiyle ilgili "günlük hayattaki davranışları nelerdir?", "baskı ve stres altında davranışları performansını ne yönde etkilemektedir?", "değerleri nelerdir?" gibi soruların cevaplarına ilişkin bilgi vermektedir. Psikometrik ölçümlerle, kişinin belli durumlardaki davranış kalıplarıyla ilgili veri toplanmaktadır.

DM'de ise vaka çalışmaları, tasarım oyunları, canlandırma aracılığıyla bu davranış kalıplarının hangi davranışlara dönüştüğü ve bunların kişinin başkalarıyla etkileşim halindeyken nasıl hayata geçtiğiyle ilgili bilgilere ulaşılmaktadır. Böylece kişilerarası ilişki ve kendini tanıma ve yönetme becerileriyle ilgili olarak kişiye ait, farklı perspektiflerden çekilmiş, net bir fotoğraf albümü oluşturulabilmektedir.

Örneğin psikometrik testler, adayın genellikle fevri, olumsuz duygularla başaçıkamayan, eleştiri kabul edemeyen bir kişi olduğuna işaret edebilir. Bu kişiyi DM'ye alır, ona yüksek stres taşıyan bir canlandırma uygularsanız, testte görünen özelliklerin davranışsal göstergeleriyle karşılaşırsınız. Ya da psikometrik test sonuçları kişinin dinleme becerilerinin zayıf olduğunu, sır tutmakta zorlanabileceğini gösterebilir. Vaka tartışmalarında aynı kişinin kontrolünü kaybedip, durumu kendi şirketiyle özdeşleştirerek, şirket sırlarını rahatlıkla veri olarak kullandığına tanık olabilirsiniz.

Özellikle terfilerde, üst yönetimin, belirlediği adaylarla ilgili genellikle olumlu yargılara sahip olma eğiliminde olduğunu sık sık gözlemlemekteyiz. Ancak testler ve DM uygulamalarında elde edilen sonuçlar ve karar verici yöneticilerin bizzat bu uygulamalarda bulunarak göz tanığı olmaları, olası yanılgıları önlemede etkili olmaktadır.

Somut ve gözlemlenebilir davranışlar, yöneticilerin ikna olmalarını, dolayısıyla yanlış adayları terfi ettirmelerini engellemektedir.

Geribildirim seanslarında da, kişilik özellikleri ile DM'den elde edilen sonuçlar bir arada sunulduğunda, adayın gelişim alanlarını fark etmesi ve ikna olması çok daha kolay olmaktadır.

İşe alım ve yükseltmeler, gerek bireyler, gerekse kurumlar açısından büyük önem taşır. Yanılgıların yüksek maddi ve manevi bedelleri vardır. Bu sebeple, değerlendirmeler ne kadar çok yönlü olur ve farklı açıları kapsarsa, gerçeğe yakın bilgiye ulaşma ve doğru karar verme olanağı o oranda yükselir. DM uygulamalarının psikometrik testlerle desteklenmesi, bu yüzden çok önemlidir.

Değerlendiricinin Değeri

DM'lerin kalitesi, üzerinde ciddiyetle durulması gereken bir konudur. İnsan kaynaklarının "insan"ına ilişkin işleri titizlikle yapma zorunluluğu vardır. DM çalışmaları, işe alım, yükseltme, yedekleme gibi konularda uygun kişiyi seçme görevini üstlenir. Bu çalışmalarda sürecin hazırlanması, seçim araç ve yöntemlerinin belirlenmesi kadar kritik olan bir diğer konu da değerlendirici yetkinliğidir.

Değerlendirici Özellikleri

Değerlendiricilerin özellikleri, yaş, cinsiyet, temel eğitim, yaptığı işin niteliği, iş deneyimi gibi açılardan bakıldığında farklılık göstermektedir. Değerlendirme sürecine katılan değerlendiricilerin, çalışma sırasında verdikleri puanları nasıl etkileyebileceği konusunda yapılan araştırmalar oldukça sınırlıdır. Lowry, ileri yaş ve üst pozisyonlarda görev yapan değerlendiricilerin, genç ve yeni yöneticilere kıyasla daha yüksek puan verme eğiliminde olduklarını saptamıştır. Puanlar üzerinde, az da olsa gözlemcinin cinsiyeti de etkili olabilmektedir. Burada en doğru puanlamanın yöneticiler tarafından değil, psikolog olan değerlendiriciler tarafından gerçekleştirildiği bilinmektedir. Psikoloji disiplininden gelen ve örgüt davranışı konusunda uzman danışmanlar, yetkinlikleri, kişilik özelliklerini ve bunların davranışsal göstergelerini en doğru şekilde yorumlar. Diğer değerlendiricilerin de bu açılardan beslenmesi gerekir.

Değerlendiricilerden beklenenler, bilgi ve yetkinlik düzeyindedir. Bunlar, süreçle ilgili net bilgi ve uygulama sırasındaki tutumla ilgili yetkinliktir. Bilgi düzeyinde olanları kazandırmak daha kolaydır. Aşağıdaki liste, değerlendiricinin sahip olması gereken özellikleri özetlemektedir:

- Kurumsal işleyiş ve beklentilerinden haberdar
- DM uygulama ve sürecine bağlı
- Davranışsal göstergelerin "neden"leri ve "etki"leri konusunda donanımlı
- Dinleme ve gözlemleme disiplini olan
- Sistematik düşünebilen
- Ayrıntıları izleyen, ilgisini adaya odaklayabilen
- Duygu yansıtmayan, beden diline hâkim olabilen
- İnsan odaklı, empati kurabilen
- Önyargısız değerlendirme yetisi olan ve tüm adaylara aynı mesafede durabilen
- Görüşlerini güvenli bir tutumla aktarabilen
- Aday geribildirimlerinde geliştirici olan ve adaya olumlu duygular yaşatabilen
- Etkin ve ayrıntılı izleme raporu tutabilen
- İyi derecede yazılı iletişim becerisine sahip
- Uzun çalışma günlerinde enerjisini ve heyecanını koruyabilen
- Diğer değerlendiriciler arasında saygı uyandıran

Alanda çalışanlar, bir çırpıda sıralanan bu özelliklerin kolay kazanılmadığını bilir. Bir simülasyon çalışması sırasında değerlendirici, katılımcının ortaya koyduğu karmaşık davranışları gözlemleyerek mümkün olduğu kadar doğru kayıt tutabilmeli, ortak değerlendirmede yapıcı bir tutumla tüm değerlendiricilerin sağlıklı çalışmasına olanak vermeli ve geribildirimlerde ileri derecede ustalık kazanmış olmalıdır.

Değerlendirici Yetiştirmek

Danışmanlık kurumlarında değerlendiriciler eğitilirken izlenecek olan ilkeler belirlenmiştir. Söz konusu beceri ve yetkinlikleri kazanan değerlendirici, DM çalışmalarına "gözlemci" rolüyle katılır. Zaman zaman simülasyonlarda birebir rol verilerek duyarlılık geliştirmesi konusunda da çalışılır. Kendisine koçluk yapan danışmanla süreç ve yetkinlikler konusunda yapısal ve analitik değerlendirme yapması beklenir. Daha sonra koçundan, katıldığı çalışmanın geribildirimini alır. Bir değerlendiricinin yetiştirilmesi, bu adımların ciddiyetle yürütülmesine bağlıdır.

Bir kurumun değerlendirici yetiştirme ilkeleri, süreç ve uygulamalarıyla belirlenmiş olmalıdır. Zaman içerisinde ihtiyaca bağlı değişiklikler olabilir. Bunların da güncellenmesi beklenir. Özel eğitime alınan değerlendiricilere kazandırılması hedeflenenler şunlardır:

- Kurumla ilgili eksiksiz bilgi
- Değerlendirme boyutlarını, bu boyutların tanımını, iş performansıyla ilişkisini, etkili olan ve olmayan performans örneklerini kapsayan ayrıntılı bilgi
- Kurumun değerlendirme politika ve uygulamalarıyla ilgili bilgi, verileri nerede kullanacağını bilme ve gizlilik prensibine saygı gösterme
- Değerlendirme tekniklerini, DM'nin tüm aşamalarını ve bu aşamalarda gözlemlenecek davranışları anlama ve değerlendirebilme
- Davranışı gözlemleme, boyutlara göre sınıflandırma ve kaydetme süreçleriyle ilgili bilgi
- DM tarafından kullanılan formlarla ilgili bilgi
- Puanlama ve değerlendirmenin nasıl yapılacağıyla ilgili bilgi
- Geribildirim yöntemleriyle ilgili tam bilgi ve anlayış
- Sözlü ve yazılı geribildirimlerde ileri yeterlilik düzeyi

İş sonuçları ve simülasyon çalışmaları üzerinde yapılan araştırmalar, bu değerlendiricilerin yürüttüğü DM çalışmalarının gerçekçi ve doğru sonuçları ortaya çıkardığını göstermiştir.

Değerlendiricilik, sorumluluk isteyen zor bir görevdir. Değerlendirici, adayın iş yapma biçimini, problem çözme tarzını ve bunun kurum kültürüne uygunluğunu gözlemler ve değerlendirir. Bazı şirketler, 'değerlendiricileri' belirli aralıklarla 'değerlendirme'ye almayı bir şirket politikası haline getirmiştir. Bunun nedeni, uygulamaların rutin duruma gelmesiyle kısa yolların kullanılmaya başlamasıdır. Bu nedenle hedeflenen standardın düştüğü görüldüğünde, bu değerlendiricilerin geri çekilmesi veya eğitime alınarak gelişmesi sağlanır.

Uygulamalarda Sık Yapılan Hatalar

İş odaklı yaklaşımı benimseyen ve yüksek başarı gösteren çalışanları kurumlara kazandıran DM uygulamalarının başarısı için bazı noktalara dikkat edilmesi gerekir. Aşağıda örnek olaylarla açıklamaya çalıştığımız durumlar, DM çalışmalarının başarısını büyük ölçüde engeller.

Değerlendirme Sonuçlarının Bildirilenden Farklı Yerlerde Kullanılması

Bir üretim şirketi, alt ve orta seviye yöneticilerinin yönetim becerilerini geliştirmek amacıyla simülasyonla desteklenen bir değerlendirme programı geliştirdi. Program tanıtılırken, katılımcılara, bu bilginin sadece gelişim planı yapmak, eğitim programı hazırlamak, deneyim ve bilgi eksikliklerini gidermek gibi gelişim amaçlı kullanılacağı bildirildi. Programın birinci yılı tamamlandığında, yaklaşık 50 süpervizör ve yöneticinin değerlendirmesi yapıldı ve geribildirimleri verildi.

Bu gelişmenin ertesinde kurum, piyasadaki daralmadan ötürü küçülmeye gitti ve kurumda işten çıkarmalar yapıldı. Bu işten çıkarmalar sırasında, çalışanları geliştirmek amaçlı yapılan değerlendirme sonuçları kullanıldı. Çalışanlar tarafından fark edilen bu durum, simülasyonların adil olmayan bir yaklaşım olarak algılanmasına neden oldu.

Değerlendirmede Adaylara Eşit Koşulllarõn Sağlanamaması

İşe alım sırasında adaylardan kendilerini tanıtan bir sunuş yapmalarını isteyen bir kurum, bu sunuşların bilgisayar programı kullanarak gerçekleşmesini talep etti. Sunuş sırasında gereken teknik ekipmanın kurum tarafından temin edileceği bildirildi. Katılımcıların gerçekleştirdiği bazı sunuşlar, teknik ekipmandaki arızalardan dolayı istenen etkiyi yaratamadı. Katılımcılar bu duruma itiraz ederek sağlanan şartların eşit olmadığını, yapılan değerlendirmenin sağlıksız olduğunu öne sürdüler.

İçeriğin Katılımcıya Zayıf Gelmesi

Tıbbi malzeme üreten bir kurumda uygulanan lidersiz grup tartışmasında, bir grup süpervizör için tartışılması istenen dört problem fazla basitti. Problemlerden biriyle daha önce işyerinde karşılaşılmış ve sorun çözülmüştü. İkincisi için ise kurum net bir politika belirlemiş bulunmaktaydı. Diğer iki problem kısa bir tartışmanın ardından çözümüne ulaştırıldı. Sonuçta tüm vakalar 20 dakika içinde çözülmüş oldu. Oysa bu aktiviteye ayrılan süre 60 dakikaydı. Özensiz hazırlanan içerik, uygulamanın katılımcı nezdinde ciddiyetini ve önemini azaltmıştı.

Uygulamaların Kullanışsız Yöntemlerle Değerlendirilmesi

Simülasyonun kullanıldığı bir seçme programında değerlendiricilerden, uygulamayı 12 boyutta değerlendirmeleri istendi. Bütün uygulamaları 12 boyutta değerlendirmek, etkinliğin notlarını tutmak, adayları gözlemlemek ve tüm bunları kapsayan geribildirim raporlarını yazmak, zaman alan zahmetli süreçlerdi. Bu nedenle notlar özenle tutulmamış, puanlar formalite gereği verilmiş, birçok boyut arasındaki ayırım net olarak yapılamamıştı. Tüm bu verilerden çıkan raporlar da faydalı olamadı. Elde edilen değerlendirme bilgisiyle seçim kararını vermesi beklenen yöneticiler sonuçları yararlı bulmadılar ve yeterince katma değer sağlamadığı, harcanan zamana değmediği düşüncesiyle uygulamayı dikkate almadılar.

Değerlendirme Kriterlerinin Net Olmaması

Bir devlet dairesi, birkaç yıl içinde üst kademelere geçmesi planlanan orta seviye yöneticilerin eğitim ihtiyaçlarını saptamak üzere bir dizi simülasyon uygulaması geliştirdi. Ancak uygulamada “liderlik”, “iletişim becerileri”, “insanlararası etkileşim”, ”planlama ve organize etme" ve "karar verme" tanımlarının farkı net olarak anlaşılamadı. Bu durum, değerlendiricilerin zihninde karışıklığa ve böylece de yöntemin başarısız olmasına neden oldu. Değerlendirici olarak görev yapan birçok üst kademe yöneticisi bu durumdan rahatsız oldu ve daha sonra yapılacak benzer çalışmalara katılmayı reddetti.

İçeriğin Bilinen Bir Olaya Dayanması

Bir kurumdaki bütün çalışanlarla tek tek gerçekleştirilen simülasyon uygulaması, daha önce yaşanan bir olayı içeriyordu. Bu olay kısa bir süre önce meydana gelmişti ve terfi kararlarını etkileyecekti. Bazı adaylar bu olayı bizzat yaşamış, bazı adaylar ise sadece duymuştu. İşe yeni giren bazılarının ise hiçbir şeyden haberi yoktu. Uygulamadan sonra konu gündeme geldiğinde, adayların eşit şartlar altında değerlendirilmediği ortaya çıktı. Eğer pilot grup ile ön deneme yapılmış olsaydı, "problem" uygulama olmadan önce açıkça görülebilirdi.

Değerlendirme Alanının Yanlış Seçilmesi

Karmaşık bir simülasyon, gün boyunca eğitim tesisinin çeşitli odalarında yapıldı. Başlıca aktiviteler merkez odada olmakla beraber katılımcılardan oluşan ekipler, aralarında tartışmak üzere farklı alanları kullandılar. Bu da değerlendiricilerin, katılımcıları gözlemelerini zorlaştırdı. Değerlendirmede kritik konuların gözlemlenmesinde sorunlar yaşandığı ortaya çıktı. Değerlendiricilerin gün sonunda adaylar için verdikleri geribildirimlerde eksiklikler ve yanlışlıklar olduğu fark edildi. Adaylar, kendilerinin tam olarak gözlenemediklerini düşündüklerinden, değerlendirmeye itiraz ettiler.

Maliyet Yüksekliği

Bir değerlendirme kurulunun üst düzey yöneticileri, bir günlük bir simülasyon programı hazırladı. Üst düzey yöneticilere göre hazırlanan simülasyon ortamı, kurumun yüksek teknolojiye sahip, modern bir ofis odasına benzemekteydi. Ofise benzeyen bir mekân yaratma düşüncesinden yola çıkılan ve her türlü teknik ekipmanın yer aldığı ortam oldukça pahalıya mal olmuş ancak aynı zamanda uygulama için gerekli esnekliği ortadan kaldırmıştı. Bir defada sadece bir adayın değerlendirilebildiği bu simülasyon odası, simülasyon programının maliyetini artırdı ve sadece bir kişinin değerlendirilmesine imkân verdiği için çok az sayıda kurum tarafından verimli kullanılabildi.

Tüm bu başarısız örneklerden sonra şu soruyu sorabilirsiniz: Peki, DM uygulamaları nasıl başarılı olur? Kısaca, şöyle söyleyebiliriz: DM'nin araçları karşılaşılan olayların simülasyonunu oluşturuyorsa, adayların eşit değerlendirilmesini sağlıyorsa, standartsa, değerlendirici uzmanın zihni berraksa, simülasyon uygulamalı bir değerlendirme başarıya ulaşacak ve sizi en büyük maliyet olan hatalı işe alımdan büyük ölçüde koruyacaktır.

Kurallar ve Etik İlkeler

DM yöntemini kullanan uygulamaların hızla yaygınlık kazanması üzerine, 1979'da bir grup DM uzmanı, bir Değerlendirme Merkezleri Uygulama ve Etik Kılavuzu hazırladı. Belge 1989'da Pittsburg'da 17. Değerlendirme Merkezleri Uluslararası Kongresi'nde güncelleştirilerek bugünkü halini aldı. Amaç, hızla artan DM kullanıcılarına yol göstermek ve özensiz uygulamaların önüne geçmekti. Aşağıda bu belge metninin bir özetini bulacaksınız.

Amaç: Bu belgenin amacı, DM yönteminin kullanıcıları için profesyonel kurallar ve etik ilkeler belirlemektir.

DM tanımı: Bir DM, birden çok sayıda değişkene dayanan davranışların standart yöntemlerle değerlendirilmesidir. Birden çok sayıda eğitilmiş gözlemci ve teknik kullanılır. Davranışlar çoğunlukla, özel geliştirilmiş simülasyonlarla değerlendirilir. Gözlemciler toplanarak yorumlarını paylaşır, davranışlarla ilgili bilgileri ayrıntılarıyla değerlendirir, görüş birliğine varır. DM'nin ölçmeyi hedeflediği boyutlar üzerinden katılımcıların performansını değerlendiren sonuç elde edilir.

DM metodolojisini kullanan her uygulama bir DM değildir. Sürecin DM olarak kabul edilmesini sağlayan koşullar şunlardır:

- İş performansını değerlendirmede kullanılacak boyutlar, vasıflar, özellikler, beceriler, yetenekler, motivasyon, bilgi ve çabaları saptamak için, ilgili davranışlarla ilgili iş analizi yapılmalıdır.
- Değerlendiriciler tarafından yapılan davranışsal gözlemler, boyut ve benzeri özellikleri anlamlı kategorilere ayırabilmelidir.
- Kullanılan teknikler, değerlendirilecek boyutla ilgili anlamlı bilgiyi ortaya çıkarmalıdır.

- Test, görüşme, soru formu, sosyometrik araç, simülasyon gibi çoklu değerlendirme teknikleri kullanılmalıdır. Kullanım öncesinde öntestten geçirilerek, güvenilir, nesnel ve geçerli olmaları sağlanmalıdır.
- Adayın davranışlarını tüm boyutlarıyla gözleyebilmek için, söz konusu işle bağlantılı simülasyonlar kullanılmalıdır.
- Değerlendiricilerin farklı köken, yaş, cinsiyet ve mesleki uzmanlık dallarından seçilmesine ve yeterli sayıda olmasına dikkat edilmelidir.
- Değerlendiriciler eğitimden geçirilmeli, performans ölçütleri belirlenmelidir.
- Davranışlar sistematik bir yöntemle gözlemlenmeli ve kaydedilmelidir.
- Değerlendirmeleri birleştirme toplantısına gözlemciler, değerlendirme raporlarıyla hazırlıklı katılmalı, toplantı belirli bir sistematik doğrultusunda yapılmalıdır. .
- Panel ya da dizi mülakatlar, tek bir teknikle/birden fazla kâğıt-kalem testi kullanılarak/tek bir gözlemciyle/bağımsız gözlemci raporlarına dayanılarak yapılan değerlendirmeler, DM değildir.

Kurumsal politikalar: DM uygulaması, İK sisteminin bir parçasıdır. Kurumda DM uygulamasına geçilmeden önce, amacı, katılımcıların ve değerlendiricilerin nitelikleri, bulguların kullanılma biçimi, danışmanların seçilme ölçütleri, verilerin geçerlilik derecesi gibi uygulama ilkelerini belirleyen bir belge oluşturulmalıdır.

Değerlendiricilerin eğitimi: Değerlendirici eğitiminin içeriği, süresi ve performans ölçütleri, kurumun uygulamadan beklentileri doğrultusunda belirlenir ve uygulanır.

Katılımcıların bilgilendirilmesi: Kurum, uygulama öncesinde katılımcılara yazılı ya da sözlü bilgi vermelidir. Bu bilgilendirme şunları içermelidir: DM'nin amacı, katılımcıların seçilme ölçütleri, DM'de görev alacakların rolleri, kullanılacak malzemenin niteliği, elde edilecek sonuçların nasıl kullanılacağı, geribildirimin nasıl ve ne zaman verileceği, raporların kimlere açık olduğu, kayıtlardan kimin sorumlu olacağı.

Geçerlilik: DM'nin sistematik bir biçimde uygulanması ve geçerliliğinin sağlanması için, boyutların oluşturulma süreci ve özellikleri belgelenmeli, alıştırmalar ile boyutlar arasındaki ilişkinin anlamlı olmasına dikkat edilmelidir.

Katılımcı hakları: DM sürecinde katılımcılardan çok sayıda veri toplanır. Bu verilerin kullanılma koşulları belirlenmelidir:

- Katılımcıya uygulama sonrasında geribildirim ve tavsiye verilmeli, isterse yazılı olarak da sağlanmalıdır. Katılımcı kendisiyle ilgili hazırlanan ve yönetime sunulan özet raporları isterse okuyabilmelidir.
- Alıştırmalar açıklanamaz, ancak boyutların nasıl değerlendirildiği, geçerliliği ve tavsiyeler, isteyen katılımcıya açıklanmalıdır.
- Kurum elde edilen bulguları farklı amaçlarla kullanmayı düşünürse, bunu katılımcıya açıklamalıdır.
- Kurum katılımcıya hangi verilerin toplandığını, korunduğunu, kullanıldığını ve paylaşıldığını söylemelidir.

Son Gelişmeler

Geçmişte daha çok yönetsel görevler için uygulanan DM'ler, son yıllarda daha geniş bir yelpazede kullanılıyor. İmalat sektöründe DM uygulamaları 1980'lerde başladı ve yaygınlaştı. Kamuda öğretmen yeterlilik sınavlarında, polislerin, pilotların, danışmanların ve avukatların seçiminde kullanılır oldu.

Havayollarında ve polis teşkilatlarında, görevin insan boyutunu ortaya çıkarmak için DM'ler etkili sonuçlar veriyor. Öğrenci seçmede de DM'ler başarıyla kullanılıyor. Örneğin Harp Okulu öğrencilerinde değerler, motivler ve kişilik özelliklerini, üniversite öğrencilerinde ise başarı yönelimini ölçmek için DM'nin kullanıldığı görülüyor. DM'nin üstünlüğü, kişinin gerçek performansını gözlemlemek için minyatür bir ortam sunmasıdır.

DM'ler 1950'lerde yalnızca ABD ve İngiltere'de kullanılırken, 1970'lerden sonra Almanya, İsviçre, İsrail, Güney Afrika ve Endonezya gibi çok sayıda ülkeye yayıldı. Artık değerlendiricilerin kültürel ögelere mutlaka dikkat etmesi gerektiği vurgulanıyor. Japonya'da çalışacak Avrupalı yöneticileri seçmek amacıyla yapılan bir DM'de özel tasarlanmış bir simülasyon ve uzun yıllar Japonya'da çalışmış kişilerden oluşan gözlemcilerin, yetenek ve kişilik testlerinden daha geçerli ve zengin bilgi sağladığı tespit edilmiş.

Stratejik iş analizleri ve yetkinlik modellemesinin sıkça kullanılması, DM'lerde yetkinliklerin ağırlıklı yer almasını sağlıyor. Ancak yetkinliklerin giderek daha geniş kapsamlı tanımlanması, geçerli ölçümleri engelleyebiliyor. Müşteri odaklılık ve ekip çalışması gibi yetkinliklerin her biri, içinde çeşitli boyutların bir karışımını barındırır. Yetkinlikleri, gözlemlenebilir performans boyutlarına tercüme etmek için, örneğin "müşteri odaklılık" yerine, etkin dinleme, bilgi toplama, sözlü iletişim;

"sürekli kalite iyileştirme" için ise problem analizi, yaratıcılık, karar analizi gibi davranışsal boyutlar kullanmak gerekiyor.

Arthur ve arkadaşları DM'lerde kullanılan boyutları bir meta-analizden geçirmiş, geçerliliği yüksek çıkan altı üstboyut belirlemişlerdir:

1. Başkalarıyla ilgili farkındalık, 2. İletişim, 3. Hırs, 4. Etkileme, 5. Düzenleme ve planlama, 6 Problem çözme.

Arthur, DM'de gözlemlenen davranışlara bir bütün olarak değil, bağımsız boyutlara göre bakmanın daha güvenilir sonuçlar verdiğini söylemektedir. Yine son yıllardaki gelişmeleri kısaca özetlersek, şu sonuçları vurgulayabiliriz:

- **2000'li yılların başından itibaren DM'lerin çok çeşitli iş rollerinde, çok uzun zaman dilimlerinde ve uluslararası ortamlarda geçerlilik kazandığı kanıtlanmıştır. Son bir meta-analiz, DM'lerin geçerliliğini bir kez daha pekiştirmiştir.**
- **DM sonuçları topyekûn olarak değil, belirli boyutlarla ilgili verdiği bilgiler dahilinde analiz edilirse, daha kesin öngörü sağlamaktadır.**
- **DM'ler tarafından ölçülen boyutlar, başka yöntemlerle yapılan ölçümlerle benzer sonuçlar vermektedir.**
- **Her alıştırmada 4-5'i geçmeyen, az sayıda boyut kullanmak daha uygundur. Gözlemlenen boyut sayısı azaldıkça geçerlilik artmaktadır.**
- **Değerlendiriciler psikoloji formasyonuna sahip olduğu zaman geçerlilik artmaktadır. Psikologların, özellikle kişilerarası ilişkiler boyutlarını birbirinden daha iyi ayırabildikleri görülmektedir.**
- **Değerlendiricilerin kullanacağı davranışsal kontrol listesi hazırlamak ve birbirine benzer alıştırmalar uygulamak geçerliliği artırmaktadır.**
- **Katılımcının daha önce DM deneyimine sahip olması, sonuçları %3 oranında etkilemektedir.**
- **Değerlendiriciyi daha önceden tanıyor olmak, sonuçları olumlu etkilemektedir.**
- **Deneyimli değerlendiriciler, deneyimsizlere göre daha isabetli değerlendirme yapmaktadır.**

- Birbirinden kavram olarak farklı boyutlar seçilmesi daha uygundur (empati, etkin dinleme, iletişim gibi).
- Kesişen ve örtüşen boyutlar seçilmesi, sonuçları olumsuz etkilemektedir (koçluk, performans izleme gibi).
- Ölçülemeyecek bir boyutta ısrar etmektense başka belirtilere bakmak daha uygundur.

VII. BÖLÜM

Çalışanı Geliştirmek: Eğitim

EĞİTİM NE İŞE YARAR?

Eğitim Dünyasında Hevesler

TDK sözlüğü "heves" kelimesinin iki farklı anlamda kullanıldığına işaret ediyor. Birinci anlamında heves "istek, eğilim, arzu, şevk" olarak açıklanırken, ikinci anlamının "gelip geçici istek" olduğu görülüyor. Bu ikinci tanım bana, 1983'ten bu yana gelişimine tanık olduğum profesyonel eğitim alanında esen rüzgârları hatırlattı.

Katıldığım bir ASTD (American Society of Training and Development) toplantısında Amerikalı bir meslektaşıma, eğitim alanındaki en kötü deneyiminin ne olduğunu sormuştum. Bana, yıllar önce katıldığı, herkesin eline bir davul veya vurmalı çalgı verilen ve hep beraber ortak ritm tutturulan programı örnek verdi. Katılanların eğlendiği ve memnun ayrıldığı bu programda, kişiler farklı ve ilgisiz enstrümanlarla uyumlu bir ritm tutturabiliyorlarsa, pekâlâ birlikte iyi de çalışabilecekleri sonucuna varılıyordu.

Mucize Çözümler

Yakın zamanlarda gazetelere verilen ilanlarda üç sessiz harfli bir yöntemin her derde deva bir yaklaşım olarak tanıtıldığını görüyoruz. "İstersen başarırsın", "Kendine güven başarırsın" sloganlarıyla ne söyleyenin ne de dinleyenin inandığı bu tür programları yönetmek üzere sertifika alabilmek için, ilkokul diploması bile önkoşul olarak aranmıyor.

Son yıllarda yönetim alanında yeni ve farklı bir çözüm vaat eden birçok araç ve eğitim, önce yükselişe geçti, sonra da popülaritesini kaybetti. Öte yandan değişim mühendisliği *(reengineering)*, toplam kalite yönetimi, kurumsal karne *(balanced scorecard)*, altı sigma, duygusal zekâ ve daha birçokları, haklı veya haksız nedenlerle başlangıçtaki vaatlerini yerine getiremeyerek hayal kırıklığı yarattılar. Gerçekte her biri çok değerli olan bu yöntemlerin beklentileri karşılayamamasının en önemli nedeni, aracı veya eğitimi sunanların, çözümlerini her derde deva gibi göstermeleriydi. Çünkü bir organizasyonda ortaya çıkan sorunların birçok nedeni olmasına rağmen, bu çözüm yöntemleri, her sorunu kendi şablonlarına uyan bir "kök neden"e indirgemiş oluyordu.

Gerçekçi Olmayan Beklentiler

Eğitim alanındaki heveslere ilginç örneklerden biri de açık alanda halatlarla yapılan eğitimlerdir. Uygun biçimde kullanıldığında sınırlı ölçüde yarar sağlayan (o yararın da nasıl ölçüleceği çok şüpheli) bu tür etkinlikler, insanları eğlendirmekte, heyecanlandırmakta ve onlara hoş vakit geçirtmektedir.

Ancak bir günlük böyle bir eğlenceden "ekip çalışması, güven oluşturma, işbirliği, yapıcı rekabet, motivasyon, liderlik, inisiyatif kullanma, karar verme, problem çözme, delegasyon" gibi kazanımlar beklemek gerçekçi değildir. Bu eğitimlerin sonucunda insanların korkularını yenmeleri ve grup oyunları oynamaktan zevk almaları onların kişisel gelişimine sınırlı ölçüde de olsa katkı sağlar, ancak bu onların daha iyi ekip çalışması yapabilecekleri ve yukarıdaki beceri alanlarında gelişme göstereceklerı anlamına gelmez. Eğitimden sonra yaşanan yoğun heyecan, halatlar ve torbalar toplandıktan ve herkes işyerine döndükten kısa bir süre sonra önce zayıflar, sonra da unutulur gider.

Hiçbir çalışma grubu dağa tırmandığı, "dev adım" attığı, örümcek ağından geçtiği, kendisini gözleri bağlı olarak boşluğa arkadaşlarının kucağına attığı için daha iyi bir ekip olmaz. Çünkü ekiplerin başarısız olmasının nedeni, bireylerin fobileri, kaygıları, korkuları değildir. Ekiplerin başarısız olmalarının sebebi heyecan veren bir amacı paylaşmamaları, rol ve sorumlulukların iyi belirlenmemiş olması, kurumun vizyon ve misyonundan habersizlik, yapmaları bekleneni yapabilmek için yetkilendirilmemiş, beklentileri karşılayacak eğitim ve gelişim imkânlarından yoksun olmaları, duygusal olgunluk düzeyinin düşük olması, adil ve objektif bir performans değerlendirme sistemiyle değerlendirilmemeleridir.

Bu tür programların ne uygulama süresi, nc de yöntemi, yaşantının çözümlenmesine *(debriefing)* imkân verir. Ortaya çıkan dinamikleri yorumlamak için ciddi bir psikoloji bilgisi ve deneyimine; sonuçları iş hayatıyla ilişkilendirmek, işyerine yönelik kazanımlara dönüştürmek için de iş bilgisi, danışman eğitimci deneyimi ve uzmanlığına gerek vardır. Örneğin böyle bir eğitimde tırmanma sırasında tökezleyen ve zor durumda kalan Ayşe'ye yardım edip onu yerden kaldıran Ahmet'in davranışı eğitsel açıdan ne anlam taşır? Fiziksel açıdan zor durumda olan bir hanıma yardım etmek, Ahmet'in kültür değerlerine uygun bir gelişme tarzının sonucudur. Ancak bu sonuç hiçbir şekilde Ahmet'in ertesi gün işyerinde, rekabet yaşadığı Ayşe'ye, zor durumda olduğu için yardım edeceği anlamına gelmez. Bu iki tutum bütünüyle iki farklı psikolojik arka planın sonucudur. Oysa bu tür eğitimler, yüksek bir yerden gözlerinizi kapatıp kendinizi bıraktığınızda arkadaşlarınızın sizi kucaklamasıyla yaşanan güven duygusunun, işyerinde de güveni geliştireceği varsayımına dayanır.

Eğlenmek Eğitim Değildir

Son zamanlarda eğitimde heveslere vereceğimiz örneklerin sayısı bir hayli arttı. Mutfakta yemek pişirerek ekip çalışmasını, deniz altına dalarak dayanışma ve işbirliğini geliştirmek gibi birçok boş zaman etkinliğinin eğitim olarak adlandırılıp, pazarlandığını görüyoruz. Böylece CEO'ların veya İK direktörlerinin özel ilgi alanları, "artık eğitime doymuş"(!) olduklarını düşündükleri çalışanlarına farklı ve yeni bir şeyler sunma çabaları, onları, çalışan motivasyonunu artırdığını varsaydıkları "hoşluklar"la sevindirme gayretleri, şirketlerin eğitim bütçelerinden karşılanmış oluyor.

Hiç şüphesiz bu etkinlikler katılımcılara güzel vakit geçirtir ve bir ölçüde sosyal olarak da yakınlaştırabilir. Ancak bunun çalışanların iş hayatı için geliştirmeleri beklenen beceri ve yetkinlikleri ortaya çıkarmakla hiçbir ilgisi yoktur.

İş Hedefleriyle Tutarlılık

Bir eğitim programının amacına ulaşması için önkoşul, çalışanların ve kurumun hedeflerinin program içeriğiyle güçlü bir şekilde ilişkilendirilmiş olmasıdır. Bunun için de kurum yönetimleri ve İK bölümlerinin her derde deva hızlı çözüm vaatlerini titizlikle ve enine boyuna analiz etmeleri ve sorgulamaları gerekir.

Hiç şüphe yok ki eğitim alanında hevesler, medyanın da özgün, değişik ve ses getirecek haberlere verdiği yer nedeniyle daha uzun bir süre devam edecektir. Bu tür heveslerin sönmesi ise, ancak her eğitim programının iş çıktılarıyla ölçülmesi sonucunda mümkün olacaktır.

Ölçüm

Eğitimlerin ölçülmesinde Kirkpatrick ve J. Philips'in modelleri tek yöntem olarak görülmemelidir. Bu modeller, özellikle son dönemde iş başarısında giderek daha fazla ağırlık kazanan soyut (*intangible*) tutumların ve insanlararası becerilerin işe yansıyan yararlarının ölçülmesinde güçlükler içermektedir. Kaldı ki bu durum İK bölümlerine ek operasyonel sorumluluklar yüklemekte, verilerin sağlıklı ve zamanında toplanmasını zorlaştırmaktadır. Örneğin geçmiş uygulamalarımızdan birinde elektronik eşya satan bir zincirde yeni oluşturulan "saha denetim" kadrosuna verilen eğitimin sonuçlarının ve yarattığı katma değerin ölçülmesini, ürün değişim ve iade taleplerinden kaynaklanan zararların azalması, müşteri şikâyetlerinin azalması, gizli müşteri çalışması sonuçlarıyla ilişkilendirdik.

Başka bir uygulamamızda, bir ilaç firmasında işe yeni alınan tıbbi satış temsilcileri ile deneyimli satış temsilcilerinin satış hedeflerine ulaşma süreleri arasındaki farkları kıyaslayarak çağdaş yöntem ve eğitimlerin etkisini belirledik. Ve yaptığımız çalışmalar sonucunda bir yılda tıbbi satış temsilcisi başına 20,836 $ tutarında bir fark doğurmuş olduğumuzu gördük.

Her sorunun hızlı, ucuz, kolay ve yanlış bir çözümü vardır. Bu çözüm bir sonraki sorunun temelini oluşturur. Yukarıda verdiğimiz örneklerde görüldüğü gibi, amacına ulaşması beklenen bir eğitim projesinde, eğitim kurumunun işi bir ila üç günlük bir programı sunmakla bitmez. Katılımcıları memnun edecek ve oyalayacak bir eğitim programı vermekten kolay bir şey yoktur. Ancak yapılması gereken, program öncesinde kurum hedefleriyle uyumlu eğitim hedefleri belirlemek, bu doğrultuda seçim ve hazırlık yapmak ve eğitimin çıktılarını ölçmektir. Böyle bir çaba

da çok kere, ne eğitim veren, ne de eğitim alan kuruluşlar tarafından kolayca göze alınabilmektedir. Ancak günümüzde olgun ve deneyimli İK yöneticileri geçmişte yaşadıkları olumsuz deneyimlerden yola çıkarak çok daha sabırlı ve titiz davranmakta ve gerçekçi çözümlere yönelmektedir. Bu çözümler de bir gelişim projesi çerçevesinde ölçüme dayalı programlarda yatmaktadır.

Eğitim Sürecinde Sorumluluk Paylaşımı

Kurum dışından alınan eğitimlerin altı paydaşı vardır:

1. Eğitime karar veren üst yönetim, 2. Eğitime katılacak kişinin yöneticisi, 3. Eğitim etkinliğini organize eden İK bölümü, 4. Eğitimden sorumlu olan kurum, 5. Eğitimin amacına ulaşmasını sağlayacak olan eğitimci, 6. Katılımcılar.

Bir eğitimin amacına ulaşması için paydaşların her birinin eğitimden önce, eğitim sırasında ve eğitimden sonra üstlenmesi gereken sorumluluklar vardır. Bu sorumluluklar –1 en önemli, 9 ise en az önemli olmak üzere– sıralandığında, ortaya Tablo 10'da görülen durum çıkmaktadır.

Tablo 10: Etkili Sonuçlar İçin Eğitimin Paydaşları Arasında Sorumluluk Dağılımı

	Eğitimden önce	**Eğitim sırasında**	**Eğitimden sonra**
Üst yönetim/Yönetici/İK	1	9	3
Katılımcı	7	5	6
Eğitimci/Eğitim şirketi	2	4	8

Eğitimin paydaşlarının sorumluluklarını aşağıdaki gibi sıralayabiliriz.

1. Eğitimi alan kurumun yönetimi: Eğitim konusu sadece İK bölümüne bırakılamayacak kadar geniş kapsamlıdır. Üst yönetim İK'yı stratejik partner olarak görmez, zaman ayırmaz ve eğitim talebini sorgulamazsa, ayrılan kaynak ziyan olabilir. Üst yönetim;

- Eğitim talebinin gerçekliğini sorgulamalı
- Eğitimi desteklemeli, sonuçlarını izlemeli ve örnek olmalı
- Eğitim sonuçlarının ölçülmesini talep etmeli
- İK bölümüne zaman ayırmalı
- Eğitim sonuçlarına performans değerlendirmesinde yer vermeli

2. **Eğitimi alan kurumun insan kaynakları:** Eğitim alan kuruluşun insan kaynakları bölümü eğitim öncesinde gerekli hazırlıkları yapmadığı takdirde, eğitimden beklenen sonuçların alınması mümkün olmaz. İK bölümü;

- **Eğitim ihtiyaç analizi yapmalı**: Eğitimler adına bakılarak değil, performans değerlendirme sonuçlarına dayandırılarak, ihtiyaçlar doğrultusunda alınmalıdır.
- **Katılımcıları bilgilendirmeli ve hazırlamalı:** Eğitim en az bir ay önceden katılımcılara bildirilmeli, katılımcıların kendilerini ve iş yüklerini planlamaları sağlanmalıdır. Geç duyurulan hafta sonu eğitimleri, olumsuz duygular doğurur.
- **Katılımcılara neden seçildiklerini ve onlardan ne beklendiğini açıklamalı**: Katılımcıların, meslek hedefleriyle eğitim sonuçları arasında ilişki kurmaları sağlanmalıdır.
- **Üst yönetimin desteğini sağlamalı:** Yöneticinin zaman darlığını bahane etmeden duyuruyu imzalaması, eğitimin açılışında konuşma yapması, kapanışta izlenimleri paylaşması, eğitimin başarısı için belirleyicidir.
- **Eğitim şirketiyle işbirliği yapmalı:** Standart bir eğitim programının içeriğini şirketin ihtiyaçlarıyla bütünleştirmek için ince ayarlar yapılmalı, örnekler seçilmelidir.
- **Gerçekçi olmayan taleplerde bulunmamalı:** Bir eğitimin amacına ulaşması, "içeriği"ne, "süresi"ne ve "katılımcı sayısı"na bağlıdır. Birbiriyle bağdaşmayan çok sayıda konuyu aynı programa dahil etmek için eğitim şirketine baskı yapmak, maliyeti düşürmek için katılımcı sayısını artırmak ya da süreyi kısaltmak, başarıyı düşürür.

3. Eğitime katılacak kişinin yöneticisi: Eğitim, katılımcının yöneticisine, özellikle eğitim öncesinde ve sonrasında önemli sorumluluk yükler. Yönetici;

- Eğitimden makul bir süre önce çalışanı eğitim tarihi konusunda bilgilendirmeli
- Çalışanın neden bu eğitime gideceği ve eğitimin içeriği konusunda açıklama yapmalı
- Eğitim dönüşünde odasına davet ederek ondan eğitimin içeriğiyle ilgili sözlü bilgi almalı
- İçerik ve bilgiler bölümdeki diğer çalışanları ilgilendiriyorsa onların da katılacağı bir saatlik bir sunuş yaptırmalı
- Eğitimden sonra neleri daha farklı yapacağı konusunda kısa, yazılı bir taahhüt almalı
- Eğitim sonucunda beklenen davranışlar görüldüğünde olumlu geribildirimde bulunmalı, aksi durumlarda ise hatırlatma yapmalı

4. Eğitim veren kurum: En pahalı eğitim, iş amaçlarına hizmet etmeyendir. Türkiye'deki eğitim şirketlerinin çoğu, şirketi çantasıyla temsil eden tek bir çalışana sahiptir ya da bazıları, eğitimciliğe heves eden eğitmenlerle, 100'e yakın eğitim verdiğini iddia eder. Amaca yönelik bir eğitim için eğitim kurumunun üzerine düşenleri aşağıdaki gibi sıralayabiliriz.

- **Eğitimciye destek vermeli:** Eğitim şirketi her bir eğitimciye 1.75 ila 2 ofis çalışanıyla destek vermelidir.
- **Eğitimi standart olmalı:** Farklı gruplara aynı eğitimin verilmesi gerektiğinde eğitimin standart olması için eğitimci elkitabı bulunmalı, yapılan, eğitimcinin grupla etkileşiminden ortaya çıkan "Allah'a emanet" bir eğitim olmamalıdır.
- **Tanıtım malzemesi eğitimi temsil etmeli:** Eğitim kuruluşu göz kamaştırıcı tanıtım malzemesinin arkasına gizlenmemelidir. Yurtdışında hazırlanmış bazı malzemelerin eğitim şirketinin sunduğu ürünle doğrudan ilişkisi yoktur.
- **Fiyatı tutarlı olmalı:** Eğitimin faturası kadar katılımcıların iş kaybı da eğitimin maliyetini oluşturur. Ayrıca başarısız bir eğitimden sonra İK'nın zedelenen itibarı en zor telafi edilen mali-

yettir. %10-15 düşük fiyata denenmemiş bir eğitim almak veya yarı fiyatına aynı eğitimi alabileceğine inanmak risk almaktır. Yurtdışından alınmış eğitimlerin birçoğu ödenen imtiyazlar nedeniyle yüksek fiyatlıdır. Üstelik bütünüyle tercüme olduğundan, kültürel gerçeklerimize ters düşmektedir.

- **Eğitimcinin özelliklerine dikkat etmeli:** Eğitimcinin özgeçmişinin programla ilişkili olması ve referans alınması da eğitim başarısını yükseltir. Ayrıca eğitim kuruluşunun kadrolu eğitimci sayısı, eğitimcileri yetiştirme süresi ve süreci de, eğitim şirketinin ciddiyeti ve ehliyeti hakkına somut fikir verir.

5. Eğitimci: Eğitimin başarılı olmasını sağlayacak olan eğitimci;

- Eğitimi vereceği kuruluşu, içinde bulunduğu endüstriyi ve bu endüstrideki temel oyuncuları tanımalı
- Eğitimi alacak olan kuruluştaki iş yapış biçimini ve süreçlerin ana hatlarını öğrenmeli
- Varsa endüstri ve kurumda kullanılan temel kavramları ve jargonu öğrenmeli
- Eğitim konusuyla ilgili olarak katılımcıların karşılaştığı günlük, sıradan sorunları ve ender rastlanan ancak önemli ve etkisi büyük olan sorunları öğrenmeli
- Eğitim içeriğine, yukarıdaki bilgilere göre ince ayar yapmalı
- Katılımcıların programa hangi motivasyonla geldiklerini bilmeli
- Eğitim sabahında salona en az 45 dakika erken gitmeli ve katılımcıları karşılamalı
- Eğitimin başında katılımcılardan eğitimle ilgili beklentilerini almalı, eğitimin bu beklentilere ne ölçüde cevap vereceğini açıklamalı
- Eğitimin olumlu bir hava içinde geçmesini sağlamalı
- Eğitim sonrasında raporunu hazırlamalı, ölçme ve izleme çalışmalarına katılmalı

6. Eğitimin katılımcıları: Katılımcı, eğitim programını, işten uzaklaşma veya bir tatil olarak değil, değişen dünyaya ayak uydurmak için bir gelişim fırsatı olarak görmelidir. Katılımcılar;

- **Gelişim ve değişim için istek duymalı:** "Benim bildiklerim bana yeter" anlayışı, eğitime ayrılan zamanın boşa gitmesine yol açar. Eğitimi "yaptıklarımdan daha farklı yollar olmalı" anlayışıyla dinleyenlerin, hayatta başarı şansı yüksektir.
- **Öğrendiklerini "nerede işe yarar" yaklaşımıyla dinlemeli:** Eğitimciyle rekabete girmek, eğitimi, "Bu anlatılanlar nerede işe yaramaz?" kulağıyla dinlemek, "Bu arabayla nasıl kaza yapılır?" demeye benzer. Doğru yaklaşım, "Anlatılanlardan, deneyim ve bilgilerimle birleştirerek nasıl faydalanabilirim?" anlayışıdır.
- **Eğitim programını gelişim sürecinin bir parçası olarak görmeli:** Eğitim öncesinde hazırlık yapmak, basılı malzemeyi okumak, testleri ve hazırlık sorularını cevaplamak gerekir. Yatılı eğitimlerde gece fazla alkol almak, çok geç yatmak eğitimden gerektiği gibi yararlanmayı güçleştirir. Eğitimciye, eğitimi kısaltmak için baskı yapmak, erken ayrılmak için mazeretler yaratmak eğitimi zora sokar.

Bir eğitimden beklenen sonuçları elde etmek, sadece eğitim şirketine bağlı olmayan karmaşık bir süreçtir. Eğitime ayrılan kaynakların karşılığının alınabilmesi için, ilgili tarafların her birinin üzerine düşeni tam olarak yapması gerekir.

Bu süreçte en önemli sorumluluğun, eğitime katılan çalışanların yöneticisine düştüğünü söyleyebiliriz. Çalışanını eğitime hazırlamak, eğitim dönüşünde ona eğitim içeriğini anlattırmak ve eğitim konularıyla ilgili yazılı bir taahhüt almak, eğitimden beklenen davranışların gösterildiği durumlarda destek olmak, kritik başarı faktörüdür.

Eğitim Alanındaki Değişim

"Dünyada her alanda, süreçleri ve katılımcılığı vurgulayan yeni bir evrensel anlayış ağırlık kazanıyor. İş dünyası da bu gelişmeden nasibini alarak dinamik modellere doğru bir başkalaşım geçiriyor. İşin insani yönü de bu yeni zihniyet doğrultusunda yönlendirilmeli. Bize düşen rol, elimizdeki tüm araçları kullanarak insan yeteneğini harekete geçirmek ve bunları işyerine ve topluma yönlendirmek olmalı. 'Eğitim ve gelişim' kavramları, yapmakta olduğumuz işi tanımlıyor, ancak hedeflediğimiz sonuçlara hiç değinmiyor. Oysa biz, insanların enerjilerini açığa çıkaran ve iş performansına odaklayan bilgi organizasyonları yaratmak istiyoruz. Şu anda yaşadığımız kimlik arayışındaki temel çelişki buradan kaynaklanıyor. Öğrenme ve eğitime odaklanan insancıl görüşlerle performans geliştirmeye yönelen davranışçı görüşler arasında kararsızlıklar yaşanıyor."

Bunlar, eğitim konusunda önemli bir danışman olan Pat McLagan'ın sözleri. Yıllarca bu alana emek vermiş ustaların çoğu, eğitimciliğin doğal bir başkalaşım geçirdiğinde hemfikirdir.

Kurumsal Strateji Odaklı Öğrenme

2003 yılında ASTD tarafından yapılan "Geleceğin Haritası: İşyerinde Öğrenme ve Performans Yetkinliklerini Biçimlendirme" başlıklı araştırmada mesleğe verilecek isimle ilgili tercihler de sorgulanmıştı. 1300 kişinin katıldığı çalışmada "eğitim ve gelişme"yi tercih eden %31'e karşılık, katılımcıların %31.9'u da "işyeri öğrenme ve performans geliştirme" terimini seçmişti. "İK geliştirme, işgücü geliştirme" ve "eğitim" tercihleri, %1.4'le en sonlarda yer almıştı.

1999 yılından itibaren ASTD, temsil ettiği alanı ve mesleği, "işyeri öğrenme ve performans geliştirme" uzmanlığı olarak nitelemeye başladı. Artık ASTD'nin bütün metinlerinde, "eğitim ve gelişim"in yerini, "işyeri öğrenme ve performansı" deyimi yer alıyor.

Baltaş Grubu olarak biz, bu değişim sürecindeki yeni kavramlaşmayı Kurumsal Strateji Odaklı Öğrenme tanımıyla anlatmayı tercih ediyoruz. Gerçekten de profesyonel anlamda öğrenme etkinliklerinin kurum stratejilerini desteklemesi hatta o stratejilerin bir parçası haline gelmesi, eğitimlere yapılan yatırımları anlamlı kılar. Bir kurumda en alt kademelerde yer alanlardan üst yönetime kadar, tüm çalışanların stratejilerle uyumlu iş tutum ve davranışları göstermesi, bireysel ve kurumsal performansa ve iş sonuçlarına doğrudan yansır. Kurumsal strateji odaklı öğrenme kavramındaki öğrenme, bireysel ve kurumsal bilgiyi ve uzmanlığı geliştirerek kurumsal performansa ivme kazandıran dönüştürücü bir etkendir.

Yenilenen anlamıyla öğrenen organizasyon, öğrenmeyi ve öğrenilenlerin performansa dönüşmesini, süreçleri, kaynakları ve sistemleri içeren bütünsel bir yaklaşımla ele almakta ve yönetmektedir. Yeni öğrenen organizasyon, performansı en üst düzeye çıkarmak için öğrenme ve öğrenme dışı çözümleri bütünleştirir. Bu yaklaşım, eğitim vermekten öğrenme fırsatlarını yönetmeye doğru bir geçiş sağlıyor. Eğitimciler kendilerini "kurumsal strateji odaklı öğrenme uzmanları" olarak gördüklerinde, doğrudan kurumun ihtiyaçlarına ve öğrenmeye odaklanıyor ve kuruma daha fazla değer katar hale geliyorlar.

Eğitimde Dış Kaynak Kullanımı *(Outsourcing)*

Son yıllarda eğitim alanında gözlenen bir başka köklü değişim de dış kaynak kullanımıdır. Büyük organizasyonlar eğitim bölümlerini tümüyle lağvetmekte, gelişim stratejilerini yetkin bir ekiple çalışan öğrenme profesyonellerine bırakmaktadır.

Batı'nın iddialı kurumları, eğitim sürecinin, başından sonuna tüm operasyonlarıyla uzman bir danışman şirket tarafından yürütülmesini tercih etmekte, bu yaklaşımın uzun vadede daha büyük tasarruf sağladığını düşünmektedir. ABD'nin IBM, Accenture, Convergys, Raytheon, Bersin gibi dev danışmanlık şirketleri dış kaynak hizmetlerine odaklanmış durumdalar. Dış kaynak hizmeti sonucunda eğitim etkinlikleri şirketin dışına çıkmakta, hatta sınır ötesine dahi taşınmaktadır. Bu gelişmenin eğitimciler açısından oluşturduğu tehditleri aşmanın en iyi yolu, iş geliştirme profesyonellerinin ve yöneticilerin dilini öğrenmek, kurum stratejilerini besleyen geliştirme yollarını bulmak ve sergilemektir.

Bir uzmanın deyişiyle, "Artık olaya daha geniş bir açıdan bakmak zorundayız. İşinizi yalnızca çalışanlara belirli becerileri öğretmekle sınırlayamazsınız. Öğrenen bir organizasyonda insanların şirketin etkinlikleri, kültürü, sektörü, piyasası ve diğer ögeleri hakkında bilgi edinmelerine yardımcı olmanız gerekir. Eğitim ve gelişme profesyonellerinin bir başka rolü, yetenek yönetimi ve yetenek keşfidir. Bunu da işe alım ekibiyle işbirliği yaparak gerçekleştirebilirsiniz. Gelecek beş yıl içinde eğitim ve gelişim, yeteneği bulma rolüyle örtüşecektir."

İK'nın Değişimi = Eğitim Kurumlarının Değişimi

Eğitim alanının genç kuşak temsilcilerinden Dungan şöyle diyor: "Sektörümüz köklü bir değişimden geçiyor. 1970'lerin başından bu yana, sektörün oluşmasına katkıda bulunan tanınmış eğitim kurumlarının kurucuları artık emekliye ayrılıyor. Yakın zamanlarda şirket satışları, halka açılmalar, birleşmelerle, büyük sermayenin ilk defa eğitim pazarına girdiğine tanık olduk.

"Pazardan çekilenlerin yerini ya eskiler gibi etkili ve parlak görüş sahibi yeni oyuncular dolduracak ya da üniversiteler. Beş Faktör Kişilik Teorisi danışmanları ve teknoloji şirketlerinden oluşan yeni bir rekabetçi sınıf doğacak. İK profesyonellerinin de rolü değişiyor, daha stratejik hale geliyor. Başarılı şirketler İK'nın insan sermayesi girişimlerini yönetmesini bekliyor. Yeni kuşak İK'cılar artık yeni ürünler değil, sonuç bekliyor."

Bugünün rekabetinde ayakta kalacak ve pazara yön verecek olanlar, danışmanlık, eğitim ve teknoloji hizmetleriyle sektör bilgisi ve kurum stratejilerini bağdaştıran, performans temelinde iş sonucu sunan eğitim şirketleridir.

EĞİTİMDE İHTİYAÇ ANALİZİ

Hedefi On İkiden Vurmak

İhtiyaç analizini eğitim alanına taşıyan öncüler, şöyle bir tanım getiriyor: "Gerçek sorunu saptama ve etraflıca anlama sanatı ve bilimi" (Zemke ve Kramlinger, 1982). Bu tanımda "eğitim", "beceri", "öğrenme" sözcüklerinin geçmemesi şaşırtıcı gibi görünse de, ihtiyaç analizinin öncelikli hedefi, işletmenin ihtiyaçlarını ve sorunlarını ortaya çıkarmaktır. Süreç sırasında bu noktadan başlanarak, işletmedeki performans ihtiyacı, onun arkasındaki eğitim ihtiyacı, söz konusu eğitimin bileşenleri ve performansa etki eden eğitim dışı etken ve koşullar belirlenir. Eğitim bu bilgiler çerçevesinde oluşturulur, uygulanır ve ölçülür. (Şekil 7'de bu süreç izlenebilir.)

Eğitim bir iş ihtiyacına hizmet ederse kuruma ve bireye değer katar. Hiç kuşkusuz, organizasyonu içerden tanıyan İK ve kurum içi eğitim profesyonelleri iş ihtiyaçlarını da yakından bilir. Ancak ihtiyaç analizinin sağladığı kapsamlı bulgular, eğitim profesyonellerinin verdiği bilgileri daha geniş bir perspektife oturtmayı sağlar; gerçekleşen eğitimin çalışan performansına katkıda bulunması ve böylelikle organizasyonun ihtiyaçlarını karşılaması güvence altına alınır. İhtiyaç analizi ayrıca eğitimin hedeflerine ulaşmasını engelleyen kuruma özgü eğitim dışı sorunların belirlenmesine de olanak verir. Bu da, hem sorunların çözümüne yardımcı olur hem de eğitimi çözülemeyen bütün sorunlardan sorumlu tutma yanılgısını önler.

Sürecin Temel Aşamaları

İhtiyaç analizinin üç temel aşamasını aşağıdaki şekilde sıralayabiliriz.

Eğitimin amacını belirlemek: Gerçekleştirilecek eğitimlerin genel amacını tanımlamakla işe başlayın. Örneğin, katılımcıları yeni görevlere hazırlayan bir eğitim mi öngörüyorsunuz, yoksa yapmakta oldukları işlerde daha etkili olmalarını mı sağlamak istiyorsunuz? Bu soruların yanıtları eğitimin türünü, katılımcıları seçme sürecini ve eğitim sonuçlarını değerlendirme yöntemlerini belirleyecektir. Bu karar, genel eğitim stratejisiyle de uyumlu olmalıdır.

Şekil 7: Eğitimde İhtiyaç Analizi Süreci

1. Şirket içinden ve dışından bilgi derleme

⇩

2. İş ihtiyaçlarını belirleme

Yeni fırsat
Soruna çözüm
Stratejiye destek

⇩

3. Eğitim hedefini tanımlama

⇩

4. Performans, öğrenme ve katılımcı ihtiyaçlarına yönelik veri toplama

Gereken performans düzeyi
Bireylerin performansı
Gerekli beceri ve bilgiler
Çalışan ihtiyaçları

⇩

5. Verileri analiz etme

Performans, beceri ve bilgi açıklarını tanımlama
Çözüm önerisini tanımlama

⇩

6. Veri analizi sonuçlarını paylaşma

Eğitim önerisi: Tasarım, sunuş ve beklenen iş sonucu
Eğitim-dışı öneriler: İş ortamı, ödüllendirme, olumsuz geribildirim, iş süreçleri

⇩

7. Eğitim hazırlığına ve tasarıma başlama

İşin gereklerini ve yetkinlikleri saptamak: Eğitim programlarının etkili olması için, söz konusu işin gereklerini iyi tanımak önemlidir. İdeal olanı, kurumda yapılan her işte performans için kritik önem taşıyan bilgi, beceri ve yeteneklerle ilgili güncel analizler olmasıdır. Ayrıca kurumun temel yetkinlik modelini de gözönüne almak gerekir.

Çalışanların nabzını tutmak: İhtiyaç analizinin önemli bir parçası da çalışanların sahip olduğu beceri düzeylerini saptamak, buradan hareketle kimlerin eğitim alması gerektiğini belirlemektir. Bu, aynı zamanda her birey ve birimin beklenen düzeyde performansa sahip olup olmadığını da ortaya koyar.

Bilgi toplamanın çeşitli yolları vardır. Öncelikle performans yönetim sistemi, her çalışanın güçlü ve yetersiz yönleriyle ilgili bilgi sağlamalıdır. Bu bilgiden yararlanarak çalışanın beceri düzeyinin iş rolünün gereklerine uygun olup olmadığı tanımlanır. Eğitim için en önemli bilgiler, çalışanların gelişim planlarından elde edilebilir. Bu planların gerçekten şirketin hedeflerine ulaşmasına yardımcı olup olmadığını, çalışanların yeni beceriler kazanmasına olanak sağlayıp sağlamadığını, yoksa sözde mi kaldığını da böylece tespit etmek mümkün olur.

İşgücünün beceri düzeyini saptamak için ölçüm araçları da yararlı bilgiler verir. İşe alım sırasında yapılan değerlendirmelerden yararlanılarak çalışanın beceri gelişimi izlenebilir. Değerlendirme ve geliştirme merkezi uygulamaları da çalışanların güçlü ve yetersiz yönlerini belirlemeyi sağlar. Bu uygulamaların tümü, "şu anda hangi noktadayız?" sorusunun cevabını vermek içindir. Böylelikle açıklar belirlenir ve eğitimler tasarlanır. İhtiyaç analizi nerede olduğunuz ile nerede olmak istediğiniz arasındaki açığı belirlemeye yarar.

Şekil 8'de eğitim öncesi ve sonrası analizler arasındaki bağlantıyı görebilirsiniz.

İhtiyaç Analizinden Eğitim Sonuçlarını Ölçmeye

Eğitim ihtiyaç analizi sürecinde yapılan çalışmalar, eğitim sonrasında yapılacak ölçme sürecinin de temelini oluşturur. Birincisi, "Neredeyiz?" sorusunun cevabını verirken, ölçme "Nereye vardık?" sorusunun yanıtıdır. İkisi birlikte, temel hedef olan "Nereye varmak is-

Şekil 8: İhtiyaç Analizi ve Eğitim Değerlendirme İlişkisi

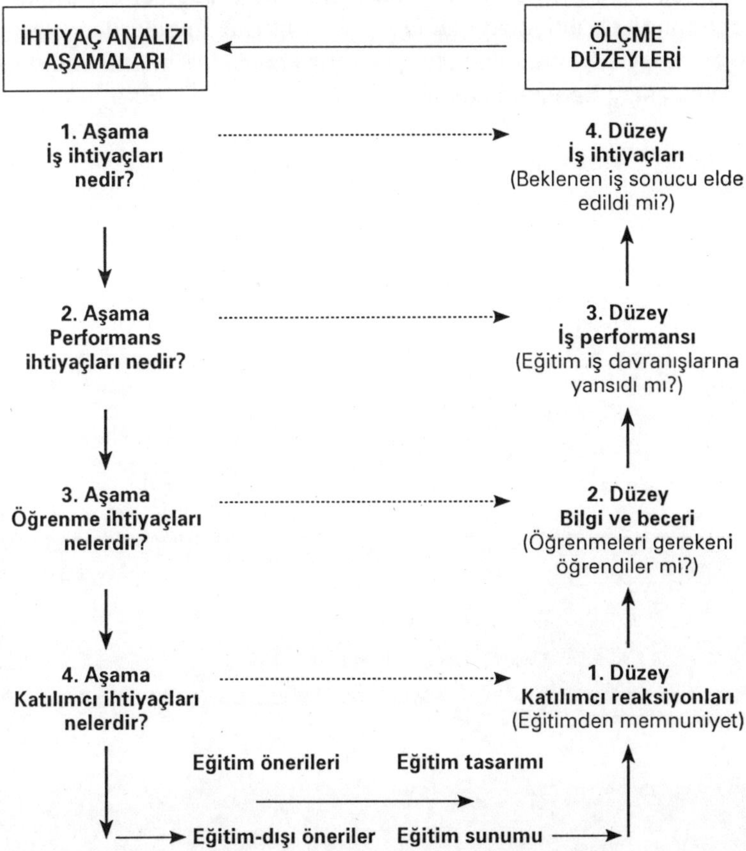

tiyoruz?" sorusunun –bir başka deyişle hedeflenen iş sonuçlarının– alt başlıklarını oluşturur. Eğitim, bu sorular arasındaki kritik halkadır. O halde çalışanların donanımını artırarak, dolayısıyla iş performansını yükselterek kurumu daha ileri bir düzeye taşıma uğraşı çerçevesinde **ihtiyaç analizi-eğitim-sonuçları ölçme üçlüsü,** birbirinden ayrı düşünülmemesi gereken bir bütünü oluşturur.

Eğitim projelerinin tasarlanıp uygulanması sürecinde ihtiyaç analizi ilk adımı ve bütün sürecin etkinliğinin güvencesini oluştu-

rur. Bugün yaygın olarak bazı eğitim kuruluşlarının sunduğu paket program ve raftan alınan hazır eğitimlere odaklanan, bunun sonucunda da ihtiyacın özünden ve kurumsal amaçlardan uzaklaşan anlayışı yenmenin yolu, yukarıda kısaca tanımlanan bütünsel yaklaşımı benimsemektir.

EĞİTİM ÖLÇME VE İZLEME

Aydınlıkta Yürümek

Marketten ürün alır gibi, adına bakılarak eğitim alınan yıllarda eğitim şirketleri, pazarlama ve satış etkinliklerinin bir uzantısı olarak, imkânsızı vaat etmekte sakınca görmezlerdi. 2-5 gün içinde en karmaşık becerileri katılımcılara kazandıracaklarını iddia eden eğitim şirketleri, vaatlerinin gerçekleşmesiyle ilgili hiçbir sorumluluk taşımadılar. Bunun temel nedeni, verilen eğitimin bilimsel yöntemlerle ölçme ve değerlendirmesinin yapılabileceğinin düşünülmemesiydi.

"Katılımcılara hoş vakit geçirten" birçok eğitim programının vaatleri yerine getiremediği ortaya çıktıkça, yöneticiler İK uzmanlarına "hesap sormaya" başladı. İK bölümünün "eğitim için harcanan avuç dolusu paranın karşılığı" konusunda açıklama yapma zorunluluğu ortaya çıktı.

Eğitime yapılan harcamalar ile şirket kârlılığı arasındaki doğrudan ilişkiyi ortaya çıkaran araştırmalar, eğitime ayrılan bütçelerin gittikçe artmasına yol açtı. Çalışanların gelişimi, kurumun rekabette öne geçme stratejisinin daha da önemli bir parçası haline geldi. Yöneticiler eğitime yapılan yatırımın geri dönüşü hakkında bilgi istedikçe, eğitim şirketleri de katkılarını somut biçimde ortaya koymak için ölçme ve değerlendirmeye daha fazla önem verdiler.

Eğitimler Ölçülebilir

Ölçme ve değerlendirmesi yapılmayan eğitim, "karanlıkta yürümeye" benzer. Çünkü hem ölçülmeyen bir şeyi geliştirmek mümkün değildir, hem de sağladığı yararların gösterilemediği bir alana para yatırmak gerçekçi değildir.

Eğitimler beş düzeyde ölçülebilir.

1. Katılımcıların tepkisi, eylem ve niyet planları: Katılımcıların programdan sonra doldurdukları değerlendirme formlarıyla ölçülür. Bu formda, katılımcıların, öğrendiklerini nasıl kullanacakları ve hayata nasıl yansıtacaklarıyla ilgili görüşleri de yer alır. Hemen bütün eğitimlerden sonra böyle bir değerlendirme yapılır. Bu değerlendirme müşteri doyumu açısından önem taşımakla beraber, olumlu sonuçlar katılımcıların yeni beceriler edindiklerini ve bunları hayata yansıtacaklarını garanti etmez.

Katılımcıların son derece memnun oldukları, çok "eğlendikleri" birçok program vardır. Eğlendirici olmak bir eğitim programı için iyi bir araçtır ancak eğitim programlarının amacı eğlendirmek değildir. Dolayısıyla eğlendirici olma amacı güden programların, katılımcıların hayatında bir değişim yapması beklenemez.

2. Bilgi ve becerilerin öğrenilmesi: Katılımcıların programdan kazandıklarını uygulamalar, rol dramatizasyonları, simülasyonlar, grup değerlendirmeleri ve diğer araçlarla ölçmek, programın amaçlarına ulaşılması açısından önem taşır.

Böyle bir ölçüm, katılımcıların malzemeyi ne kadar hatırladıklarını ve kendilerine mal ettiklerini gösterir. Ancak olumlu sonuçlar, kazanılan bilgi ve becerilerin "iş"te uygulanacağının garantisi değildir. Hem gözlemlerimiz, hem de literatür bulguları, öğrenilmiş bilgilerin hayata geçirilmesindeki yetersizlik ve başarısızlıkların çok yaygın olduğunu göstermektedir. Bilgilerin öğrenilmiş olması, eğitimin hedefine ulaştığının değil, ancak yaklaştığının işaretidir.

3. İşte uygulama: Öğrenilen bilgilerin işte uygulanması, programın "kritik başarı faktörü"dür. Bu bir futbol maçındaki "gol pası" gibidir. Ancak bu da eğitimin amacına ulaştığının garantisi sayılamaz. Çünkü yeni bilgi ve beceriler, uygulanmakla kalmamalı, maddi sonuçlar da vermelidir.

4. İş sonuçları: Eğitimde öğrenilen bilgi ve becerilerin maddi sonuçlar vermesidir. Bu düzey ölçümler üretim, kalite, maliyet, zaman, müşteri doyumu boyutlarını içine alır.

5. Yatırımın geri dönüşü: Bir eğitim programı ölçülebilir sonuçlar vermiş olsa bile, bu sonuçların programın maliyetinden daha fazla olması gerekir.

Tablo 11: Değerlendirme Düzeylerinin Özellikleri

	1. Düzey	2. Düzey	3. Düzey	4. Düzey	5. Düzey
Etki zinciri	**Eğitim izlenimi**	**Bilgi ve becerinin öğrenilmesi**	**İşe uygulanması**	**İş sonuçlarına etkisi**	**Yatırımın geri dönüşü**
Sorular	Katılımcıların program hakkında düşünceleri nedir? Öğrendiklerini hangi alanlarda kullanmayı planlıyorlar?	Katılımcıların hangi bilgi, beceri ve tutumları, ne ölçüde değişti?	Katılımcılar, öğrendiklerini işe uyguladı mı?	Öğrenilenlerin işe uygulanması ölçülebilir sonuçlar yarattı mı?	Bu sonuçların parasal değeri, eğitimin maliyetiyle ilişkilendirilmesi, yatırılan kaynağı haklı kılıyor mu?
Bilgi değeri düzeyi	**En düşük**	→	→	→	**En yüksek**
Müşteri odağı	**Katılımcı**	→	→	→	**Kurum**
Değerlendirme zorluğu	**Kolay**	→	→	→	**Zor**

Bu düzey, programın maliyeti ve programdan elde edilen sonuçların parasal karşılığını içine alan bir değerlendirme içerir. Eğer programın kuruma olan katkısı daha fazlaysa, üçüncü düzeyde verilen gol pası "gol"e dönüşmüş demektir.

Bir eğitim programının maliyetine etki eden ögeler şunlardır:

- Eğitime giden katılımcıların işgücü kaybı
- Eğitim salonu, yemek ve varsa konaklama harcamaları
- Katılımcıların ulaşım giderleri
- Eğitim şirketinin hizmet bedeli

5. düzey değerlendirme, bütün bu harcamaların programdan elde edilen yararlarla kıyaslanmasıyla yapılır. Bunun için şirket içindeki her birimin kârlılığa katkısının hesaplandığı bir bilgi işleme sistemine ihtiyaç vardır. Görüldüğü gibi, eğitimin ölçülmesi, eğitim şirketinin tek başına yapabileceği bir iş değildir. Bu süreçte İK bölümü, eğitim şirketiyle ortak çalışma yürütmelidir.

Örnek: Satış Eğitimi

Bir eğitim programının alınmasına karar verilirken amaç, işin doğurduğu bir ihtiyacı karşılamaktır; satışları artırmak gibi. Bundan sonra işi yapanların bu amaca ulaşmak için ihtiyaç duyduğu bilgi ve beceriler saptanır; müşterilerle iyi ilişkiler kurmak, itirazları karşılamak, kızgın müşterilerle başaçıkabilmek vb.

Eğitim sonucunda öğrenilenlerin işteki uygulamaları müşterilerle iyi ilişkiler kurmak, itirazları karşılamak, alternatif sunmak vb.dir. İşe uygulanmış bilgi ve becerilerin iş sonuçlarına olan etkisi, satışların %X artmasıdır. Yatırımın geri dönüşü ise, belirli bir süre içinde artan satışların parasal değerinin, satış eğitimine ayrılan kaynakların toplamından % Y fazla olmasıdır.

Her eğitimin sayısal olarak ölçülebilen, dolayısıyla parasal olarak ortaya koyulabilen sonuçları olması gerekir. Eğitimleri ölçmek, yapılan çalışmanın bireye ve kuruma ne ölçüde yarar sağladığını somut olarak ortaya koyar. Bireysel planda fark, katılımcıların yaşam kalitesinde görülür. Ancak bu yetmez. "Kişisel gelişim" programlarının da kuruma doğrudan parasal olarak katkı yapması beklenir. Bu fark daha yüksek müşteri memnuniyeti, daha fazla satış, daha kaliteli ürün, daha kısa süren toplantılar, devamsızlıkta azalma gibi birçok alanda ortaya koyulabilir. Eğitimler bu amaçlarla alındığına göre beklenen somut etkileri de sağlamaları gerekir. Aksi halde katılımcılara hoş vakit geçirtmek ve onları sosyal olarak birbirine yaklaştırmaktan başka bir yarar sağlanmaz.

Kendi sektöründe lider olan, üretim alanında faaliyet gösteren ve makroteknoloji kullanan bir kuruluşta yaptığımız çalışmada eğitimi ölçme sürecimizi bunu izleyen sayfalarda bulacaksınız. Bu sunuş, eğitimin ölçülmesi işinin ciddiyetle ele alınması gerektiğini, matomatik ve istatistik bilgisi gerektiren bu süreçte eğitimi veren ve alan kuruluşların bir arada çalışmasını gerektirdiğini göstermektedir. Bu çalışma, kurumun eğitime ayırdığı bütçenin "katılımcıların motivasyonlarını yükseltmek", "bilgilerini tazelemek", "birlikte olup yakınlaşmalarını sağlamak" gibi genel amaçlar uğrunda feda edilmediğini göstermektedir.

Tablo 12: Proses Akışı

Eğitim anında (N=0)	1 Öntest	Bilgi düzey değişikliği
	2 Eğitim	
	3 Eğitim anketi	Eğitime katılan kişilerin memnuniyet düzeyi
	4 Hedef belirleme	Eğitimden alınan bilgilerin gerçek yaşamda uygulanması (Gözden geçirme oturumunda değerlendirilir)
Gözden geçirme (N+3 ay)	5 Sontest	
	6 Davranış testi	Katılımcının davranış değişikliklerinin gözlenmesi
Yıllık değerlendirme (Ocak)	7 Amir anketi	Amir görüşleri
	8 Baltaş raporu	Genel eğitim değerlendirmesi
	9 Endüstri ilişkileri değerlendirmesi	Endüstri ilişkileri anahtar göstergeleri

Kurumda 1342 çalışanla gerçekleştirilen eğitimin ölçüm süreci yukarıdaki gibidir.

Grafik 9: Öntest-Sontest (İletişim Eğitimi 275 kişi / %41)

Genel Gelişim

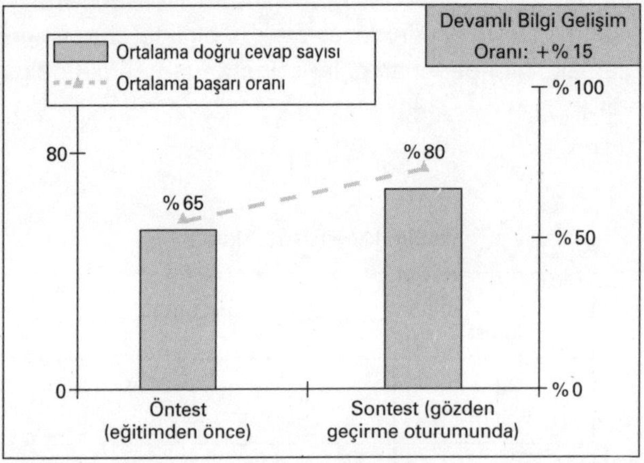

Maksimum Gelişim Gösteren İlk 3 Soru

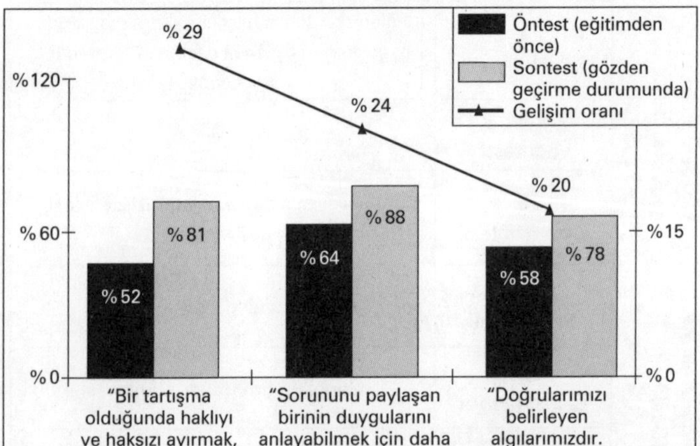

Sonuç: İletişim eğitimi alan 275 katılımcıda devamlı bilgi gelişim oranı %15 artış göstererek %65'ten %80'e çıkmıştır. Haklılık, duygu paylaşımı ve algıların kişiye özgü olduğu gerçeği, eğitimde en çok gelişme gösteren konulardır.

Grafik 10: Eğitim Anketi (673 kişi: %100)

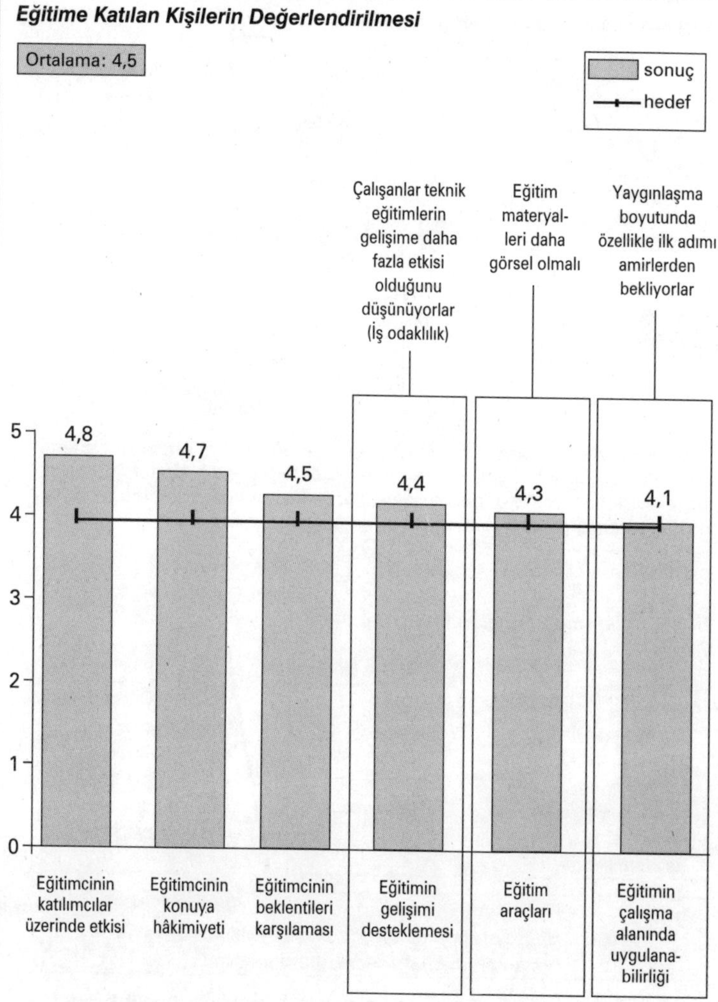

Sonuç: Eğitimcinin katılımcılar üzerinde etkisi (4,8) ve eğitimcinin konuya hâkimiyeti (4,7) en yüksek puana sahiptir.

Şekil 9: Hedef Belirleme (275 kişi / %41)

Eğitime Katılan Kişinin Hedef Yönelimi

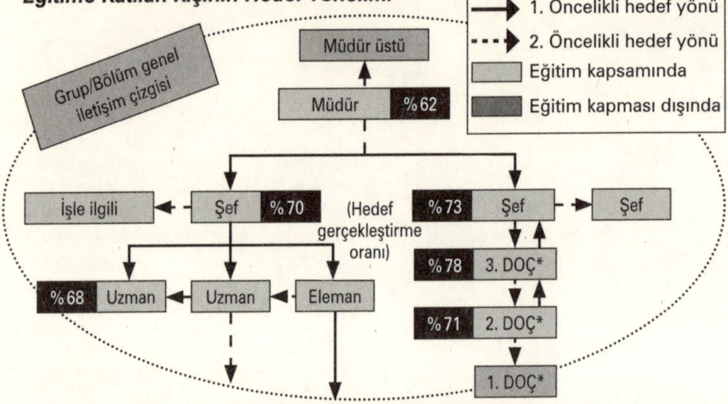

Sonuç: 2. ve 3. düzey operasyon çalışanları, birinci öncelikli hedeflerini, üstleriyle ilişkileri geliştirmek olarak belirlemişlerdir. Hedef gerçekleştirme oranının % 78'le 3. düzey çalışanlarda en üst düzeyde olduğu, onları 2. düzey çalışanların ve şeflerin izlediği görülmektedir.

(*) DOÇ: Düzey Operasyon Çalışanı

Hedef Belirleme Sonuçlarının İrdelenmesi

Problem	Olası neden 1	Olası neden 2
2. ve 3. düzey operasyon çalışanları, birinci öncelikli hedeflerini, üstleriyle ilişkileri geliştirmek olarak belirlemişlerdir.	Yükselmek için bu davranışın gerekliliğine inanıyor.	Örnek aldığı (yükselen) kişilerden bu davranışı kopyalamış.

Olası önlem: 3. düzey operasyon çalışanları yetkinlik değerlendirmesinde, "İnsan Kaynakları Gelişimi" maddesine daha fazla önem vermek

Eğitimin sonunda 3. düzey operasyon çalışanlarının hedef belirleme sonuçları ayrıntılı olarak incelendiğinde ve olası nedenler derinlemesine değerlendirildiğinde, katılımcıların ilişkilere yatırım yapmayı önemsedikleri ortaya çıkmakta, bunu da kendilerinden öncekilerden gördükleri anlaşılmaktadır. Bu anlayışı ortadan kaldırmak için kurum içindeki "İnsan Kaynakları Gelişimi" maddesine daha fazla önem vermek gerektiği sonucuna varılmıştır.

Şekil 10: Davranış Testi Sonucu (275 kişi / % 41)

Davranış Gelişim Yönelimi

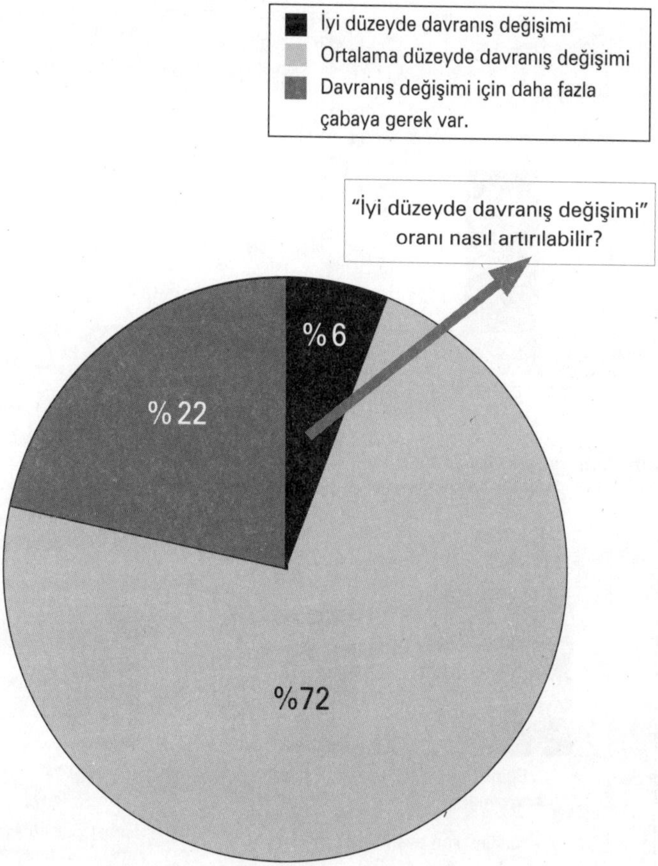

Sonuç: Davranış ve gelişim yönelimi değerlendirmesinde olumlu ve olumsuz geribildirim yöntemi kullanılmış, bunun sonucunda ortalama düzeyde davranış değişimi gerçekleştiği görülmüştür. Daha üst düzeyde davranış değişikliği sağlamak için yönetimin de desteğini alarak, işbaşı gelişim programlarında bu yöntemi kullanmak gerektiği sonucu ortaya çıkmıştır.

Grafik 11: Amir Eğitim Memnuniyet Anketi (22 yönetici)

Amirlerin Eğitimlerle İlgili Genel Düşüncesi

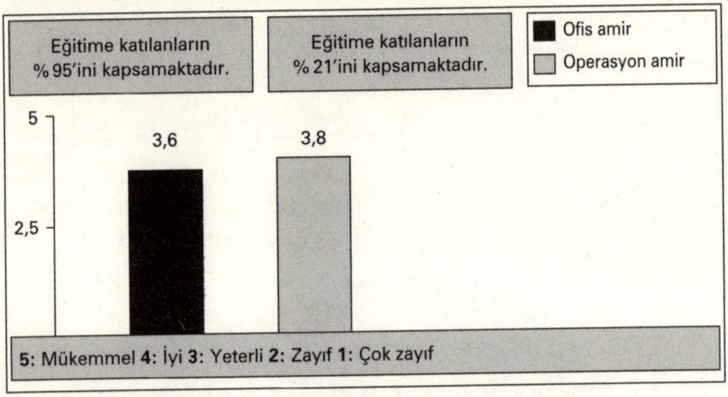

Amirlerin İşbaşı Gelişimiyle İlgili Genel Düşüncesi

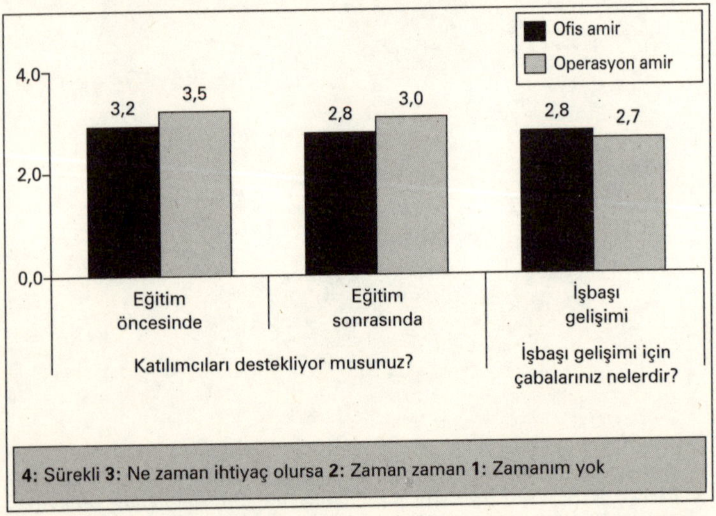

Sonuç: Yöneticilerin, eğitim öncesinde ve sonrasında, eğitime katılan çalışanlara daha fazla destek olmaları gerektiği görülmüştür (reaktif yaklaşım → proaktif yaklaşım).

Grafik 12: Endüstri İlişkileri Bölümü Gözlemleri (iç iletişim)

Amirle İlgili İletişim Problemi Eğilimi (2005-2007)

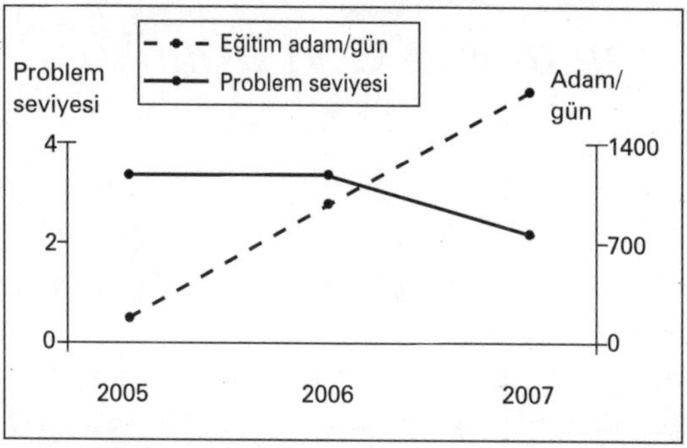

Açıklama	
4	Yaygın
3	Sık görülen
2	Hafif/makul
1	Seyrek

Kaynak: Endüstri ilişkileri temsilcileri, işten çıkış görüşmeleri, anlık inceleme

2006'yla karşılaştırıldığında amirle ilgili problemlerde düşme olduğu gözleniyor.

İşten Çıkış Görüşmeleri Değerlendirmesi

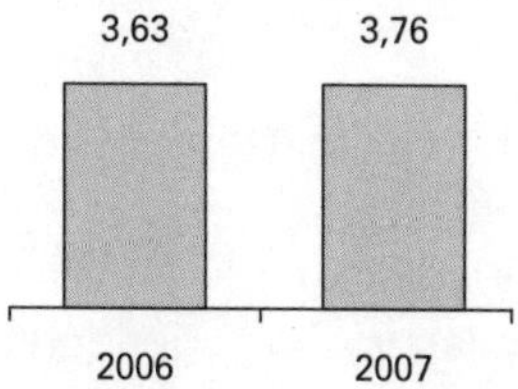

5: Mükemmel **4**: İyi **3**: Yeterli
2: Zayıf **1**: Çok zayıf

İşten ayrılanlar, eğitimlerin tatminkâr olduğunu bildiriyorlar.

Eğitim, çalışanların enerjilerini kurum amaçlarını geliştirme yolunda kullanmaları açısından kuruma büyük katkı sağlamıştır. Enerjinin, iş amaçları dışında, ilişkiden kaynaklanan ya da çalışanların kendi yarattığı sorunlara yönelmesi (kültürel entropi) ciddi bir kaynak kaybıdır. Eğitim, bu kaybın azalmasını sağlamıştır. Eğitim sonucunda çalışanların amirleriyle olan iletişim problemlerinin de %25 oranında azaldığı görülmektedir.

Eğitim Yatırımının Geri Dönüşü

"Eğitim Sürecinde Sorumluluk Paylaşımı" yazısında belirttiğimiz gibi, eğitimin altı paydaşı vardır:

1. Eğitim alan kurumun yönetimi, 2. Eğitim alan kişinin yöneticisi, 3. Eğitim alan kurumun insan kaynakları, 4. Eğitime katılanlar, 5. Eğitim veren kuruluş, 6. Eğitim yöneticisi.

Eğitimin ölçülmesi, öncelikle tüm bu tarafların zihin haritalarında temel değişiklikler yapmayı ve bazı genel kabulleri tersine çevirmeyi gerektirir. Doğru olarak kabul edilen ve değiştirilmesi gereken zihin haritalarından bazıları şunlardır:

Yanlış Sonuçlar ölçülemeyeceği için bir eğitimin maliyet-yarar analizi yapılamaz.

Doğru Sonuçlar ölçülebileceği için bir eğitimin maliyet-yarar analizi yapılabilir. Buna, eğitime yapılan yatırımın geridönüşü denir.

Yanlış Eğitimlerin iş ihtiyaçlarına cevap vermesi kolay değildir.

Doğru Bir eğitim programı, belirlenmiş iş ihtiyaçlarını karşılamalıdır.

Yanlış Eğitimin davranış ve iş üzerindeki etkilerini ölçmek için herhangi bir objektif kriter yoktur.

Doğru Eğitimin davranış ve iş üzerindeki etkilerinin objektif kriterleri vardır ve bunlar ölçülebilir.

Yanlış Eğitim sadece eğitimciyi ve katılımcıları ilgilendirir. Anahtar konumdaki yöneticilerle işbirliğine girmeye gerek yoktur.

Doğru Eğitimi alacak katılımcılar ve anahtar konumdaki yöneticilerle işbirliği yapılmalıdır.

Yanlış Ölçülebilen sonuçlar alabilmek için katılımcıları hazırlamaya gerek yoktur.
Doğru Eğitimden önce beklenen sonuçların katılımcılarla paylaşılması gerekir.

Zihin haritalarında bu değişiklikler gerçekleşmeden eğitimler ancak birinci düzeyde ölçülebilir. Daha "ileri" düzeydeki ölçümler, eğitimle ilgili taraflara sorumluluk yükler.

Eğitim Bir Süreçtir

Eğitim programları kavramının içinde yer alan "program" kelimesi, öğrenme konusunda seminer, tartışmalı toplantı, e-öğrenme, işbaşı eğitimi gibi herhangi bir çözümü tanımlar. Oysa eğitim çalışması, dar bir zaman aralığıyla sınırlı olmayan bir süreçtir. Bu sebeple bir eğitim programı, eğitimi alan kurumun iklimine bağlı olarak zaman içinde devam edebilir veya eğitimin sona ermesiyle bitebilir.

İşle ilgili becerilerin geliştirilmesine dönük bir öğrenim programının *(training)* amacı, işi daha az hata ve daha yüksek verimlilikle yapacak mekanik becerileri öğretmektir. Böyle bir eğitim programı, yapılan yatırımı "kısa" sürede geri öder. Aynı zamanda bu yatırımın geri dönmeme riski de çok "düşük"tür.

Buna karşılık terfiyle ulaşılacak yeni bir pozisyona hazırlık için alınan eğitim programının *(education)* amacı, pozisyon için gereken yetkinlikleri geliştirmektir. Örneğin, hedef kitlesi bayi olan bir satıcı, "ikna, etkileme, müzakere, insanlararası ilişkilerde anlayış" gibi yetkinlikleri geliştirir. Böyle bir eğitimde yatırımın geri dönüşü "orta" sürelidir. Yatırımın geri dönmeme riski de benzer şekilde "orta" düzeydedir.

Gelişim programları *(development)* ise kültür değişikliği yapmayı amaçlar. Gelişim programı için öncelikle mevcut durumla ilgili bir ölçüm yapmak gerekir. Bu değerlendirme müşteri memnuniyeti araştırmasıyla dışadönük, çalışan memnuniyeti araştırmasıyla da içedönük olarak yapılır ve buna göre hedefler belirlenir. Sonraki yıllarda aynı ölçümler tekrarlanarak gelişim objektif olarak izlenir.

Bu süreçte yönetimin, gerçekleşmesini istediği değişim konusunda çalışanlara örnek olması gerekir. Eski alışkanlıkların rehaveti, bu konuda gösterilen gayret ve yapılan harcamaları boşa çıkarır. Çalışanlara da bu konuda büyük sorumluluk düşer. Çalışanlar yeterince olgun olmadıkları takdirde "taleplerini" ve "memnuniyetsizliklerini" artırarak sürdürürler. Böyle bir duruma düşmemek için onları geliştirecek ve olgunlaştıracak programlara ihtiyaç vardır. Tahmin edilebileceği gibi gelişim programlarının geri dönme süresi "uzun", yatırımın geri dönmeme riski de "yüksek"tir.

Eğitime yapılan yatırımın geridönüşünü gerçekçi biçimde değerlendirmek için kurumun çeşitli kademeleri, yöneticiler, muhasebeciler, eğitimciler hatta mühendisler, İK bölümüyle ve eğitimi veren kuruluşla işbirliği yapmak zorundadır. Aksi halde eğitimler ölçülemez ve harcamaların karşılığının alınıp alınmadığı hesaplanamaz.

Eğitimin Verimliliğe Katkıları

ABD'de yapılan araştırmalar, çalışan eğitimi arttıkça şirket gelirlerinin daha hızlı bir oranda arttığını gösteriyor. 1995'te, Pennsylvania Üniversitesi bünyesinde yer alan İşgücünde Eğitimsel Kalite Merkezi, Amerikan Araştırma Bürosu'nun isteği üzerine, ülke çapında bir araştırmanın sonuçlarını yayınladı. "Eğitimin İşletmelerin Verimliliğine Katkıları"nın incelendiği çalışma, 20'den fazla insan çalıştıran 3000'in üzerinde işletmeyi tarayan ve iş dünyasında bu anlamda yapılan ilk çalışmaydı. Sonuçlar, eğitim harcamaları düzeyi ile şirket kârı arasında doğrudan bir ilişki olduğunu ortaya çıkardı. İşçilere verilen (basit düzeydeki) eğitimlerde %10'luk bir artışın üretimde %8.6'lık bir çıktı artışı yarattığı görüldü. Üretim dışı sektörlerde bu oran %11'e varmaktaydı ve **insana yapılan yatırım, işletmeye ya da donanıma yapılan yatırımdan 3 kat daha fazla verimlilik artışı** sağlıyordu.

Amerikan Yönetim Derneği (American Management Association) de ayrıca yaptırdığı bir araştırmada şu sonuçlara ulaştı:

Küçüldükten ya da yeniden yapılandıktan sonra kârları artan şirketlerin %62.6'sının eğitim bütçelerini artırmış olduğu saptandı. Eğitim bütçelerini artıranların üretkenliği %45 oranında yükselmişti.

Küçüldükten ya da yeniden yapılandıktan sonra kârları düşen şirketlerin %29.9'unun ise eğitim bütçelerinde kısıntıya gitmiş oldukları ve üretkenliklerinin %42.2 oranında düştüğü görüldü.

Eğitimlere duyulan güvenin gelişerek sürmesi, eğitim yönetiminde ölçme ve değerlendirmeye gereken önemin verilmesine bağlıdır. Çalışanlar eğitim aldıktan sonra, önceden yapamadıkları neleri yapmaya başlamışlardır ve bunun değeri ne kadardır? İK uzmanlarının yapması gereken hesap, kanıtlaması gereken katma değer budur.

İzlenmeyen Eğitim İz Bırakmaz

Okulda öğrenmenin amacı not almak, sınıf geçmek ve sınavda başarılı olmaktır. Yetişkin öğrenmesinin amacı ise öğrendiklerini hızla uygulamaktır. Eğitimde öğrenilenlerin performansa ancak %5 ila 20 oranında yansıdığı, araştırmalarla ortaya konmuştur. Öğrenilenlerin uygulanmasını engelleyen temel faktörler –en sık rastlanandan en az rastlanana doğru– şunlardır:

1. Yeni davranışları işe yansıtmanın teşvik edilmemesi
2. Destekleyici olmayan kurum iklimi
3. Yeni becerilerin katılımcılar tarafından ilgisiz ya da uygulaması zor olarak algılanması
4. Katılımcıların değişmek ve konfor alanından çıkmak istememesi
5. Eğitimden sonra katılımcıların kendi haline bırakılması, izlenmemesi
6. Eğitimin içeriğinin ya da sunumunun zayıflığı
7. İş arkadaşlarından gelen olumsuz baskı

"Transfer bariyerleri" olarak adlandırılan bu faktörlerin en önemlisi, her kademedeki çalışan ve yöneticinin davranış değişikliğiyle ilgili işbirliğine yönelik tutum içinde olmamasıdır. Bunun temel nedeni, değişim isteyen üst yönetimin, daha alt kademedeki yöneticileri söz konusu değişikliğe ikna edememesi olabilir. Ya da tam tersine, değişim isteği çalışanlardan gelebilir ancak üst yönetim tarafından içten içe reddedilebilir. "Yine bir icat çıkardılar; ne olacaksa olsun bitsin de biz işimize bildiğimiz gibi devam edelim," anlayışı yönetici ya da çalışanlarda hâkim olduğu sürece, öğrenilenlerin performansa %5 oranında dahi yansıması mucizedir.

Önemli transfer bariyerlerinden biri de, eğitimin izlenmemesidir. Araştırmalar, öğrenilenleri uygulamakta en başarılı olan kurumların, eğitimleri izlemek ve pekiştirmek için diğerlerinden on kat daha fazla çaba harcadıklarını, bunlar içselleştirilip iş sonuçlarına yansıtıldıktan sonra yeni eğitim programlarına geçtiklerini gösteriyor.

İzleme Adımları

Bir eğitimin etkisinin ölçülmesi sürecinde, şirketin bulunduğu sektör, eğitim programının hedefi ve içeriği gibi değişkenler, kullanılacak yöntemleri belirler. Veri toplama aşamasında, soru formları, iş esnasında izleme, katılımcılar ve yöneticilerle görüşmeler, grup tartışmaları, iş başında uygulamalar, performans değerlendirmeleri gibi yöntemler uygulanabilir.

Eğitimi alacak kişiler; yaş, eğitim düzeyi, yetki düzeyi, şirket içi süreçlere ilişkin bilgi düzeyi gibi konularda benzer özelliklere sahip olsalar da, eğitim alacakları konuda bilgi ve becerilerinin aynı seviyede olduğunu varsaymak yanlış olur. **Öntest** adı verilen ölçümler, eğitim programının içerdiği konularda katılımcıların eğitim öncesinde ne kadar bilgi ve beceriye sahip olduklarını, bu bilgi ve becerilerinin ne kadarını kullanıp uyguladıklarını belirlemek için tasarlanmaktadır. Öntestte yer alan sorular, yanıtlayıcıların "ne kadar az şey bildiklerini" ispat etmek için kullanılmaz. Amaç, eğitimin yaratacağı farkı objektif olarak görebilmek için mevcut durumu belirlemektir. Bu amacın katılımcılarla paylaşılması, soruları samimiyetle yanıtlamaları açısından çok önemlidir.

Eğitimin hemen sonrasında, **katılımcıların programa ilişkin görüşler**inin alındığı kısa bir soru formu verilir. Katılımcılar hem programın içeriğini, hem eğitmenin performansını değerlendirmekte, aldıkları eğitimi kurum içerisinde nasıl hayata geçirebileceklerine ilişkin görüşlerini iletebilmektedir.

Eğitimden yaklaşık dört hafta sonra eğitim programının **bilgi düzeyinde kazandırdıkları ölçülür.** Bu aşamada uygulanan soru formunda, eğitim programında sunulan konulara ilişkin bilgilerin ne kadarının belleklerde kaldığını ölçmeye yönelik sorular yer almaktadır.

Eğitimde sunulan konularda **davranış değişikliği**nin oluşması ise, daha uzun bir süre gerektirdiğinden, programdan yaklaşık sekiz hafta sonra da davranışlarla ilgili bir soru formu katılımcılara ulaştırılmaktadır. Bu formda, katılımcıların eğitim sonrasında çeşitli sorun yaratabilecek konu ve durumlar karşısında nasıl davrandıklarını belirtmeleri istenen sorular yer almaktadır.

Katılımcıların eğitimden edindikleri bilgileri davranışlarına ne kadar yansıttıkları, kurum içinde sorunları nasıl çözdükleri, kendilerinin yanı sıra, çalışma arkadaşlarına ve yöneticilerine sorularak da değerlendirilir ve bu üç kaynaktan elde edilen cevaplar karşılaştırılarak, oluşmuş davranış değişiklikleri tam olarak saptanır. Ancak katılımcılara, sınava tâbi tutulmadıkları, ölçülmek istenenin eğitim programının etkinliği olduğu açıkça belirtilmelidir.

Verilerin Analizi

Eğitim programı öncesinde ve sonrasında toplanan verilerin doğru şekilde ve amaca yönelik olarak analiz edilmesi gerekir. Öntestler,

Şekil 11: Analiz

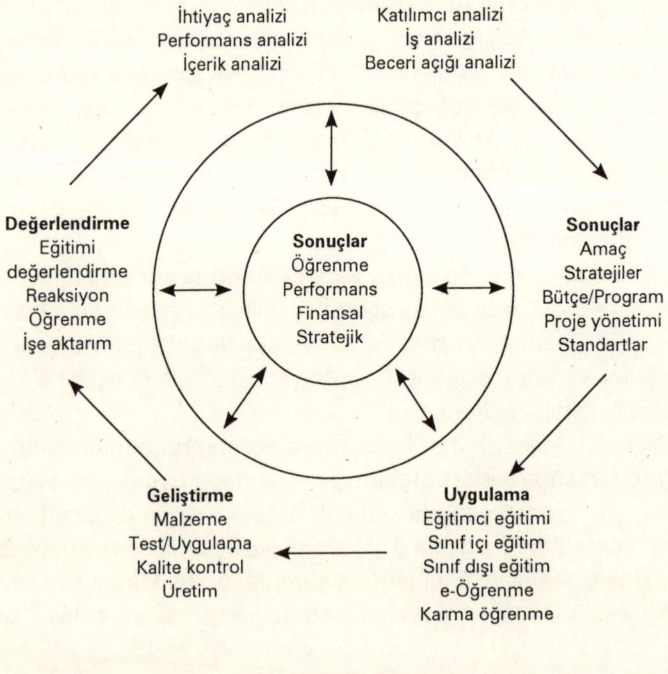

programın kazandırmayı amaçladığı bilgi ve becerilerin tümünü kapsamaktadır. Sontestler ise bilgiyi ve beceriyi (davranışı) ayrı adımlarda ölçmektedir. Öntestte yer alan bilgiye ilişkin sorular, bu konudaki sontestle, davranışa ilişkin sorular ise diğer sontestle karşılaştırılmaktadır.

Eğitim öncesinde ve sonrasında elde edilen veriler istatistiksel olarak kıyaslanır ve istatistiksel anlamlılık testleri uygulanır. **Öntest ile sontestler karşılaştırıldığında, aralarında istatistiksel olarak anlamlı bir fark bulunması, eğitim programının etkinliğini ispat edecektir.** Eğitim programlarının içerdiği konular birkaç alt boyutta incelenebilir; bulunan farklılıkların eğitimin hangi boyutlarında yoğunlaştığı, katılımcıların, öğrendiklerini yaşamlarının hangi alanlarında, ne sıklıkta uygulayabildikleri, rakamlar ve çizelgeleriyle belgelenerek sunulur.

İş Sonuçları

Eğitim programının uzun vadede kuruma kazandırdıkları, ürün ve hizmet kalitesinde artış, maliyetlerde düşüş, zaman kazanma, artan müşteri memnuniyeti, daha kısa süren toplantılar, şirket içi çatışmalarda ve gerginliklerde azalma, iş memnuniyetinde ve kuruma bağlılıkta artış gibi özellikler olacaktır. Bu özelliklerin de eğitim şirketi ve kurumun işbirliğiyle oluşturulacak ölçüm araçlarıyla istatistiksel olarak test edilmesi mümkündür.

İzleme sırasında bazen hiçbir gelişme olmadığı ortaya çıkar. Gelişmenin önündeki engelleri belirlemek, başarı nedenlerini belirlemek kadar değerlidir. Çünkü aynı engeller muhtemelen sonraki eğitim programlarında da karşımıza çıkacak, hem katılımcı hem de eğitimi alan ve veren kurum açısından kaynak kaybına yol açacak ve başarısızlık hissi yaşatacaktır.

Eğitimin izlenmesi, eğitimi veren şirket ile kurum içi birimlerin işbirliğini gerektirir. Eğitim giderlerinin hesaplanması ve programın getirileriyle kıyaslanması sonucunda yatırımın geridönüşü olarak adlandırılan değerlendirme tamamlanır.

Başarı Öyküsü Yöntemi

Bulgular, şirketlerin rakiplerini geçmek için sürekli eğitime yatırım yaptıklarını gösterse de, yöneticileri, eğitim programlarının etkili olduğuna dair ikna etmek kolay değil. Uzun dönemli ve kapsamlı bir etki değerlendirmesi yapmanın üst yönetimi ikna etme çabalarına ve oldukça yüklü bir bütçeye gerek gösterdiğini tüm İK, iş geliştirme ve eğitim profesyonelleri iyi bilir. Peki, eğitimin etkisini ölçmenin tek yolu bu mudur?

Son zamanlarda birçok şirket geleneksel eğitim ölçme tekniklerinden çok daha az bir maliyetle, yeni bir eğitim ölçme tekniğini kullanıyor. Brinkerhoff ve Dressler tarafından geliştirilen bu yeni teknik, Başarı Öyküsü Yöntemi (BÖY) olarak nitelendiriliyor. Her ne kadar bilinen eğitim ölçme teknikleri kadar kapsamlı bilgiler toplanmasına imkân vermese de, yöneticilerin eğitimlere bütçe ayırma kararı vermesine yetecek kadar kanıt sunuyor.

Nasıl Uygulanır?

Başarı Öyküsü Yöntemi, sayısal sonuçlara dayanan yöntemlerden farklı olarak, elde edilen yararın iki ucunda yer alan iki tür katılımcıyı mercek altına alır. Bir yanda öğrendiklerini işe uygulamada ve sayısal iş sonuçları elde etmede en başarılı katılımcılar, öbür yanda en az başarılı olan ve eğitimden yararlanmayan katılımcılar bulunur.

Olumlu örneklerden yararlanarak BÖY, programın istenen sonuçları verdiğini doğrulamak için özel olarak başarılı kişilere (ölçülebilir sonuçlar alanlara) odaklanır. Bu başarı öyküleri eğitim programının eleştirel incelenmesi değildir; bu öyküler, kişilerin eğitim sonucunda öğrendikleri yeni bir yöntemi ya da beceriyi nasıl kullandıklarını gösterir.

Şekil 12: Başarı Öyküsü Yönteminin Adımları

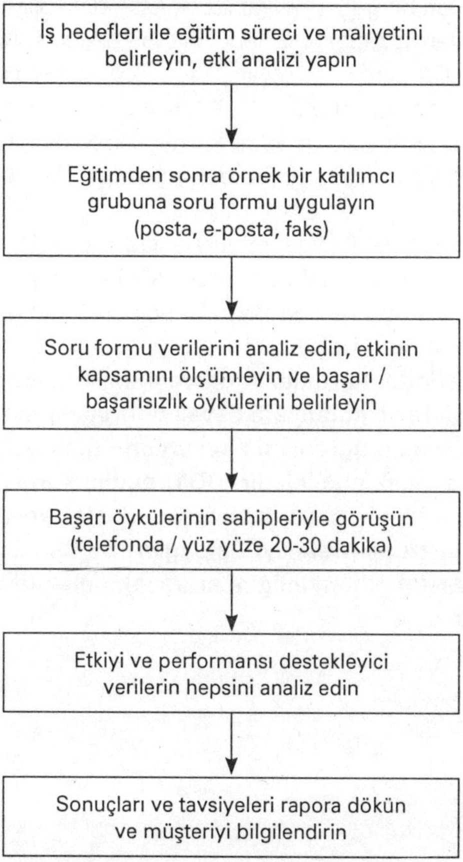

Olumsuz örneklerden yararlanarak da BÖY bazı katılımcıların başarılı olmasını sınırlayan çevresel etkenleri inceler ve öğrenmenin önündeki engelleri belirler. Bu etkenler programın etkisini göstermek için değil, süren bir projede eğitimin tasarımını iyileştirmek ve pekiştirmek için kullanılır.

BÖY'de, en başarılı ve en az başarılı kişileri teşhis edebilmek için 3-5 sorudan oluşan basit bir soru formu kullanılır.

Her iki gruptan rasgele katılımcılar seçilir ve bunlarla telefonla ya da yüz yüze kısa bir görüşme yapılarak aşağıdaki bilgiler elde edilir.

- Eğitimden kazandığınız hangi bilgi ve becerilerinizi, ne zaman, nasıl kullandınız?
- Ne sonuçlar aldınız?
- Aldığınız sonuçların parasal karşılığı sizce ne kadardır?
- Hangi dış etkenler sizin bu girişimlerinize olanak verdi?

BÖY'ün sonuçları hikâye formatında ifade edilir. Bu haliyle eğitim sonuçları kısa, ancak zengin ayrıntılara sahip bir içerikle belgelenir, kurum içinde başkalarınca da doğrulanan somut kanıtlar sunar.

Eğitimden birkaç hafta gibi kısa bir zaman sonra değerlendirmecilerin elinde, kurumdaki gerçek kişilerin doğrudan yaşadıkları durumlara ve sonuçlara dayalı doğrulanabilir veriler bulunur. İşe uygulanan, öğrenilmiş becerilerle ilgili bulgular yöneticileri tatmin edecek niteliktedir. BÖY, eğitim sonuçlarını ölçmenin ötesinde, eğitimin başarılı olmasına destek veren ya da köstek olan koşulları ayırt etmeyi de sağlar. Bu bilgiler de ilerideki eğitim programlarının etkinliğini artıracak önlemlerin alınmasını sağlayacaktır.

e-ÖĞRENME

e-Öğrenme ve Türkiye Macerası

Ahmet Hançer

İnternet/İntranet (yerel ağ) ya da bilgisayar ağı üzerinden yapılan öğrenme olarak tanımlayabileceğimiz e-öğrenmenin Türkiye'deki ilk uygulaması, 1999 yılında başlatılan Turkcell Sanal Sınıf programıdır. Bu projede eşzamanlı sanal sınıf ve eşzamanlı olmayan e-öğrenme modeli birlikte uygulanmıştır. Proje 2008'de Turkcell LearnLand adıyla Turkcell ve grup şirket çalışanlarına hizmet sunmaya devam etmekte, onlarca farklı konuda e-öğrenme içeriği sunmaktadır.

Aynı yıl içinde ilk adımları atılan bir diğer e-öğrenme uygulaması ise, Garanti Bankası ve Doğuş Grubu şirketlerine e-öğrenme içerikleri sunan Humanitas Sanal Eğitim Merkezi olmuştur. Türkiye'de ilk eğitim yönetim sistemi yazılımı uygulaması içeren e-öğrenme projesi olarak on binlerce kişi, X saat e-öğrenme uygulamasıyla en kapsamlı proje olmuştur. Halen Garanti Sanal Eğitim adıyla hizmet sunmaktadır.

2000 yılı içinde ilk adımları atılan İş Bankası e-öğrenme projesi, Türkiye'nin bir diğer ilk e-öğrenme uygulamalarındandır. 2002 yılından itibaren eğitim yönetim sistemi yazılımı üzerinden 7000 kişiye, X saat eğitim sunmuştur. Şu anda, gerek kişisel ve profesyonel gelişim eğitimleri, gerekse SPK lisanslama sınavı hazırlık eğitimleriyle kalabalık bir eğitim kataloğuna sahip olan projede, online ölçme ve değerlendirme sistemi de yoğun olarak kullanılmaktadır.

Türkiye'deki ilklerden sayılan bir diğer kurumsal e-öğrenme uygulaması ise, Pfizer e-Kampüs uygulamasıdır. Türkiye'de değişim yönetimi ve iletişim araçlarının kullanılarak e-öğrenme lansmanının yapıldığı ilk e-öğrenme projesidir. Proje için bir marka oluşturulmuş, bir maskot geliştirilmiş ve teaserlar yardımıyla proje lansmanı gerçekleştirilmiştir.

Bir diğer ilk uygulama ise, Başak Emeklilik, o günkü adıyla Başak Sigorta e-öğrenme uygulamasıdır. Genel müdürlük çalışanları, acentalar ve Ziraat Bankası bazı şube personelini hedef alan proje, Türkiye'de o tarihe kadar en kapsamlı lansman çalışması uygulayarak satış eğitimlerini ilk defa e-öğrenme ortamına taşıyan proje olarak özel bir yere sahiptir.

Türkiye'de ağırlıklı olarak eşzamanlı olmayan e-öğrenme modellerinin tercih edildiği söylenebilir. Yukarıda ilkler arasında değinilen projeler dışında, hayata geçmiş veya geçmek üzere olan çok sayıda kurumsal e-öğrenme projesi vardır. Finans ve üretim sektöründe ağırlık kazanmakla birlikte telekomünikasyon, ilaç, dağıtım, ulaşım ve öğretim kurumları gibi sektörlerde de yaygın uygulamalardan söz edilebilir.

Şirketlerdeki e-öğrenme uygulamalarıyla ilgili son veriler şu şekildedir:

Tablo 13: e-Öğrenme İçerik Konu Başlığı	%
Oryantasyon	35
Bilişim teknolojileri	65
Kurum içi yazılımların kullanımı	18
Hizmetiçi teknik konular	50
Kişisel ve profesyonel gelişim	44
Finans	47
Satış veya müşteri ilişkileri	32
Ürün/hizmet tanıtımı	26
İngilizce	12

Tablo 14: e-Öğrenme Kullanım Modeli	%
Eğitim yönetim sistemi satın alma	59
Eğitim yönetim sistemi kiralama	41
Online sınav kullanımı	53

Yeni Eğilimler

Bugün gelinen noktada, e-öğrenme Türkiye'de yeni nesil öğrenme ve gelişim modeli olarak kendine bir yer edinmiş bulunmaktadır. Ülkemizde de e-öğrenme artık, internet veya kurum bilgisayar ağları üzerinden sunulan öğrenme içeriklerini, sağlanan öğrenme ortamlarını, öğrenmeyi destekleyen CD-ROM'ları ve bilgisayar ağları üzerinden gerçek zamanlı gerçekleştirilen eğitim faaliyetlerini kapsayan oldukça geniş bir kavram ve etkileşimli bir öğrenme modelidir. Bu alandaki yeni eğilimler:

Sınıf eğitimlerinin e-öğrenme modeliyle desteklenmesi: Sınıf eğitimi öncesinde katılımcıların eşit bilgi seviyesine ulaşması, e-öğrenmeyle mümkün olmaktadır.

e-Öğrenmenin ölçme ve değerlendirme araçları: Herhangi bir konudaki bilgi kısa sürede test edilebilmekte ve gerekli adımlar hızla planlanabilmektedir. Geleceğin eğitim modellerinde giderek daha çok kullanılacağı görülmektedir.

Sanal sınıf uygulamaları: Artan internet hızlarına bağlı olarak yeni uygulamaların da arttığı ve süratle geliştiği görülmektedir.

Karma eğitim modelleri: Kullanıcıların bilgi ve tecrübelerini gerek sanal dünyada, gerek gerçek sınıf ortamlarında yüz yüze paylaşmalarını sağlayarak, öğrenmenin etkinliğini önemli ölçüde artırmaktadır.

Simülasyon tabanlı öğrenme modelleri: Gelecekte giderek daha çok uygulanacak olan online simülasyonlar, katılımcılara deneyerek ve yaşayarak öğrenme fırsatları sunmakta ve öğrenme katsayısını yükseltmektedir.

İnternetin tüm dünyada ve Türkiye'de gelişimi ile hızlı bir ivme kazanan e-öğrenme uygulamaları, şüphesiz ki önümüzdeki dönemde şirket eğitim ve gelişim uygulamaları ile yetişkin eğitimine yeni boyutlar getirmeye devam edecektir.

Yetişkinler Farklı e-Öğrenir

Araştırmalar, sınıf eğitimlerini yarıda bırakanların oranının %15 ila 20 dolayındayken, e-öğrenmede bu oranın %70'lere vardığını ortaya koymaktadır.

Bunun üç nedeni vardır: Birincisi, **öğrenen insanlarla birlikte olmak ve onların öğrendiğine tanık olmak, kişide öğrenme isteği yaratır**. İkincisi, **başkalarının deneyimlerinden yararlanmak ve öğrendiklerini yansıtmak, öğrenme miktarını artırır**. Üçüncüsü ise, **öğrenme malzemesinin, öğrenen yetişkinin ihtiyaçlarına uygun biçimde düzenlenmesiyle** ilgilidir. Elektronik ortamda öğrenmenin etkinliğini azaltan nedenlerden biri de bu sonuncusudur. e-Öğrenme programına istekle başlayıp yarıda bırakan kullanıcıların yüksek oranı, son yıllarda bu alanda en çok tartışılan konuların başında gelmektedir.

Andragoji

Kurumsal ortamda e-öğrenme uygulamalarının kullanıcıları olan çalışanlar, yetişkin insanlardır. Belirli bir yaşantı birikimine sahip, önlerine çıkan bilgiyi bu deneyimlerinin ışığında sorgulayan ve değerlendiren, günlük yaşamlarında karşılaştıkları sorunlara çözüm arayan, neyin işlerine yarayacağını, neyin yaramayacağını bilen, bağımsız ve özerk kişilerdir. Kendilerine sunulanları öğrenip öğrenmeyeceklerine kendileri karar verir, aradıklarını bulamayınca yeni bilgiyi ellerinin tersiyle itiverirler.

"Yetişkin öğrenmesi" kuramını formüle eden davranış bilimci Malcolm Knowles, yetişkinlerin öğrenmek için belli koşullara ihtiyaç duyduklarına dikkat çekmiş ve bunları 'yetişkin' anlamına gelen *andra* ve 'yol gösterme' anlamına gelen *agasos* sözcüklerinin birleşiminden andragoji olarak adlandırmıştır. Knowles, yetişkinlerin eğitimini ayırt eden beş temel kavramı şöyle tanımlar:

1. Benlik kavramı: Kişi olgunlaştıkça bağımlı olmaktan çıkarak kendi kendini yöneten bir birey olmaya doğru gelişir. Bu nedenle yetişkin, öğreneceği konuların seçiminde söz sahibidir.
2. Yaşantı zenginliği: Kişi olgunlaştıkça yaşantı haznesi artar ve bu birikim öğrenilenlere temel oluşturur. Yetişkin insan, yeni bilgiyi öğrenirken geçmiş yaşantıların süzgecinden geçirir.
3. Öğrenmeye hazır olma: Üstlenilen farklı roller kişide kendini bu yönlerde geliştirme ihtiyacı yaratır ve onu öğrenmeye hazır hale getirir. Bu nedenle yetişkinler, üstlendikleri sorumluluklar ve sahip oldukları sorunlarla örtüşen bilgileri edinmek için daha fazla istek duyar.
4. Öğrenme yönelimi: Olgunlaşan kişi artık öğrendiklerini ertelemek değil, anında hayata geçirmek ister. Konulara öğrenmek için değil, uygulamak için yaklaşır.
5. Öğrenme motivasyonu: Olgunlaşan kişinin öğrenme motivasyonu içselleşir. Değer yargılarına, tercihlerine ve ilgi alanlarına uygun bilgileri öğrenme isteği duyar.

O halde, yetişkinler için eğitim içerikleri tasarlayanların aklından çıkarmaması gereken ilkeler şöyle özetlenebilir:

- İşbirliğine dayalı bir öğrenme ortamı oluşturmak
- Öğrenmeyi birlikte planlamak, öğrenenin katılımını sağlamak
- Öğrenenin ihtiyaç ve ilgi alanlarını teşhis etmek
- Öğrenme hedeflerini bu ihtiyaç ve ilgi alanlarıyla örtüştürmek
- Hedefi gerçekleştirmek için birbiri üzerine inşa edilebilecek etkinlikler tasarlamak
- Tasarımı uygulamaya dökmek için uygun yöntemler, malzemeler sağlamak ve eğitim stratejileri belirlemek
- Eğitim sonuçlarını değerlendirerek daha ileri öğrenme ihtiyaçlarını saptamak

Yetişkinlere yönelik eğitim tasarımları, en az içerik kadar insanların öğrenme süreçlerine de odaklanmalıdır. Sözel anlatımlar ve metinlerden çok, hayatın içinden, uygulamalı örnek olaylar, rol çalışmaları, simülasyonlar ve kendini değerlendirme olanakları gibi stratejiler, yetişkinler için en yararlı eğitim araçlarıdır. Yetişkin öğrenmesi alanında çalışanların aklından çıkarmaması gereken noktalar şunlardır:

- Yetişkin, kendi öğrenmesinden kendi sorumlu olmak ister.
- Kendi yaşantılarını ve deneyimlerini öğrenme ortamına taşır.
- Öğrendiklerinin gerçek hayat durumlarına uygulanabilir olmasını bekler.
- Onu öğrenmeye isteklendiren, kendi iç dinamikleri ve motivasyonudur.

Teknoloji, insan çabasını daha etkin, daha değerli ve daha anlaşılabilir kılmak için bir araçtır. Ancak bu aracı kendi olanakları ve hedefleri doğrultusunda kullanan, insanın kendisidir. e-Öğrenme de, henüz gelişme evresinde olmakla birlikte, gerek kuruluşlara gerekse tüm dünyada toplumların bilgiye ulaşmakta zorluk çeken çeşitli kesimlerine benzersiz fırsatlar sunmaktadır.

e-Öğrenmede Ateşleyici Güç: Motivasyon

"İyi eğitim", bir yandan öğrenenin içsel motivasyonunu beslerken, bir yandan da öğrenme eylemini kolaylaştıracak desteği sağlar. Kişi, öğrenmede başarı kazandıkça kendine güveni ve başarı beklentisi artar, bu da motivasyon düzeyini yükseltir ve öğrenmenin daha etkili olmasını sağlar.

e-Öğrenme, günümüzde giderek çeşitlenen eğitim ortamlarından biri olarak, genel eğitim ilke ve kurallarını kendi gerçeklerine uyarlayan bir uygulamadır. e-Öğrenme uygulamalarının çoğunda, ağırlıklı olarak teknoloji ve içerikle haşır neşir olunduğunu, hatta öğrenme motivasyonunun gözardı edildiğini gözlemlemekteyiz. Oysa öğrenmenin amacı olan davranış değişikliğini gerçekleştiren motivasyondur ve bu beklenti e-öğrenme için de aynı ölçüde geçerlidir.

Motivasyonu Yüksek Tutmak

Öğrenme motivasyonu, önce dikkati öğrenme nesnesine odaklamayı sağlar. Kişiyi öğrenme nesnesine yöneltir ve bu nesne karşısında hangi davranışlarda bulunacağını belirler. Bu süreçte, öğrenmeyi engelleyecek uyaranları eler. Öğrenme sonrasında bilginin hatırda kalmasını kolaylaştırır, yeni bilginin eski bilgilerle bütünleşmesini sağlar ve kavramlar arasında kurulan ilişkiyi pekiştirir. Kişinin davranışlarında bir değişiklik olup olmaması, hatta bilgilerin uzun dönemli bellekte saklanması dahi, öğrenme motivasyonuna bağlıdır.

e-Öğrenme uygulamalarında öğrenme motivasyonunu yüksek tutmak için uygulanan yöntemleri şöyle özetleyebiliriz:

Farklı teknikler: Her programın başında eğitimin hedeflerini açıklamanın eğitim içeriğine düzen kazandırdığı, eğitimin başarısını ölçmeye yaradığı ve en önemlisi, katılımcının öğrenme eylemini kendi ihtiyaçlarına göre planlamasına yardımcı olduğu, eğitimciler tarafından iyi bilinir. Ancak e-öğrenmede, farklı teknikler kullanmak motivasyonu artırıcı rol oynar. Örneğin, eğitimin gerçekleştirmeyi hedeflediği davranışla ilgili bir problem durumu sunmak ve katılımcının problemi çözmesini istemek, kullanıcının ilgisini çeker. Bunun gibi bir canlandırma ya da oyun formatında tasarlanmış hareketli bir öntest, ilgiyi canlı tutacak ve ek program hedeflerinin de görünmesini sağlayacaktır.

Risk ve rekabet: Risk ve rekabet, insanların uyanıklık –dolayısıyla öğrenme– düzeyini en yüksek seviyede tutar. Oyuncu kazanmak ile kaybetmek arasında gidip geldiği sürece oyunun heyecanından kopamaz. Bilgisayara karşı kazanmak ve onaylanmak da bireyler için ödüllendiricidir. e-Öğrenmede de kullanıcıları riskli durumlarla karşılaştırmak motivasyonu artırır, öğrenmeyi kolaylaştırır.

Her kullanıcıya uygun içerik: Elektronik ortamda öğrenmenin öncelikli amaçlarından biri, kişiye özel çözümler sunmaktır. Bazı kişiler kavramları hızlı öğrenirken diğerleri daha yavaş öğrenir ve daha çok örneğe ihtiyaç duyar. Kimileri dikkatini uzun zaman belli bir konu üzerinde odaklayabilir, diğerleri aralıklı çalışır. Bazıları sözel açıklamalarla öğrenir, bazıları çizimlerle, bazıları da uygulayarak... İçeriği bireyselleştirmek için, eğitim yönetim sistemleriyle, kullanıcıları öğrenme sürecinin her aşamasında izlemek, onların öğrenme hızını ve tarzlarını, ek öğrenme araçlarıyla desteklemek gerekir. Öntestler ve aratestlerin sonuçları ile kullanıcının çalışma sürelerinin izlenmesi ve kaydedilmesi sonucunda, ihtiyaca göre metinler, alıştırmalar, CD'ler, problem çözme eğitimleri ya da grup çalışmaları eklenerek, içeriğin kişiye uyarlanması sağlanır.

Çekici içerik: e-Öğrenmede bazen, yenilik adına, öğrenmeyi desteklemeyen uygulamalara heves edilmektedir. Önemli nokta, elektronik ortamın olanaklarından yararlanarak öğrenmeyi teşvik etmektir. Kullanıcıya bir dizi soru sormak yerine, gerçek yaşamla benzeşen durumlar vermek, işlem yaptırmak, bir sistemde hataları buldurmak çok daha ilginçtir. Bunu yaparken kronometreyle zamana karşı yarışmasını, hata yaparak bir felakete, kayba sebep olmasını sağlayarak, kısacası gerilim yaratarak öğrenme çabası harekete geçirilir. Canlandırmalar duyguları da uyararak durumu kişiselleştirir. Öğrenme sonunda elde edilen bir yarar ya da başarı, öğrenme isteğini artırır.

Çok aşamalı ödevler: Kullanıcıya gerçek iş hayatına aktarabileceği, canlı, özgün, karmaşık ve çok değişkenli ödevler yaptırılır. Çeşitli değişkenleri değerlendireceği, bilgi toplama, analiz yapma, seçenekleri deneme gibi süreçlerle adım adım ilerleyerek keşfedeceği çözümler, kişinin katılımını ve öğrenmeyi artırır.

Uyarıcı geribildirim alma olanağı: Kullanıcı, verdiği tepkiler sonunda geribildirimi sözlü olarak ekrandan almaktansa, tepkisinin sonucunu bizzat yaşarsa öğrenme çok daha etkili olur. Örneğin, kişiden belirli nesneleri doğru yerlere yerleştirmesi isteniyorsa, yanlış yaptığı zaman bir kutu içinde "yanlış cevap, doğrusu şudur" uyarısı yerine, nesnenin kaybolması, yanıp sönmesi, gürültülü bir ses duyulması kişiyi daha fazla uyarır, seçenekleri deneyerek doğruyu bulmasını teşvik eder ve kalıcı öğrenme sağlar.

Sonucu kendisinin değerlendirmesini sağlamak: Bir işlemi yaparken yanlış cevap veren katılımcıya doğruyu göstermekte acele edilmemelidir. Aksi halde yanlışları düzeltme sorumluluğu bilgisayara geçer. Yanlış ya da doğru yaptığında karışmadan beklemek, sonucu kendisinin değerlendirmesini ve gerekiyorsa düzeltmesini sağlamak yerinde olur. Öğrenmede "A-ha! deneyimi" olarak nitelenen, belki de dilimize "Haa! deneyimi" olarak çevirebileceğimiz, durumu ve çözümü kişinin kendisinin bir anda kavramasını sağlayan süreç, en etkili ve unutulmaz öğrenme deneyimlerinden biridir.

Eğitim, kişinin ihtiyaçlarını ve bu ihtiyacı giderecek fırsatları algılamasına yardımcı olur, performansını geliştirirse elde edebileceği ödülleri fark etmesini sağlayarak beklentilerini etkiler, bunun sonucunda da öğrenme motivasyonunu yükseltir. Aynı zamanda kişinin motivasyonunu doğru kullanmasını, uygun çabayla hedefe ulaşmasını sağlar. O halde, başarılı bir eğitim tasarımının motivasyonu artıran, bu motivasyonu üst düzeyde tutarak kişiye öğrenme serüveninde kılavuzluk yapan bir tasarım olduğunu söyleyebiliriz. Eğitim, kişileri öğrenmek için harekete geçirebildiği, istenen davranışları ortaya çıkarabildiği ölçüde başarı sonuç verir.

Karma Öğrenme

Karma öğrenme *(blended learning)*, iş performansını yükseltmek için gerek duyulan becerileri kazandırmak, pekiştirmek ve sürdürmek amacıyla eğitim seçenekleri arasından özel olarak oluşturulmuş bir karışımdır. Yıllardır bildiğimiz ve kullanageldiğimiz geleneksel öğrenme yöntemleri, yeni teknolojik olanaklarla kombine edilerek öğrenmeyi daha etkin kılan sinerjik ve dinamik bir öğrenme zemini oluşturulur.

2002 yılında yapılan bir çalışmada, hiç eğitim almayanlar ile e-öğrenme ve karma öğrenme programlarından geçenlerin işe döndüklerinde sergiledikleri performanslar karşılaştırılmıştı. Sonuçlar, karma öğrenme çözümlerinin tek boyutlu öğrenme çözümleri karşısındaki başarısını kanıtlamıştı: %41 oranında daha yüksek hız, %30 oranında daha isabetli iş davranışı. Hiç eğitim almamışlarla karşılaştırıldığında ise isabetli davranışta %163'lük bir fark görülüyor.

Karma öğrenmede iş sorununa en uygun eğitim araçlarını seçme aşamasında, şirketlerin iş sorunlarını daha iyi analiz etme ve anlama olanağı buldukları da anlaşılıyor. Karma öğrenme planlaması yaparken şu sorular yanıtlanmalıdır:

- Şirket açısından sorun nedir, neyi hedefliyoruz?
- Bu bir öğrenme sorunu mu, bilgilenme sorunu mu, iş sorunu mu?
- Hedef kitlenin özellikleri neler? Ne kadar zaman ayırabilirler? Eğitim düzeyleri ve öğrenme tarzları nedir? Öğrenmeye ne kadar istekliler?
- Eğitim içeriğinin özellikleri nedir? İçerik geliştirmek için uzman tasarımcı gerekli mi?
- Hangi ölçüm tekniği kullanılacak?

Karma Öğrenme Araçları

Hiç kuşkusuz, karma öğrenme olabildiğince çok ve çeşitli eğitim aracı ve yöntemi kullanmak anlamına gelmiyor. Sadece amaca en uygun ve daha iyi yöntemden yararlanmak hedefleniyor. Karma öğrenmenin bileşenlerini aşağıda bulacaksınız:

Çevrimdışı altı karma öğrenme bileşeni

1. İşbaşında öğrenme
2. Yüz yüze iş gösterme, koçluk ve mentorluk yapma
3. Sınıf eğitimi (sunuş, iş gösterme, workshop, seminer, rol oyunu, simülasyon, konferans vb.)
4. Dağıtılabilir basılı malzeme
5. Dağıtılabilir elektronik tabanlı malzeme (CD-ROM, DVD)
6. Görsel medya aracılığıyla yayınlar

Çevrimiçi altı karma öğrenme bileşeni

1. Elektronik ortamda öğrenme içeriği (e-öğrenme programları)
2. Elektronik ortamda koçluk ve mentorluk
3. Elektronik ortamda öğrenme paylaşımı (sanal sınıflar, webinar)
4. Elektronik ortamda bilgi yönetimi
5. Ağ tabanlı öğrenme (internet)
6. Mobil öğrenme (e-posta, mobil telefon teknolojisi)

Öğrenmenin Dört Evresi

Öğrenme sürecinin, **edilgen bilgi edinme aşamasından, bilgiyi etkin kullanma aşamasına doğru bir devamlılığı** vardır (Bkz. Tablo 15).

Öğrenme bir **olay değil, bir süreçtir.** Öğrenen kişi, ancak bilgiyi tümüyle işlemden geçirdikten, işbaşında kullanma fırsatı bulduktan ve geribildirim aldıktan sonra yeterli hale gelir.

O halde öğrenme sürecinin her evresi için farklı eğitim araç ve yöntemlerinden söz edebiliriz.

Karma öğrenme, her evre için geçerli, her öğrenme stratejisine uygun eğitim çözümleri sunabilir.

Tablo 15: Öğrenmenin Evreleri

Evre	Tanım	Hedef	Öğrenme araçları ve eğitim stratejisi
1	Ön bilgi ve beceri kazanma	Öğrenme ihtiyacını belirledikten sonra bilgi ve beceri kazandırma	Değerlendirme, tanı, e-öğrenme, bireysel çalışma, yardımcı ve kaynak malzemeler, sınıf içi temel eğitimler
2	Bilgi ve beceri yeterliliğini artırma	Uygulama ortamını anlamayı sağlama, yeterliliği sınama	Alıştırma, modelleme ve testlerle pekiştirilen e-öğrenme programları
3	Bilgi ve beceriyi basit durumlarda uygulama	Katılımcılara basit simülasyonlar uygulama ve geribildirim verme	Simülasyonlar, projeler, alıştırmalar, seminerler, rol oyunları, mentorluk, gözetim altında iş başında uygulama, performans koçluğu
4	Bilgi ve beceriyi giderek karmaşıklaşan durumlarda uygulama	Problem çözme ve değişen koşullara anında tepki vermeyi gerektiren karmaşık durumlarda sınama, geribildirim verme	Mentorluk, koçluk, grup içinde tartışma ve alıştırmalar, vaka çalışması, ileri düzey seminerler, kamera çekimli beceri alıştırmaları

Karma öğrenme çözümleri esnektir ve öğrenmenin her evresi için farklı yöntemlerden yararlanmayı olanaklı kılar. Bu yaklaşım, tek bir eğitim yöntemi kullanmaktan çok daha verimli sonuç verir. Her öğrenme tarzına uygun çözümler sunmanın yanı sıra, insanlara becerilerini deneme ve sınama olanağı yaratır. Eğitimle iş ortamını örtüştürerek, davranış değişikliğinin işbaşında gerçekleşmesini sağlar. Karma öğrenmenin en etkili yanı, öğrenmeyi bütünsel bir anlayışla ele alması, iş ortamıyla bağlantı kurması, performans değerlendirme ve koçluk gibi işlevleri de öğrenme sürecinin içine katmasıdır.

Bir e-Öğrenme Projesine Başlarken

Ahmet Hançer

Şirket genelinde e-öğrenme modelinin uygulanması ve çalışanların e-öğrenmeyle tanışmaları, hazır e-öğrenme içerikleri sayesinde çok kısa sürede gerçekleştirilebilmektedir. Öte yandan, şirket ihtiyaçlarına uygun olarak üretilmiş ve özelleştirilmiş e-öğrenme içerikleri de hiç kuşkusuz uygulamanın başarısında önemli bir rol oynamaktadır.

Ancak çalışanların ve dolayısıyla kurumun e-öğrenme, sürekli öğrenme gibi kavramlarla tanışmaları ve e-öğrenme kültürünün kurum içinde yerleşmesi için, mutlaka şirkete özel üretilmiş eğitim içeriklerine ihtiyaç yoktur.

Bugün, kişisel ve profesyonel gelişimden finansa, satış ve müşteri ilişkilerinden bilişim teknolojileri konularına kadar çok sayıda konuda geliştirilmiş, kullanıma hazır e-öğrenme içeriklerini bulmak mümkündür. Şirketlerde, bir-iki hafta içinde özel bir e-öğrenme sitesi kurulabilir ve çalışanlar hazır e-öğrenme içeriklerine ulaşabilir.

Yönetimin Desteği

e-Öğrenme projesine başlarken öncelikle üst yönetimin ve yöneticilerin projeye tam desteği sağlanmalıdır. Desteğin sadece bütçeyle sınırlı kalmaması, tüm çalışanların, e-öğrenme projesinin ve sonuçlarının üst yönetim tarafından takip edildiğini bilmesi de gereklidir. Çalışanların, e-öğrenmenin şirket için yeni bir eğitim modeli ve işlerinin bir parçası olduğunu bilmeleri, projeye olan ilgilerini ve katılımlarını artıracaktır. Üst yönetimin, projeyi takip eden ve içerikleri başarıyla tamamlayan çalışanları takdir etmesi, beklenen desteğin bir diğer boyutudur.

Çalışanın kendi yöneticisi tarafından da takip edilmesi, e-öğrenme materyallerine yönlendirilmesi ve motivasyonun sağlanması da gereklidir. Bu sayede e-öğrenme, iş yapma biçiminin bir parçası haline gelebilecek ve süreklilik kazanacaktır. Yönetici desteği, sürekli öğrenen ve gelişen bir kurum kültürü yaratmanın çok önemli bir adımıdır.

İnternet Erişimi

Projeye başlamadan önce çalışanların işyerinden veya evden internet erişimleri sağlanmalıdır. İnternete bağlanabilen ve Internet Explorer versiyon 5.0 veya üst versiyonlara sahip bir bilgisayar yeterli olacaktır. Sesli eğitimleri dinleyebilmek için ses kartı ve hoparlör/kulaklık da gereklidir.

İlk Adımlar

Şirket içinde bir e-öğrenme projesine başlamadan önce ilk yapılması gereken, kısa ve orta vadeli e-öğrenme stratejisi belirlemek olmalıdır. Bu sürecin üç aşaması aşağıdaki gibidir:

1. Öncelikle, **e-öğrenme altyapısının şirket içinde mi, yoksa şirket dışında mı kurulacağı**na karar verilmelidir. Birçok firma, altyapı, yazılım, teknik personel gibi maliyetlerden kaçınmak için kiralama modelini tercih etmektedir. Kiralama modeli, tedarikçi firma tarafından, internette şirket adına bir e-öğrenme sitesi kurulması, çalışanların bu site üzerinden sunulan e-öğrenme içeriklerine ulaşması modelidir. Hızlı proje uygulama avantajı da sağlayan bu model, e-öğrenme ASP *(Application Service Provider*) veya LSP (*Learning Service Provider*) hizmeti olarak bilinmektedir.

2. İkinci adım, **hangi eğitim içeriklerinin kimlere ulaştırılacağına** ilişkindir. Hazır e-öğrenme içerikleri kullanılabilir veya kurum ihtiyaçlarına uygun yeni e-öğrenme içerikleri üretilebilir. Mevcut içeriklerin, şirket ihtiyaçlarına göre güncellenmesi de bir diğer seçenektir.

3. Üçüncü aşama, iletişim araçlarını kullanarak **çalışanlara e-öğrenme modelini doğru anlatmak ve onları projeye davet etmek**tir. e-Öğrenme projesinin çalışanlar tarafından, kendi kariyer ve gelişimleri için yapılan önemli ve değerli bir yatırım olduğunun bilinmesi projenin başarısı için kilit bir rol oynayacaktır. Bu amaçla, gerçekleştirilebilecek çalışmalar şunlardır:

- **Ön anket çalışması:** Çalışanların e-öğrenme ve projeyle ilgili bildikleri, beklentileri ve düşünceleri belirlenir ve e-öğrenme stratejisinde katkıları alınır.
- **Pilot uygulama:** e-Öğrenme projesi öncesinde hedef grubu yansıtacak kişilerle yapılacak pilot çalışma, önemli geribildirimler sağlar. Teknik çalışmalardan, eğitim ve gelişime kadar çok farklı konuda bilgi toplanır ve projenin doğru şekillenmesi mümkün olur.
- **Marka çalışması:** Projenin markalaştırılması, şirket içinde benimsenmesi ve çalışanların ilgisini uyandırması için önerilmektedir. Konsept, maskot, logo ve site çalışmalarını içerir.
- **Lansman çalışması:** Dağıtılan elkitapçıkları, duvarlara asılan posterler, merak uyandıran teaserlar ve yönetimin katıldığı bir açılış gibi çalışmalarla gerçekleştirilir.

Her projede olduğu gibi, e-öğrenmede de gereken hazırlığı yapmak, projeden alınacak sonucun başarısında önemli rol oynayacaktır.

"Yaşam Becerileri"nin Bugünü ve Geleceği

İş hayatının zorlayıcı gerçekleri içinde yoğrulan çoğu kişi için İngilizce'de "soft skills" olarak tanımlanan ve bizim "yaşam becerisi" olarak adlandırdığımız özellikler, bir fantezi niteliği taşır. Oysa İngiliz dilinde "yumuşak" olarak nitelenen bu beceriler, her düzeyde çalışanın performansını artıran ve geliştiren (koçluk, ekip çalışması, karar verme, inisiyatif gibi), kişiye ve ilişkiye yönelik davranışları içermektedir.

Stanford Araştırma Enstitüsü ile Carnegie Melon Vakfının Fortune 500 CEO'larıyla yaptıkları bir araştırmada, **uzun dönemli iş başarısının % 75 oranında insan ve ilişki becerilerine, yalnızca % 25 oranında teknik bilgiye dayandığı** saptandı. Harvard Üniversitesi tarafından yapılan benzer bir çalışmada da, **terfilerin % 85'inde kişinin tutumlarının etkili olduğu,** ancak % 15'inde kişinin bilgisinin rol oynadığı belirlendi. Bu veriler Goleman'ın, uygun kişisel ve ilişki becerilerine sahip çalışanların beklenti ötesi performans gösterdiklerine ilişkin iddialarını da destekliyor.

e-Ortamda Yaşam Becerileri

Tüm dünyada şirketler, özellikle teknik konularda e-öğrenme uygulamalarını benimserken, kişisel tutum ve davranışlara ya da insanlar arasındaki ilişkilere yönelik becerilerin e-öğrenme ortamına taşınmasına hâlâ kuşkuyla bakmaktadır. Bunda, e-öğrenmenin bireysel ve insan temasından (hi-touch) uzak ve yaşam becerilerinin de duygusal yetkinliklerle bağlantılı olmasının da rolü var. Bilindiği gibi iletişlm, yaratıcılık, analitik düşünce, problem çözme, liderlik, ekip oluşturma, dinleme, esneklik, değişime yatkınlık gibi duygusal yetkinliklere bağlı becerileri geliştirmek için tutum ve değerlerde de değişim gerekmektedir.

2003 yılında yapılan bir araştırma, 1999 yılında yaşam becerileri eğitimlerinin % 87'sinin sınıf içi eğitimlerle yürütüldüğünü, ancak bu rakamın giderek e-öğrenme lehine değiştiğini gösteriyor. Araştırmaya katılan 15 ülkeden 139 şirket çalışanı, yaşam becerilerini içeren e-öğrenme uygulamalarının yakın gelecekte % 42'ye ulaşmasını bekliyor. Araştırma, en az beş yıldır e-öğrenme yoluyla bu becerileri geliştirme eğitimleri sunan şirketlerde memnuniyetin çok yüksek düzeyde olduğunu gösteriyor. Esnekliği nedeniyle e-öğrenmenin katılımı artırdığı, öğrenme kültürünü geliştirdiği, öğrenme deneyiminin kalitesini yükselttiği belirtiliyor. O nedenle de şirketler artık e-öğrenmenin içeriğine ve kalitesine daha fazla önem veriyor.

Bir Araştırma

Kanada'da Athabasca Üniversitesi'nde, e-öğrenmenin, işyerinde insan ilişkileri ve duygusal nitelikli becerilerin geliştirilmesine etkileri araştırılmış, 10 şirkette müşteri ilişkileri görevlileriyle bir pilot çalışma yapılmıştır. Becerilerin duygusal ve ilişki boyutu gözönüne alınarak, e-öğrenme tasarımının kullanıcı merkezli ve insan ilişkisini kolaylaştırıcı nitelikte olmasına özen gösterilmiştir. Kendini fark etme alıştırmaları, düşünme fırsatları, pratik yapma olanakları tasarımın içine yerleştirilmiştir. Ayrıca e-posta ve telefonla gelecek soruları yanıtlamak ve geribildirim vermek üzere bir danışman bulundurulmuştur. Katılımcılardan bir grup, eşzamanlı olmayan e-öğrenme programlarına atanırken, diğer grup ek olarak haftada bir danışman gözetiminde eşzamanlı bir programı almıştır.

Bireysel e-öğrenme programına katılım çok yüksek olmuş ve sorular tüm grup tarafından yanıtlanmıştır. Sınav puanları belirgin biçimde yüksek çıkmıştır. Etkileşimli programa katılanlar ise çok istekli başlamakla birlikte bir süre sonra performans düşüşü görülmüş, programı tamamlayamayanlar olmuştur.

Sonuçlar hem müşteriye karşı uygun tutum ve davranışları sorgulayan, kısa sorulardan oluşan çoktan seçmeli bir sınavla hem de öntest ve sontestlerle değerlendirilmiştir. Bireysel e-öğrenme grubunda ortalama puan daha yüksek, ancak grup üyeleri arasındaki farklar daha büyük çıkmıştır. Öğrenme Tarzları Ölçeği'ne göre, somut örneklerden kavramsal sonuçlara vararak öğrenenler en yüksek puanları alırken, somut örneklerden bütünsel sonuçlar çıkaranların puanlarının ortalama ile yüksek arasında değiştiği görülmüştür.

Duygusal ve ilişkisel yetkinliklerin geliştirilmesinde de e-öğrenmenin giderek önem kazandığı görülmektedir. Özellikle simülasyonlardan ve video-konferanslardan yararlanarak, sınıfiçi eğitimlerle destekleyerek, öntest ve sontestlerle etkileşimli modüller kullanmak, bu uygulamalarının etkinliğini artırmaktadır.

SİMÜLASYON

Gün Geçtikçe Değeri Artan Eğitim Uygulaması: Yaşayarak Öğrenme

Türkiye'de kurumsal eğitim etkinliği başladığında, eğitimler büyük çoğunlukla bir üniversite hocası ya da alanında deneyimli biri tarafından bir otelin konferans salonunda verilirdi. Katılımcılara, eğitimcinin okuyarak anlattığı sunumu dinlemek ve eğitim değerlendirme formunu doldurmak düşerdi.

Günümüzde ise konferans tipi eğitimlerden çok, canlı, akılda kalıcı uygulamalarla katılımcılarda ilgi uyandıran eğitimler tercih ediliyor. Eski eğitim modellerinin yerini, eğitim sırasında katılımcılara gerçek tecrübelerin yaşatıldığı simülasyonlar almaktadır.

Simülasyonun Amacı

"Bir sistemin modeli" anlamına gelen simülasyon, iki kısımdan oluşur. Başlangıcından katılımcının hedef göstermesi aşamasına kadar olan kısma "senaryo", bu senaryoya bağlı kalarak gerçekleştirilen etkinliği tecrübeye dönüştürme aşamasına da "oyun" denir.

"Yaşantıya dayalı hızlı öğrenme" olarak tanımlayabileceğimiz simülasyon, iş ortamında uygulanabilecek incelikleri ve hatta bazı soyut becerileri çalışanlara kazandırma amacını taşır. Kurumda ihtiyaç duyulan her beceri, gelişim programının bir parçası olarak simülasyona ihtiyaç duymaktadır. Örneğin liderlik, proje yönetimi, yöneticilik ve inovasyon, simülasyon uygulamalarında yer alması gereken en önemli becerilerdir.

Simülasyonun her alanda verimli olduğunu söylemek için henüz çok erken olabilir. Ancak aşağıda belirtilen eğitim ihtiyaçlarında simülasyonların başarısı deneyimlerle kanıtlanmıştır:

Duruma başkalarının gözünden bakmak: Bir ilaç şirketi düşünelim. Bu şirket, kuvvetli bir rakip karşısında zor durumda olan bir ürünü kurtarmak amacıyla pazarlama departmanını canlandıracak, rekabete açılmasını sağlayacak bir eğitimin oluşturulması talebinde bulunur. Pazarlama personelinin birbiriyle rekabet edeceği beş ekibe ayrıldığı bir simülasyon tasarlanır. Bir ekip müşteri grubunu, diğerleri de başlıca rakipleri temsil etmektedir. Her bir ekip, ürünün tehdit altında olduğu pazar payında şirketinin hissesini artırmak amacıyla girişken bir pazarlama planı tasarlar. Müşteriyi temsil eden şirketin pazarlama planı ne kadar başarısız ise, rakibin pazarlama planı o kadar başarılı olur. Pazarlama personeli bu sonuçla sarsılır. Bu örnekte görüldüğü gibi, simülasyonlarla kurulan sistemlerde başka bakış açılarıyla karşılaşan katılımcılar, tüm alternatifleri değerlendirmeyi ve bu alternatifler doğrultusunda stratejilerini belirlemeyi öğrenirler. Riskleri ve rekabet kalemlerini dikkate aldıkları bu çalışmalarında başarı mutlaktır.

Birden fazla görevi aynı anda gerçekleştirmek: Geleneksel eğitim metotlarında beceriler birer birer kazandırılır. Oysa gerçek dünyada, becerilere kümeler halinde ihtiyaç duyulur; örneğin bir yönetici aynı anda bir bayiyle tartışır, müşteri şikâyetini dinler ve üst yöneticisinden gelen isteğe açıklama raporu planlar. Bunların hepsini çok kısa bir süre içinde ve arka arkaya yapmak durumunda kalabilir. Simülasyon, bu üç işi veya daha fazlasını aynı anda yapmayı öğreten bir durum yaratarak katılımcıların bu alandaki becerilerinin yaşatılan tecrübelerle geliştirilmesine imkân verir.

Baskı altında çalışmak: Bazı kişiler tartışmalarda yetenekli, mükemmel dinleyici, fikirlerini berrak bir şekilde ifade etme özelliklerine sahip olabilirler. Ancak bu becerilerini sadece baskı altında olmadıkları zaman hayata geçirebilirler. Simülasyonlarda gerçek, ancak tehdit unsuru oluşturmayan durumlar yaratılır. Katılımcılara becerilerini baskı altında kaldıklarında nasıl kullanabileceklerini gösteren fırsatlar, deneyimle yaşatılır.

Sistemi anlamak: Birçok kişi, bir sistemi oluşturan parçaların birbiriyle ilişkili olduğunu bilir ancak bu ilişkiyi anlamakta zorlanır.

Simülasyon, insanları "sistemin içerisine koyabilir." Sistemin bir parçası olan kişi de, sistemin farklı bir parçasında meydana gelen değişimin, kendisini ve diğer parçaları nasıl etkilediğini görür.

Bilişsel uyumsuzluğu tanımak: İnsanlar çoğunlukla kendi içlerindeki çelişkinin farkında olmadan birbirini tutmayan davranışlar sergiler. Örneğin bir yönetici, cinsiyet ayrımı yapmadığına samimiyetle inanır, ancak cinsiyet ayrımı yapan bir davranış sergilerse, bilişsel uyumsuzluk gösteriyor demektir. Simülasyon uygulamaları, kişinin yaşadığı bilişsel tutarsızlığı anlamasını sağlar.

Simülasyonun Doğruları

Simülasyonu denemekte istekli olmayan kurumlar, neden olarak simülasyonun tasarım ve gelişim maliyetinin yüksek olduğunu, beceri kazanımının yavaş bir süreç olduğunu ve ortaya çıkacak sonuçların zor ölçüldüğünü ileri sürer. Oysa yetişkin öğrenmesinde verimliliği kanıtlanmış simülasyona karşı olan bu önyargıların değiştirilmesi, eğitimde yepyeni ufukların açılmasını sağlayacaktır.

Simülasyonun diğer eğitim sistemleriyle kıyaslandığında "maliyet" olarak çok büyük bir fark yaratmadığını bilmek, bu yöntemle "öğrenme"nin yaratacağı etkinin farkında olmak önemlidir. Simülasyonla öğrenme sırasında birçok etkileşim fırsatı yakalanmakta, sistemi daha farklı bir açıdan ve daha bütünsel olarak görmek ve anlamak mümkün olmaktadır. Bunun bir sonucu olarak da iş rolünün kurumdaki diğer fonksiyonlarla ve kurumun bütünüyle olan ilişkisi görülmektedir. Katılımcılar işin bütün değişkenleriyle karşı karşıya gelerek ve aldıkları stratejik kararların sonuçlarıyla yüzleşerek "doğru"yu keşfetmekte ve öğrendiklerini hayata aktarabilmektedir.

Simülasyon eğitimleri, Türk iş hayatına öncelikle stratejik planlama anlayışı kazandıracaktır. Bugüne kadar Türk iş hayatındaki kararlarda sezgilerin, sağduyunun, bireysel gözlem ve deneyimlerin belirleyici olduğu bilinmektedir. Oysa dünyayla bütünleşmeyi hedefleyen Türkiye'nin somut verilere dayalı öngörülerle, analizlerle ve iş planlarıyla çalışmaya ve elde edilen sonuçların hesabını verebilen bir yönetimi anlayışına ihtiyacı vardır. Simülasyonlar, bu disiplinin kazanılmasında yararlı olacaktır.

Simülasyonlar Büyük Aşklara Benzer

Osmanlı İmparatorluğu'nun tarih sahnesine çıkışı ile Türkiye Cumhuriyeti'nin kuruluşu arasında 600 yıllık bir süre vardır. Yazılı tarihin başladığı dönemden bu yana, bu kadar uzun bir süre varlığını bir dünya imparatorluğu olarak sürdürmek, çok önemli bir başarıdır.

İmparatorluğun gerilemesine ve çöküşüne yol açan nedenler bir yana bırakılırsa, bu kadar uzun süre tarih sahnesinde kalmayı sağlayan idari yönden en büyük başarı, liyakat sahibi yöneticilerin sarayda ve yönetim kademelerinde görevlendirilmesidir. Osmanlı İmparatorluğu'nun yüzyıllar öncesine dayanan yönetim anlayışı ve danışma geleneği, günümüzdeki simülasyon uygulamalarının bir benzeridir.

Ahilik geleneği içinde de en yüksek değer, "liyakat"tır. Bir görev ve makama "layık olabilmek" için, adaylar bir dizi sınavdan geçirilirdi. Geçmiş performansları gözönünde bulundurulur ve çok sayıda ehil ve yetkin kişinin değerlendirmesiyle, o işe layık olup olmadığına karar verilirdi. Türk kültüründe yer alan bu uygulamaların çağdaş ve sistematik yansıması, iş simülasyonlarıdır.

Kurumların çalışanlarını geliştirmek için düzenledikleri eğitimlerin sayısının artması, bundan 20 yıl önce kişisel gelişim alanında çok özel sayılabilecek bilgilerin, bugün gazetelerin eklerinde sıradan okurlara sunulması, memnun edilmesi zor bir katılımcı kitlesi yaratmıştır.

Birçok eğitimin sonunda şu sıradan değerlendirmenin yapıldığını duymaktayız: "Zaten bildiğimiz şeylerdi... Ancak bir kere daha hatırlamış olduk... Teşekkür ederiz..." Bu ifadeler bazı eğitimler için ge çerli olsa da, her zaman gerçeği yansıtmaz. Çünkü biz kendi uygulamalarımızdan biliyoruz ki, verilen bilginin, "karmaşık-yeni" formatından çıkarılıp, "basit-yeni" formatında sunulması, böyle bir algı yanılması yaratır. Bütünüyle yeni kavramlarla karşılaştırdığımız halde katılımcılar, büyük emekle gerçekleştirilmiş bu sadelik sonucunda "deja-vu" ("bunu görmüştüm") etkisi yaşar.

Kalıcı Bilgi

Öğrenilen bilginin yarısının bir saat içinde, %80'inin de gün sonunda unutulduğu gerçektir; tabii öğrenilmişse! **Bilginin kalıcı olabilmesi için, bir duygu ve yaşantıyla pekiştirilmesi gerekir.** Yaşantıya dayalı hızlı öğrenme sağlayan simülasyonlar, bunu sağlar. Bu simülasyonları dünyada yaygın olarak uygulayan ilk kuruluş olan İsveçli Celemi şirketi, araçlarına "oyun" denmesine şiddetle karşı çıkmaktadır. Dahi matematikçi Klas Melander oluşturduğu simülasyonlarla, çalışanların, gerçek hayatta yaptıkları hataları masa üzerinde görmesine imkân vermektedir. Böylece işletmeye çok pahalıya mal olacak hatalar masa üzerinde kalmakta ve her katılımcı unutamayacağı dersler almaktadır.

Simülasyon, karmaşık bir organizasyon yapısı içinde çok geniş alana yayılan sorunların çözümünü içerir. Bir simülasyon uygulamasında çok sayıda katılımcının, uzun bir süre içinde kurumu çeşitli açılardan etkileyen kararlar alması beklenir. Alınan kararlar, yarı yapılanmış veya yapılanmamış durumlarla ilgilidir ve aynı zamanda başkalarının karar ve yaklaşımlarından da etkilenir.

- Yönetimle ilgili bir simülasyon uygulamasında katılımcılar, hızla değişen bir pazarda ve yoğun rekabet ortamında doğru zamanda doğru yatırımları yapmak ve en yüksek kârı elde etmek için verdikleri kararların sonuçlarıyla karşılaşırlar. Üretim, satış planlama, lojistik, finans ve istihbarat bölümlerinin uyumlu çalıştığı veya çalışamadığı durumlarda, sonuçları yaşayarak görürler. Böylece bütünsel ve ticari bir bakış açısı geliştirirler.
- Kurum içinde paranın nasıl aktığını ve kaynakları nasıl etkilediğini gösteren bir simülasyon, kurumun bütününe finansal verilerin ışığında bakmayı sağlar. Çalışanlar, aldıkları kararların

maliyetleri nasıl etkilediğini görür ve davranışlarını nasıl değiştireceklerini yaşayarak öğrenirler.

- Pazarlamayla ilgili bir simülasyon sonrasında katılımcılar, kurumun strateji ve politikalarıyla yerel pazar koşullarını koordine etmenin ve bu stratejilere karar vererek uygulamanın sonuçlarını görürler. Bunun için farklılaşmayı, bilinirliği artırmayı, müşteri ihtiyaç ve tercihlerine göre pazarlama anlayışı geliştirmeyi, yaptıkları hataların sonuçlarıyla karşılaşarak öğrenirler.
- Proje yönetimiyle ilgili bir simülasyon, sınırlı kaynakların etkin kullanılmasını, bir projenin içeriğini ve gelişmelerin adım adım izlenerek öğrenilmesini sağlar. Bu sayede katılımcılar, projeyi yönetmekle ilgili sistemli çabaları ve ilişki yönetiminin önemini yaşayarak öğrenirler.

İş simülasyonlarının katılımcılara ve buna bağlı olarak kuruma kazandırdığı yararlar şu şekilde sıralanabilir:

- İş hayatının karmaşık gerçekliğiyle birebir tanışma
- Sistemi daha farklı bir açıdan, daha bütünsel görme ve anlama
- İş rolünün kurumdaki diğer fonksiyonlarla ve kurumun bütünüyle olan ilişkisini görme
- Karşı karşıya gelinebilecek zorlukları teşhis etme ve yorumlama yeteneği kazanma
- "Gerçek benzeri" bir ortamda "keşfetme", "araştırma", "somut örneklerle karşılaşma", "uygulama", "kendi bilgilerini üretme" ve "hayata taşıma"
- Daha iyi karar vermeyi öğrenme, kararlarının ve eylemlerinin kurumun bütününü nasıl etkilediğini anlama
- Kurum stratejisi ve kurumsal hedeflerle ilgili anlayış geliştirme
- Bölümlerarası iletişimsizlik ve sürtüşmeleri azaltma

Öğrenme ve gelişim amaçlı iş simülasyonları, bilimsel temele dayalı olarak ve profesyonelce hazırlanmışsa, katılımcılara eşsiz bir öğrenme fırsatı sunar. Bu uygulama içinde katılımcılar simülasyon uygulamasının içerdiği teknik bilgiyi öğrenmekle kalmaz, aynı zamanda davranışlarının başkalarını ve iş sonuçlarını nasıl etkilediğini de yaşayarak öğrenmiş olur.

Simülasyon uygulamalarıyla katılımcılar, kurumun bütününü ve içinde bulunduğu rekabeti görebilir, iş hayatının risklerini kolayca tahmin edebilir ve yıllar gerektiren deneyimleri çok kısa sürede yaşayarak kazanabilir.

Çalışanlar günümüzde çok sayıda eğitim programına katılmakta ve bir süre sonra bu eğitimlerin değil içeriğini, adlarını ve veren kişiyi dahi unutmaktadır. Oysa bilimsel temele dayanan gerçekçi simülasyonlar, büyük aşklar gibidir; hem yaşantı hem de bundan çıkarılan dersler her zaman hatırlanır.

VIII. BÖLÜM

Ölçerek Yönetmek: Performans Yönetimi

Performansı Değerli Kılmak

Bir danışmanlık şirketinin 2000 yılında Türkiye'de 307 şirket üzerinde yaptığı bir çalışma, şirketlerin %81'inin performans değerlendirme sistemine sahip olduğunu gösteriyor. Yine 2000 tarihli bir başka araştırmada 62 şirket incelenmekte ve düzenli performans değerlendirme uygulayanların oranının %84 olduğu belirtilmektedir. Bu çalışmalar, performans değerlendirme sistemlerinin ülkemizde yaygın bir biçimde kullanıldığının bir göstergesi olmakla beraber, sistemlerin gerçekten etkin bir biçimde işleyip işlemediği konusunda bir fikir vermekten uzaktır.

Otuz yılı aşkın bir süredir İK alanında sürdürdüğümüz danışmanlıklarımız sırasında, performans değerlendirmenin, birçok yönetici ve çalışan için can sıkıcı bir süreç olduğuna tanık olduk. Performans değerlendirme, genellikle yöneticiler ile çalışanların yılda bir kez başbaşa verip isteksizce yaptıkları bir uygulama olmaktadır. Verimliliği artırmak için çalışanları denetlemek gerektiği varsayımına dayanan bir yaklaşımla, performans değerlendirmesine hep birlikte katlanılır ya da "Yapalım da kurtulalım" anlayışıyla geçiştirilir. ABD'de İnsan Kaynakları Yönetimi Birliği'nin yaptığı bir araştırmada, İK uzmanlarının %32'sinin, çalıştıkları şirketlerin performans yönetim sistemlerinden hoşnut olmadığını ortaya koyuyor. Çalışmaya katılan şirketlerin %42'si, yöneticilerin performans değerlendirmeyi ciddiye almamasından yakınıyor.

Performans değerlendirmeden tümüyle vazgeçmeyi savunan kimi radikal yazarlar da yok değil. Performans uzmanı bir danışman olan Fred Nickols'ın 1997 tarihli "Şirketinizin Performans Değerlendirme Sistemini Yeniden Yapılandırmaya Çalışmayın, Çöpe Atın!" başlıklı makalesi, bu örneklerden biri. Tom Coens ve Mary

Jenkins'in 2000 yılında yayınlanan kitaplarının adı da, *Performans Değerlendirmeyi Yürürlükten Kaldırmak: Neden Geri Tepiyor ve Farklı Ne Yapılabilir?* Eylül 2006'da New York'ta katıldığım Dünya İş Forumu Liderler Zirvesinde, Honeywell'in eski CEO'su Larry Bossidy, performans değerlendirme sistemlerini ileri derecede sadeleştirdiğini anlatmıştı.

Bu deneyimler ve eleştirilerin ışığı altında son yıllarda performansın kurumsal ve bireysel düzeydeki anlam ve öneminin daha kapsamlı ele alındığını gözlemlemekteyiz. Ekip çalışmasının ağırlık kazanması, her düzeyde çalışandan liderlik davranışı beklenmesi, insan kaynağının şirketlerin en değerli kaynağı olduğunun anlaşılması, performansa ilişkin beklentileri etkiledi. Bugün artık yılda bir kez bir araya gelip, çalışanın gerçekleştirebildiği hedefleri ölçmenin(!) ve not vermenin, sonra da bir sonraki yılın hedeflerini formlara işleyerek bir yıl boyunca unutmanın kimseye yarar sağlamadığı anlaşıldı.

Performans Değerlendirmeden Performans Yönetim Sistemine Geçiş

Peki, performans değerlendirme böylesine sıkıntılı bir uygulamaysa, onun yerine ne koyacağız? Performansı değerlendirmekten vaz mı geçeceğiz? Kuşkusuz hayır. Çünkü bir kurumun büyümesi ve daha da önemlisi varlığını sürdürebilmesi, performansı sürekli gelişmeyi sağlayacak şekilde yönetme becerisine bağlıdır. Zaten performans değerlendirmenin eksiklerinin eleştirilmesi de aslında çok daha kapsamlı bir yaklaşım arayışına işaret ediyor ve performans yönetimine geçişin ilk adımını oluşturuyor. Performansa dayalı yönetim, performansı iyileştirmeyi hedefleyen sistemli bir yaklaşımdır; **stratejik performans hedeflerini belirlemek, performansı ölçmek, performansla ilgili verileri toplamak, analiz etmek, gözden geçirmek ve rapora aktarmak, sonra da bu verilerden yararlanarak performansı geliştirmek** aşamalarını içeren bir süreçtir.

Yeni yaklaşımın temel ilkelerini şöyle özetlemek mümkün:

- Yönetici ile çalışanlar, hedefleri görüş birliği içinde, birlikte belirlemelidir.

- Çalışanın bu hedeflere ulaşma başarısını ölçmekte kullanılacak ölçütler açık ve net olmalıdır.
- Hedefler, ekonomik ortamda ya da işletmede meydana gelecek olası değişiklikleri yansıtacak kadar esnek olmalıdır.
- Çalışanlar yöneticilerini, yaptıkları işi yargılayan değil, kendilerinin başarılı olmalarına yardımcı olan koçlar olarak görebilmelidir.

Bu amaçların gerçekleştirilmesi için işyerinde köklü bir kültür değişimi gerekir. Şirketler çalışanın performansını ölçüp biçmek, nerede eksik ve yetersiz olduğuna işaret etmek yerine, bir yandan sistemlerini, bir yandan da çalışanlarını geliştirerek daha başarılı sonuçlar alabilirler.

Performans Yönetimi Ne Değildir?

Performans yönetim sistemi (PYS), çalışan ile yöneticisi arasında iki yönlü ve sürekli iletişime dayanan, karşılıklı beklentileri belirleme ve görüş birliğine varma amacı taşıyan bir ortaklıktır. Ancak;

- Yöneticinin çalışana uyguladığı bir şey değildir.
- İnsanları daha fazla ve daha hızlı çalışmaya zorlamak için onlara gözdağı vermek değildir.
- Yılda bir kez form doldurmak değildir.
- Yalnızca düşük performansla karşılaşıldığında yapılan bir şey değildir.

PYS, şirketlerin insan kaynakları yönetiminde performansı planlayan, yönlendiren ve değerlendiren en etkin araçtır. Bununla birlikte PYS, şirketlerin İK yönetiminde tasarlanması ve uygulanması belki de en zor olanıdır. Bu zorluğun en başta gelen nedeni, PYS'nin "her derde deva" bir araç olduğu inancıdır. Genel kanıya göre, PYS şunları gerçekleştirir:

- Kurum ve çalışan hedeflerini bütünleştirir.
- Çalışanı hedeflerine odaklar.
- Çalışan ile yöneticisi arasında etkin ve sürekli bir diyalog oluşmasını sağlar.
- Çalışanın, neleri iyi yaptığını/yapamadığını öğrenmesini sağlar.

- Performansı artırıcı eğitim ve gelişim fırsatlarını belirler.
- Kariyer planlamasının temel taşını oluşturur.
- Performansa göre ücret belirlenmesini sağlar.

Bu listeyi daha da uzatabiliriz.

Uygulamada, hiçbir sistem ya da model bu kadar çok hedefi başaramaz. Yukarıdaki hedeflerin bir kısmını her zaman, hepsini bazen yakalayabilirsiniz ama hepsini her zaman başarmayı beklemek, en azından PYS'ye haksızlık etmek olur.

Performans yönetimi, ancak yönetici ile çalışanın işbirliğiyle mümkündür ve düşük performansı önlemeyi, mevcut performansı geliştirmeyi amaçlar; bu nedenle de hem şirketin, hem yöneticinin, hem de çalışanın yararınadır. Performans yönetiminde, öncelikle gerçekçi beklentilerle işe başlamak ve sonra da PYS'nin "herkesin işi" olduğunu kabul etmek gerekir.

Performans Yönetiminde Yapılan Hatalar

Performans değerlendirme sürecinde en büyük sorumluluk, yöneticinin sırtındadır. Yönetici, bir yandan görüşme yetkinliklerini geliştirmeli, bir yandan da aşağıda sıralanan yaygın hatalardan uzak durmaya çalışmalıdır:

SMART hedef belirleyememek: Performans değerlendirme konusuna adımını atan çalışanın karşılaştığı ilk kavram olan "SMART", bir hedefin sahip olması gereken özellikleri yansıtır: *Specific* (özelleşmiş), *Measurable* (ölçülebilir), *Alligned* (kurum hedefleriyle uyumlu), *Reasonable* (gerçekçi; zorlayıcı ancak ulaşılabilir), *Timebound* (zamanla sınırlı). Ancak gerçekte "destek" hizmeti veren birimler ya da hizmet sektörü gibi satış ve üretim dışındaki sektörlerde, çalışanlara bu ölçülere uygun hedefler koymak ve performansı bu ölçütlere göre değerlendirmek kolay değildir. Bunun için hem yöneticilerin, hem kurumun, hem de çalışanların belirli bir olgunluk düzeyinde olması gerekir. Ancak biliyoruz ki bu tür hedefler konmazsa çalışanlar kendilerini somut iş sonuçları yerine niyet ve gayretleriyle değerlendirirler.

"Bu bize uymaz": Nesnel ölçütlerden çok ilişkisel boyutun önde olduğu, uyuşmazlıklar karşısında yüzleşmekten kaçınılan, kıdemin ağırlık taşıdığı kurumlarda bu yaklaşıma sık rastlanır.

Performans yönetimi süreci içinde, performans değerlendirmeye gereğinden fazla odaklanmak: Performans değerlendirme, kesintiye uğramadan ve etkin iletişimle gelişen bir sürecin son durağıdır. Yılda bir performansa not vermekten çok, performansı geliştirmeye zaman ayrılmalıdır.

Çalışanları birbiriyle kıyaslamak: Çalışanların performanslarını karşılaştırmak rekabet ve sürtüşme yaratır, çalışma isteğini kırar, ekip çalışmasını engeller.

Değerlendirmeyi, kusur bulmakla karıştırmak: Performans, suçluyu bulmak için değil, performansı geliştirmek için değerlendirilir. Performans değerlendirmesinin amacı, yönetici ile çalışanın bir araya gelip en iyi çözümü bulmak amacıyla birlikte çalışmalarını sağlamaktır.

Değerlendirme formunun nesnelliğine fazla bel bağlamak: Formlar, performans değerlendirmeyi kolay ve pratik hale getirmek için kullanılır; ancak tek başına nesnel değerlendirmenin güvencesi değildir. Yönetici değerlendirmelerinde formlarla sınırlı kalmamalıdır.

Performans değerlendirmesi ücretlendirmeye bağlı değilse, değerlendirmeden vazgeçmek: Birçok yönetici, performans değerlendirmesini çalışanı geliştirmek için değil, ücret artışı ve terfilere dayanak olarak kullanma eğilimindedir. Aksi halde, performansı değerlendirmekten vazgeçerler.

Önemsiz ayrıntılara odaklanmak: En önemsiz özellikler, en kolay ölçülebilenlerdir. Müşteri hizmeti deyince, çalışanı "üç çalışta telefona cevap vermek" üzerinden değerlendiren yönetici, müşteri hizmetindeki gerçek kaliteyi gözden kaçırır.

Tüm çalışan ve tüm işlerin standart biçimde değerlendirilebileceğine inanmak: Her çalışan ve her iş farklı özelliklere sahiptir. Yönetici, değerlendirilen kişinin ve işin farklılıklarını gözönüne almalıdır.

Performansı değerlendirilen çalışanların yaptığı hatalar aşağıdaki gibidir:

Tehdit olarak algılamak: Olumsuz geribildirimler, çalışanlar tarafından kişiliklerine tehdit olarak algılanabilir. Bunun sonucu ortaya çıkan savunmacı yaklaşım, performans değerlendirme için gereken yapıcı ve olgulara dayalı iletişimi engeller.

Hazırlık yapmamak: Performans değerlendirmesine hazırlanmak, çalışanın kendi performansını objektif bir şekilde gözden geçirmesi demektir. Bu süreç, iş tanımını ve sorumluluklarını, kendisinden beklenenleri gözden geçirip zorlukları ve engelleri belirlemeyi kapsar.

Yıl boyu iletişim kurmamak: Çalışanların, işlerinin nasıl değerlendirildiğini bilmeye her zaman ihtiyaçları ve hakları vardır. Çalışan, performansıyla ilgili görüşlerini yöneticisinden talep etmelidir. Bu konudaki sürekli diyalog, yöneticinin ve çalışanın ortak sorumluluğudur.

Tek taraflılığa izin vermek: Performans değerlendirmesi, eğer her iki taraf da sürece aktif olarak katılırsa ve kendi fikirlerini açıkça ifade ederse iyi sonuç verir. Çalışan için değerlendirme görüşmesi, performansını geliştirmek için yapmayı düşündüğü değişiklikleri dile getirmenin tam zamanıdır.

Değerlendirmeyi zam almaya bağlamak: Ücret artışlarını performans değerlendirme sonuçlarına bağlayan kurumlarda, yöneticiler ile çalışanlar karşı karşıya gelir. Çalışanlar "kazanç" boyutuna odaklanır, eksiklerini ve hatalarını gizlemeye çalışır. Oysa amaç, performansı geliştirmek olmalıdır.

Ya İK uzmanlarının hataları? Yöneticilerin hatalarında da İK uzmanlarının payı olabilir.

Ölçülemeyecek kadar çok yetkinliğin performans sisteminde yer alması: Çalışanların, günümüzde sayıları iyice abartılan yetkinlik alanlarının tümünde başarılı olmasını beklemek gerçekçi değildir. Bir iş rolü için tanımlanan yetkinliklerin birbiriyle çelişmesi dahi sık rastlanan bir durum haline gelmiştir.

Kırtasiyeciliği ve formları öne çıkarmak: Kayıtların düzenli tutulması elbette önemlidir ancak formlar öne çıkarıldığı zaman performans değerlendirme amacından sapar. Elde sadece doldurulmuş, dosyalanmış, sonra da unutulmuş formlar kalır.

Ağ üzerinden performans değerlendirmeyle yetinmek: Performans değerlendirme, insanlararası bir ilişki ve karşılıklı etkileşim sürecidir ve bu sürecin sağlıklı sürmesine özen gösterilmelidir. Kolaylık sağlayan yazılımlar, süreci destekleyen araçlardır. Bunların sürecin yerini alması doğru olmaz.

Yöneticileri eksik ya da yanlış eğitmek: İK uzmanları formları ve yöntemleri tasarlar, yönerge oluşturur, formlar bastırır ve yöneticilere dağıtır. Sonra da yöneticilerin, performans değerlendirmenin form doldurmaktan fazla bir şey olduğunu anlamasını bekler. Yöneticilerin bu konuda ayrıntılı eğitimlere ihtiyacı vardır.

Çalışanların eğitimini ihmal etmek: Çalışanların sürece etkin katılımını sağlamak için onları da eğitmek gerekir. Oysa genellikle çalışanlara kısa bir oryantasyon verilir çünkü "performans değerlendirmenin çalışanlara yapılan bir şey" olduğuna inanılır. Sonuç olarak yöneticiler de olayı böyle görmeye başlar.

Formların peşine düşüp yöneticileri zorlamak: Yöneticiler, performans değerlendirmenin amacını anlamadıklarında ve bunu zaman kaybı olarak gördüklerinde formları doldurmayı ihmal edebilirler. Performans yönetim sisteminin yararlarını ve yöneticilerin sorumluluklarını onlara iyi anlatmak, sürecin doğru işlemesini kolaylaştırır.

Yöneticileri performans değerlendirmeden sorumlu tutmamak: Yöneticiler performans değerlendirme sürecinin etkinliğinden sorumludur ve bu, onlar için bir performans belirtisidir. Performans değerlendirme her yönetici için bir performans kriteri olmadıkça, sistemin sağlıklı yürümesi güvence altına alınamaz.

Bu hataları önlemede yönetimin, İK'nın ve çalışanların üzerlerine düşeni yapmaları, performans yönetiminin başarıyla yürütülmesini sağlayacaktır.

İnsan Kaynaklarının Riskli Oyuncağı: 360 Derece Değerlendirme

Bilinen bir hikâyedir: Ülkenin birinde bir kral, tören giysilerinin kendisine yakışıp yakışmadığından emin olmak için, saray erkânının görüşlerine başvurmuş. Abartılı övgüler aklını karıştırınca bir deneme yapmaya karar vermiş ve karşılarına çıplak çıkmış. Ne yazık ki, saray erkânı da, ülke halkı da kralı bir kez daha düş kırıklığına uğratmış ve olmayan giysilerini övmüş; bir çocuk hariç: "Kral çıplak!"

Tarihin bu ilk 360 derece geribildirim deneyiminde yaşananlar, kimbilir kaç kral, sultan, komutan, kaç devlet adamı, lider, yöneticinin başına gelmiştir. Bu öykünün güzel yanı, kralın gerçeğe ulaşmak, gerçekle yüzleşmek için gösterdiği çabadır. Gerçekten de, yirmi yıllık bir geçmişe dayanan eğitimlerimizde, insanlarda en kalıcı ve etkili gelişim ve değişim yaratan etkenin, başkalarından aldıkları geribildirim olduğunu gözlemledim ve bu tecrübeleri paylaşmak istedim.

"Beni Bana Anlatır mısınız?"

Çoğumuz, başkalarının değişmesi gereken davranışlarını çok rahat görürüz. Hayatı zorlaştıran davranış o kadar apaçık ortadadır ki, kişinin değişmek için bir şeyler yapmamasına şaşarız. Ancak kendimize gelince, en "önemsiz" davranışımızı değiştirmekte, hatta değişmesi gerektiğini kabullenmekte zorluk çekeriz. Dahası, iş hayatında başarı kazanıp sivrildikçe, değişmek daha da güçleşir. "Başarılıyım, o halde sorun yok. Beni başarıya taşıyan bu özelliklerim değil mi?" diye düşünürüz.

Kimi özelliklerimiz başarılı sonuçlar almamızı kolaylaştırırken, kimi davranışlarımız da engel oluşturur. Ancak hangi özelliklerin bizi istediğimiz sonuçlara götürdüğünü, hangilerinin yolumuzu tıkadığını ayırt etmemiz zordur. Kişiliğimiz, iç içe geçmiş özelliklerimizden örülmüş bir ağ gibidir. Tek bir ögenin yerinden oynatılması, bu özgün yapıyı bir anda yerle bir edecek diye korkarız.

Kişiliğe iki açıdan bakabiliriz:

- Ben kendimi nasıl görüyorum?
- Başkaları beni nasıl görüyor?

Ben kendimi, "işine bağlı, el attığı konuyu takip edip sonuçlandıran, çalışma arkadaşlarını da bu doğrultuda yönlendiren biri" olarak görebilirim. Bana dışarıdan bakanlar beni nasıl görüyor? Ekip arkadaşlarım beni "çok hırslı, işi bitirmek uğruna çevresindekileri hesaba katmayan, bilgileri kendine saklayan, etrafa emirler yağdıran, hata yapıldığında ortalığı kasıp kavuran biri" olarak görebilir. Yöneticim "başına buyruk, kendi amaçlarını önde tutan ve bazen şirket hedeflerini de aşan biri" olduğumu söyleyebilir. Eşim ve çocuklarım "işkolik olmamdan, yüzümü görememekten" yakınabilir. Sağlıklı ve mutlu kişi, tüm bu değerlendirmeleri dengeleyen, farklı bakış açıları arasında uyum sağlayabilendir. Davranışları değiştirmenin en etkili yöntemi, kişinin çevresindeki değer verdiği insanlardan geribildirim almasıdır.

Geribildirimin Önemi

360 derece geribildirimin yaygınlık kazanmasının nedeni, kişiye iş hayatında kendisiyle ilgili başka hiçbir şekilde elde edemeyeceği nesnel ve samimi geribildirimi vermesidir. Kişinin kendini başkalarının gözünden görmesinin yarattığı farkındalık, değişim için de önemli bir istek uyandırabilmektedir.

Geribildirim, bir eleştiri ya da yargılama değildir, geçmişte yaşanmış uyuşmazlık ve engellemelerin acısını çıkarmak için bir fırsat hiç değildir. Geribildirim, kontrollü ve sistemli bir yöntemdir; kişinin belirli bir durum ve ortamdaki davranışlarının olumlu ve olumsuz yönleriyle ilgili, onu gözlemleme olanağı bulmuş kişilerin görüşlerinin aktarılmasıdır. Geribildirimin öncelikle kişiye uygun bir dille verilmesi gerekir. İkincisi, kişi bu tür bir geribildirimi gelişimi yolunda bir fırsat olarak görmelidir. O zaman, nispeten zayıf olduğu alanlarda kendisini geliştirme ve potansiyelini hayata yansıtma olanağı bulur. Birçok şirkette bu yöntem, özellikle yöneticilerin kendilerini geliştirmelerine imkân sağlamak amacıyla performans değerlendirme sisteminin bir parçası olarak kullanılmaktadır.

Geribildirimin Zorlukları

Ancak 360 derece geribildirim, birçok kere yukarıda sıralanan amaçları gerçekleştirmez. İş hayatının yükü veya gündelik hayatın sorumlulukları altında zorlanan kişi, kendisine verilen geribildirimlerdeki gerçek payını görmek istemeyebilir ve savunucu olabilir.

Ayrıca bir bölümde veya geniş bir grup içinde sadece bir kişinin bu süreçten geçmesi rahatsızlık yaratabilir. O kişinin "sorunlu bir çalışan" olduğunu ve yönetici tarafından gözden çıkarıldığını düşündürebilir. Kurum içindeki çalışma arkadaşları, kendilerine zorluk yaşatan kişiye doğrudan olumsuz geribildirim vermekten çekinebilir. Bu kişilerin değerlendirmeleri geribildirim raporunda isimsiz olarak yer aldığı için, bazen yapıcı olmaktan çok yıkıcı olabilir.

Olumsuz geribildirimlerin ağır bastığı durumlarda kelimeler silah kadar yaralayıcı olabilir. Özellikle kaynağı belirsiz ise, alan kişide öfke yaratır ve belirtilen görüşlerin doğruluğu konusunda şüphe doğurur.

Geribildirim İçin Ortam Yaratmak

360 derece geribildirimden yarar sağlanabilmesi için üç koşul gerekir:

1. Kurumda güven duygusunun egemen olması
2. Geribildirim verecek kişilerin olgunluk düzeylerinin yüksek olması ve iletişim tekniklerini bilmeleri
3. Geribildirim alan kişinin bunu bir gelişme fırsatı olarak görecek esneklik ve olgunlukta olması

Geribildirim raporlarının, yararlı olması için hangi özelliklere sahip olması gerekir?

- Kişiliğe değil, davranışa dönük ifadeler taşıması
- Genelleme yapmadan, özel durumları işaret etmesi
- Abartılı olmaması

Hatalı bir 360 derece uygulamasının kurbanı, sadece kişiler değil, aynı zamanda şirketin kendisidir. Çünkü böyle bir uygulamadan sonra;

- Güvensizlik artar
- Olumsuz geribildirim alan kişi, sorumlu gördüklerine karşı yıkıcı davranışlar gösterebilir
- Aynı fikirde olmayanlar arasında gruplaşmalar oluşabilir
- Beş kişiden küçük gruplarda, geribildirimin kimden geldiği oldukça isabetli tahmin edilebilir

360 derecelik geribildirim uygulamasından yararlanacak olan kişinin kendisiyle ilgili açık bir algısının olması gerekir. Ayrıca destekleneceğini bilmeli ve kendisini güvende hissetmelidir. Eğer geribildirim, zarar vermeyi amaçlayan ve kişiliğe yönelik bir saldırı gibi algılanmazsa, kişi kendisini zorlayacak bir gelişim sürecine girmeye istekli olabilir.

Geribildirimde Destek ve Güvenin Önemi

Bu noktada destek büyük önem taşımaktadır. Olumsuz geribildirim alan çalışanlara iyi bir koç şöyle destek verebilir:

- Geribildirimi kasıtlı ve önyargılı olarak nitelemek yerine verilen bilgilerden yararlanmak gerektiğinin kabullenilmesi
- Geribildirimin özsaygıya en az zarar verecek şekilde kullanılması
- Öncelikle olumlu davranışlara odaklanılarak korunacak özelliklerin belirlenmesi
- Birlikte çalışmayı en çok zorlaştıran davranışların saptanması ve üzerinde çalışmak için bir veya iki alanın seçilmesi

Yüksek dozda olumsuz geribildirim acı verir. Bu durumda savunmacı olan bir kişinin, kendiyle ilgili farkındalığının düşük olduğunu ve geribildirimden yararlanamadığını düşünmek gerçekçi değildir. Sadece içgörü geliştirmek bile, kişiye gelişmek için istek, cesaret ve ilham verir. Ancak gerçek bir öğrenme ve gelişme fırsatı yaratmak için süregiden bir destek ve izleme sağlamak gerekir. Ayrıca kişilerin aldıkları geribildirime verdikleri ilk tepkilerin, o geribildirim konusundaki mutlak fikir ve tepkiler olduğunu düşünmek de doğru değildir. Süresi kişiden kişiye değişen bu süreçte, geribildirimleri içe sindirmek zaman alır.

Kişiden beklenen değişimin miktarı ne kadar çoksa, onun ihtiyaç duyduğu destek de o kadar artacaktır. Deneyimli bir koç, bu yaşantıyı mükemmel bir öğrenme fırsatına dönüştürür. Koçun olmadığı durumlarda patronlar, üst yöneticiler ve arkadaşlar gereken yardımı sağlayabilir.

Geribildirimden Yarar Sağlamanın Yolları

360 derece uygulamalarının dikkat ve özenle düzenlenmesi gerekir; herkes birbirine destek vermelidir. Uygulamada dikkat edilmesi gerekenler şunlardır:

Amacın açık ve belirli olmasını sağlayın: Geribildirimin, kişiler tarafından gelişim amaçlı kullanılması ile performans değerlendirmesinde yer alması farklı yaklaşımlar gerektirir. Performans değerlendirmesinde, yanlı değerlendirmelere ve art niyete daha sık rastlanır.

Rahatsızlık yaratacak durumlara hazır olun: 360 derece geribildirim, gizli duygular ve bastırılmış öfkeleri ortaya çıkartır. Geçmişte rahatsızlık yaratan konular konuşulur. Sorunlarla yüzleşmenin yaratacağı rahatsızlığı, geribildirim alanlar ve verenler açısından kabullenin ve desteklemeye hazır olun.

Yardım ve danışmanlık alın: Bugüne kadar pek çok şirket 360 derece geribildirim yöntemini uygulamıştır. Dost ve tanıdıklarınızdan bu uygulamalardaki başarı ve başarısızlık öykülerini dinleyin. Bu kişiler size, birçok danışmandan daha değerli bilgiler verebilir.

Tarafların görüşlerini alın ve haklarına saygılı olun: Planlama aşamasında her bölüm ve her kademede çalışanın görüşünü alın, özellikle olumsuz geribildirim alma olasılığı yüksek olanlara karşı duyarlı olun.

Aceleye getirmeyin: Olası sorunları baştan düşünün. Birçok sorun, beklenmeyen durumlar ortaya çıktığında ne yapılacağının bilinmemesi nedeniyle yaşanır.

Sürecin bütününü belirleyin ve yazıya dökün: Veriler toplandıktan sonra elde edilecek bilginin gizliliğini güvence altına alın. Amaç sadece kişisel gelişim bile olsa, bilginin kontrolsüzce paylaşılması arzulanan sonucu engeller.

Nerede duracağınızı bilin: Şartlar uygun olmadan yapılan bir uygulamanın sonuçları, ulaşmak istediğiniz amaca zarar verebilir. Böyle bir durumda nerede duracağınızı bilin.

Değişim zordur. Başkalarının değişimine yardımcı olmak daha da zordur. İnsanların birbirine gelişmeleri için destek verdikleri bir ortam yaratmak ise en zor olandır. Her kademedeki çalışanı geliştirmenin önemli bir rekabet üstünlüğü olduğunu bilen şirketler, 360 derece geribildirim uygulamalarından yarar sağlamak için, bir yüzleşme ve geribildirim kültürü oluşturmayı hedef almalıdır.

IX. BÖLÜM

Çalışanı Bir Üst Basamağa Taşımak: Koçluk

Çağdaş İş Yaşamının Etkin Yöntemi Koçluk

"Saatte 55 km. hızla düz bir yolda gidiyorduk, hızımızı aniden 120'ye, 130'a çıkardık. Sonra yön değiştirmeye, sağa sola sapmaya başladık. Bazen de otomobili bırakıp motosiklete bindik. Koçluğu zorunlu kılan da bunlar oldu. İş yaşamında oyunun bütün kuralları değişti. Kurumlar ve çalışanlar tökezleyip düşmemek için bu değişime ayak uydurmaya çalışıyor." Harvard Üniversitesi İşletme Fakültesinin en tanınan hocalarından John Kotter, koçluğun kaçınılmazlığını bu cümlelerle anlatıyor.

Koçluk, değişimi benimsemek ve yenilikçi kültür yaratarak iş yaşamını anlamlı kılmak için dünya şirketlerinin vazgeçilmez hizmet alanı oldu. 2000'li yılların iş yaşamında öncü yaklaşım olarak koçluk, parlayan bir yıldız olmaya başlamıştı. ASTD, koçluk hizmetlerini, IT sektöründen sonra Amerika'da en hızlı büyüyen iş alanı olarak tanıttı. Çünkü bu hizmetin o yılki iş hacmi 100 milyon dolara ulaşmıştı.

Ustadan Koça, Yol Göstericiliğin Öyküsü

Yirmi yıldır insan kaynaklarında yabancı terminoloji ve çeviri kavramlardan kaçınmaya çalıştık. Yeni kavramlara sözde değil özde karşılıklar bulmaya, kültürümüzle bütünleşen terimler üretmeye çalıştık. Ancak kültürde davranışsal karşılığı olmayan kavramları özgün haliyle korumak zorunda kaldık. "Koçluk" kavramı da bunlardan biridir.

Daha çok gördüğünü tekrarlayarak, taklit ederek ve ezberleyerek öğrenen bir kültürün taşıyıcılarıyız. Düne kadar analitik düşünceyle buluşmakta zorlanan, ustaların aktardığı bilgi ve becerileri devralan çıraklık geleneğinin temsilcileriydik. Ama dünya artık tecrübeden öğrendikleriyle yetinmiyor. Genç beyinler bilgi üretiyor. Silikon vadisi, yaşam biçimimizi değiştiren müdahalelerle hayatımıza giriyor. Zihinlerimizde kıpırdanmaya başlayan sorgulamalar, yeni kavramların da kapılarını aralıyor. Tecrübe dikte edici olmaktan çıkıyor, yol açıcı oluyor. Koçluk da bu bağlamda iş yaşamımızda özel bir anlam kazanıyor.

Koçluk, gerek özel, gerekse iş yaşamındaki performansı sürekli mükemmelleştirmeye yönelik bir yöntem. Kişinin, deneyimli bir yönlendiricinin yol göstericiliğinde, güçlü ve eksik yanlarını keşfetmesine, yetkinliklerini geliştirip yanlışlarını düzeltmesine dayalı, kendini ve koşullarını sorgulayan, çözümlerini üreten, kendi kendini yeniden yapılandıran, eylemli bir öğrenme modeli olarak hayatımıza giriyor.

Değişim dünyasında en yetkin kişiler, özellikle sonuç odaklı, kilit konumdaki yöneticiler, kendileri yönlendirilme ihtiyacı duyar. Yönetici koçluğu, keskin bir rekabet ortamının sürekli değişken koşullarında, başarıyı hedefleyen yöneticilerin elinden tutmayı ve onlara yol göstermeyi amaçlayan, bağımsız uzmanlarla birebir yapılan bir çalışmadır.

Gözlemlerimiz, bu alanda önemli bir kavram kargaşası ve yeterlilik sorunu yaşandığını gösteriyor. **Koçluk** ya da yönlendirme ve yol gösterme, ***consulting*** ya da yönetim danışmanlığı, ***mentoring*** ya da akıl hocalığı, ***guidance*** ya da rehberlik, ***counselling*** ya da psikolojik danışmanlık, ***psikoterapi*** ya da psikolojik tedavi kavramları, benzer yöntem ve tekniklerden yararlanan, ancak farklı işlevleri ve amaçları olan yaklaşımlardır. Ayrıca her alanın farklı disiplinlerden gelen özel eğitim almış uzmanları vardır.

Tanımı, koçluğu mentorluk, rehberlik, yönetim danışmanlığı ve hatta psikoterapi gibi farklı mesleki uygulamalarla karıştırılabilme riskiyle yüz yüze getirir. Önce bu kavram ve mesleki uygulamaların alanını netleştirelim, sonra da koçluk konusunu daha geniş bir boyutta ele alalım.

Body: Genellikle Amerikan iş hayatının beklentilerini karşılamak üzere oluşmuştur. Kurumun oryantasyon çalışmalarının bir parçasıdır. Çalışan işe kabul aşamalarını geçtikten sonra kurumdaki ilk gününde body'siyle tanışır. Artık işi ve iş süreçlerini tanımasını kolaylaştıracak, yönetim tarafından görevlendirilmiş bir "can yoldaşı" vardır.

Body, çalışanın ilk gününden başlayarak iş yaşamının görünmeyen yüzüyle temas etmesini sağlayan canlı bağıdır.

Mentorluk: Özellikle eğitim alanında anılan bir kavramdır. Okula yeni giren öğrenciye, akademik, idari ve sosyal konularda yol göstererek onun yeni ortama uyumuna yardımcı olan bir "ağabey ya da abla" anlamında kullanılmıştır. Günümüz iş yaşamında mentorluk, kurumun nefes alma mekanizmalarının, geçmiş deneyim ve yaşantılarla aktarılması yöntemidir. Mentor, kurum kültürünü ve iklimini yeni yöneticilere aktararak entelektüel sermayenin diri tutulmasına destek verir. Bu yapılırken kariyer yolunda ilerleyen genç yöneticilerin deneyimli meslek üyelerinden "icazet" alması ve kurum bilincinin yükseltilmesi amaçlanır.

Psikolojik danışmanlık: Çağdaş insanın yeni rolleri ve farklı sorunları için aldığı danışmanlık hizmetidir. Psikologlar ve psikolojik danışmanlar tarafından verilir. Hamilelik danışmanlığından çocuk yetiştirme, okul rehberliği ve kariyer planlama, psikometrik ölçümlerin yapılması gibi farklı görevleri içerir.

Psikoterapi: Klinik psikolog ve psikiyatristlerinin özel bir uzmanlık alanıdır. Bu kişiler, psikopatolojinin tanı ve tedavisiyle ilgili medikal çalışmaları yürütürler. Psikoterapi süreçlerinde kullanılan farklı ekollerin temsilcileri olabilirler. Bilimsel açıdan kabul gören tedavi yöntemlerini evrensel değerler ve kültürel kodlar çerçevesinde sürdürürler.

Koçluk, zaman zaman psikolojik danışmanlık ve hatta psikoterapiyle karıştırılmaktadır. Kişinin psikolojik ve ahlaki sorunlarıyla veya geçmiş yaşantılarındaki travmalarıyla ilgilenileceği düşünülmektedir. Bu yanlış varsayımlar nedeniyle bazen koçluk hizmetine karşı çekingenlik duyulduğu, bazen de tam aksine koçluğun sınırlarını aşan beklentilere girildiği görülmektedir.

Koçluk uygulamalarında psikologların kullandığı "etkin dinleme, empati, paylaşım ve soru sorma" gibi tekniklerden ve bireysel danışmanlık ilkelerinden yararlanılsa da bu yöntem, kapsamı ve amaçları açısından farklı bir uygulamadır. Psikoterapi ve psikolojik danışmanlık gibi kişisel sorunlarla uğraşmaz ve davranışlarının analitik incelemesini yapmaz. Koçluk hizmeti alanın, mesleki hedeflerini gerçekleştirmesinin önünü açacak bireysel hedefler koymasına, iş başarısını kolaylaştıran ve zorlaştıran özelliklerini tanımasına ve güçlü yanlarına odaklanarak onları geliştirmesine yardımcı olur.

Koçluğun Kökeni

Başlangıcından bu yana iş yaşamında daha farklı bir anlayışla yer alan koçluk, özgün anlamıyla *"coach"*, insanları bir yerden bir yere taşıyan demektir. Geriye gidersek, "coach" adının, tarihte ilk kez Macaristan'ın Kocs köyünde yapılan ve adını da oradan alan "yaylı araba"ya verildiğini görüyoruz. Batı dillerinde günümüzde kent içlerinde yolcu taşıyan araçlara "bus" ya da "otobüs" denirken, uzun yolculuklar için "coach" sözcüğü hâlâ kullanılmaktadır. Özellikle İngilizce'de şehirlerarası yolcu otobüslerine "coach" denir.

İş hayatında da koç, insanları bulundukları noktadan alıp daha ileri noktalara taşımak için onlara eşlik eden kişidir. Aynı zamanda güvenilir bir dost olması beklenen koçun dilimizdeki "arkadaş" sözcüğüyle yakınlığı vardır. Arkadaşın aslı "arkataş"tan gelmekte: Orta Asyalı Türk savaşçılar, düşman oklarına karşı kendilerini güvene almak için arkalarını taşa dayarlarmış. Koç da bu hizmeti alan kişinin sırtını dayayabileceği, güven veren kişidir. Koçluk, özel yaşamı ile iş yaşamı iç içe geçmiş çağdaş kentli iş insanının, bu karmaşık ve hızlı dünyada, kendisine en uygun hedefi ve yönü belirleme ihtiyacından doğmuştur. Koç, engellenmeden hedefe ulaşmanın yöntemlerini kişinin kendisinin bulmasını, kendisi ve çevresiyle bir bütünlük ve uyum içerisinde mükemmele ulaşmasını, kendini gerçekleştirmeye yönelik davranış ve eylem biçimleri kazanmasını amaçlar.

Hangi meslekten gelen kişiler iş yaşamının gerçekleri ile bireyin gerçeklerini örtüştürecek bilgi ve beceriye sahiptir? Kimler sırtınızı güvenle yaslayacağınız, önünüzü açan bilge profesyonellerdir? Bu soruların cevabı, bu yeni sektörü güvenle teslim edeceğimiz profesyonelleri tanımlar.

Koçluk Felsefesi

Koçluk, bireylerin gelişimini hızlandırmak amacıyla yapılandırılmış, etkileşimli bir süreçtir. İş ortamında performansı ya da davranışı düzeltmeye odaklanmıştır. Amaç kişisel potansiyelin, anlamlı ve önemli amaçlara ulaşmak için ortaya çıkmasını kolaylaştırmaktır. Böylece koçluk alanın yaşam kalitcsini yükselterek anlam duygusunu beslemek ve kendini gerçekleştirmesinin yolunu açmak mümkün olur.

Koçluk hizmeti veren kişinin birey, kurum ve sonuç odaklı çalışmaları yürütmek için sistematikleştirmek zorunda olduğu bazı konular vardır. Bunlardan birincisi koçluk hizmeti alanın kişilik ve yetkinliklerini tanımasına ve uygun hedef belirlemesine yardımcı olmaktır. Koç bu hedeflere ulaşırken onları kendi başlarına yapabileceklerinden daha fazlasını yapmaya yönlendirir ve daha etkin sonuç almaları için amaca odaklanmalarını sağlar. Kurum değerleri içinde kendi değerlerini bulmalarını sağlayarak, işlerinde anlam duygusu yaratmaları, üretmeleri ve tatmin olmaları için onlara denenmiş araçlar, yol, yöntem gösterir ve destek verir.

Koçluğun özü, yaratıcı olmak ve çözüm seçeneklerini artırmaktır. Davranış değişikliği insanın başkaları üzerinde yarattığı etkiyi anlamasından geçer. Davranış değişikliği sağlamak kolay bir süreç değildir. Çünkü değişim, kararlılık ve dayanıklılık gerektirir. Küçük değişiklikler ancak zamanla fark edilir duruma gelir. Değişmek inanç, canlılık ve iç disiplin gerektirir. Koç güvenilirliği, teknik ve yönetim bilgisi ile bu üç özelliği koçluk çalışmalarında diri tutar. Geri adım atmak, alışılmışı tekrarlamak ve konfor alanında kalmak daha kolaydır. İnsanlar alışkanlıklarına döndükleri zaman rahat ederler. Zaman zaman geriye dönüşler değişim sürecinin bir parçasıdır. Umutsuzluğa kapılmadan süreci ileriye taşımak koçun görevidir.

Koçluk felsefesiyle uyumlu bir hizmet sunmak, konuyla ilgili kuramsal altyapıya sahip olmayı gerektirir. Bu kuramlar çerçevesinde genel olarak klasikleşmiş psikoloji tekniklerinden yararlanılsa da profesyonel koçlardan daha fazlası beklenir. Son yılların yapılanmış koçluk süreçleri "Pozitif Psikoloji", "Olumlayıcı Sorgulama", "Güçlü Yönlere Odaklanma", "Çözüm Odaklı Değişimsel Yaklaşım" modellerini pozitif kurumsal bilgiyle bütünleştirir.

Bütün bu bilgiler ışığında koç kimdir sorusuna şu cevabı verebiliriz: **Davranış bilimleri ve yönetim bilgisini harmanlamış, çağdaş kurumsal yapılanmanın ve dünya iş yaşamının ilkelerini bilen kişidir.** Koçun bu bilgi ve becerilerini kullanabilmesi "çalışanları geliştiren yapılanmış bir süreç"e sahip olmasını gerektirir.

Koçluğu, kurum içi ve kurum dışı koçluk olarak ikiye ayırmanın mümkün olduğunu belirtelim. Kurum içi koçluk, kurum içinde görev yapan yöneticilerin birlikte çalıştıkları kişileri, ekip arkadaşlarını geliştirme çabalarını içerir. Kurum dışından verilen koçluk ise bazen kurum, bazen de bireyler tarafından belirlenen ihtiyaç doğrultusunda, profesyonel koç olarak çalışan bir danışmandan talep edilen yönlendirmedir. Kurum dışından alınan koçluk hizmetleri, stratejik koçluk ve kariyer koçluğu olarak iki farklı alanda yapılır. Bu iki koçlukta farklı yöntem ve yetkinlikteki koçlara gereksinim duyulur.

Kurum İçi Koçluk

Çalışanlarının çağdaş yönetim becerilerini kazanmasını hedefleyen bir yönetici, aynı zamanda iyi de bir koçtur. Araştırmalar, iş liderlerinin kurum kültürünü %70 oranında etkilediğini, kurum kültürünün de şirketin iş sonuçlarını %35 oranında belirlediğini gösteriyor. Bu olgu, iş liderlerinin çalışanlara koçluk yapma sorumluluğunu artırıyor.

Artık koçluk vermeden yönetme şansı yok. Çağdaş anlayışın dışındaki yöneticileri tanımlayan bazı özelliklerin altını çizelim. Bu tutumlardan en yaygın olanları, problemleri görmezden gelmek ve kendiliğinden geçmesini umut etmek veya "Ya kendine çekidüzen verirsin ya da çeker gidersin!" tarzında sert çıkışlarda bulunmaktır. Bir başka yaklaşım ise işler istendiği gibi gitmediğinde yapılacak bir şey olmadığı inancıyla zaman harcamaya değmez diye düşünmek ve çalışanın işine son vermektir. Bazı yöneticiler de dostça öğüt vermenin ve moral yükseltici birkaç sözle sırt sıvazlamanın iş sonuçlarını etkileyeceğini düşünebilir. Ayrıca çalışana yanlışlarını göstermenin ve doğru davranışı bildirmenin, işlerin hedeflenen nitelik ve nicelikte olabilmesine yeteceğini umar.

Yaygın biçimde kullanılan bu yaklaşımlardan hiçbirinin başarılı olma şansı yoktur. Performans sorunlarını görmezden gelmek, bunların düzelmesine yol açmaz. "Hazır yeri gelmişken söyleyeyim..." şeklinde başlayan cümlelerle dostça öğütler sonuç vermez. Başkalarının yanında eleştirmek, kırıcı ve incitici etki yapar. Sert çıkmak, savunmacı ve kızgın tepkilere yol açar; dolayısıyla karşı tarafın yöneticiyi duymasını engeller. Yanlışa dikkat çekip doğruyu göstermek, çalışanı bağımlı kılar ve yönetici yanlış bir öneride bulunduğu takdirde hata yapma olasılığını artırır. İşe son verme ise, ilk adımda asla başvurulmaması, ancak en son aşamada düşünülmesi gereken bir yoldur. Bu hatalara düşmek, çalışanların enerjisini, motivasyonunu, dolayısıyla üretkenliğini azaltmaktan başka bir işe yaramaz.

Günümüz iş liderinin kaçınılmaz görevlerinden biri de çalışanına koçluk vermek olduğuna göre onun da bu konuda eğitim alması ve koçluk yetkinliğini geliştirmesi gereklidir. Koçluk yapan yönetici, keskin bir gözlem gücünün yanı sıra, performansı izleme, çalışanlarını dinleme, anlama ve iş amaçlarını etkin biçimde ortaya koyma becerisine sahip olmalıdır. Çalışanın gelişim ihtiyacını ya da sorunlu davranışını tespit eder ve amaca yönelik uygun davranış seçenekleri geliştirmesini sağlar.

Kurum içi koçların amacı, çalışanların;

- Üzerine düşeni en iyi şekilde yapabilecek düzeye gelmesi
- İşine yönelik bazı kararları kendi başına alması
- Yaptığı işin kalitesini kendi başına değerlendirebilmesi
- İşinin sorumluluğunu üstlenmesi
- Daha ileri görevlere doğru hazırlanması için yol gösterici olmaktır.

Kurum içi koçluk, **performansı, belirlenmiş kriterler doğrultusunda ve yapılanmış bir süreç içinde, en üst düzeye taşımaktır.**

- Kurum içinde etkili ve kabul edilen bir koç olmanın en önemli yanı bu yöneticinin insanların gelişebileceğine inandığının bilinmesidir. Koçluk yapan yönetici İK'nın temel kavramlarını bilir, yetkinlikler konusunda temel bilgiye sahiptir.
- Çalışanların yeteneklerini, güçlü yanlarını, gelişmesi gereken yönlerini ayırt edebilir ve bu konuda İK'yla işbirliği yapar.
- Çalışanlarla güven ve saygı esasına dayalı ortaklık ilişkileri kurar, onlara örnek olur.
- Koçluk geleceğe yönelik, çalışanı geliştirmeye odaklanan bir uygulamadır. İnsan kaynağının verimini artırmayı amaçlarken, şirketin geleceğini ve iş sonuçlarını güvence altına almayı gözönünde tutar.

Yöneticinin Değişen Rolü

"Yöneticiler koçluk görevlerini hakkıyla yerine getirebilselerdi, işletmelerin performansı kendiliğinden iki katı artardı. Oysa yöneticilerin çoğu koçluk yapmayı bilmez. Dahası koçluk yapmanın, işlerinin bir parçası, hem de önemli bir parçası olduğunun farkında değildir. Onlara da hak vermek gerekir. Çünkü kendileri de bu anlamda bir koçluk görmemişlerdir."

Yukarıdaki cümleler ASTD'nin (Amerikan Eğitimciler Derneği) 2001 yılında Orlando'da yapılan toplantısında, "Koçluk Semineri"nde dile getirilmiş ve geniş katılımcı kitlesi tarafından da büyük ölçüde onaylanmıştır.

Son on beş yıl içinde kurumsal yapılarda meydana gelen değişiklikler, **yöneticilerin "kontrol edici" rolden "destekleyici" role geçmelerini sağlamıştır.** Yöneticinin, direktif verme ve denetleme yerine geliştirme, destekleme ve yol gösterme yetkinlikleri önem kazanmıştır.

Yöneticilerin genel eğilimi, "Benim işim başımdan aşkın. Bir de insanları eğitmekle mi uğraşacağım?" yönündedir. Bir orta veya üst düzey yöneticiye yaptığı işi soracak olsanız, büyük ihtimalle "planlama, organize etme, koordinasyon ve denetleme" diyecektir. Ancak bu kişileri gözlerseniz, yaptıkları işi ve zamanlarını kullanma biçimini, söyledikleriyle bağdaştırmakta güçlük çekersiniz.

Yöneticinin işi son derece karmaşık ve güçtür. Yaptığımız yönetici koçluğu eğitimlerinde yöneticilerin büyük çoğunlukla başkalarına delege edilebilecek işlerin kıskacında, sürekli baskı altında yaşadıklarına tanık olduk. Doğal olarak da birçok işi yüzeysel olarak yapabildiklerini, işlerinin çoğunun kısa kısa, bölük pörçük ve sözlü iletişime dayalı olduğunu gördük.

Esas olarak **yöneticinin delege edemeyeceği iki iş vardır**: **Performans değerlendirme** ve **koçluk**. Koçluk için de, performans kriterlerinin belirlenmiş olması gerekir. Sanıldığı ve yaygın olarak uygulandığı gibi **koçluk, hataları düzeltmek değil**, **performansı sürekli olarak geliştirme ve üstün kılma çabasıdır**; insanların içindeki potansiyelin, anlamlı ve önemli amaçlara ulaşmak için ortaya çıkmasını kolaylaştırmaktır.

Bir yöneticinin koçluk yapabilmesi için gerekli önşartlar şunlardır:

- Koçluğun işinin bir parçası olduğuna "gönülden" inanmak
- Sabırsızlığını frenlemek (kendini tanımak)
- Hatalara hoşgörülü olmak ve hataların öğrenme sürecinin bir parçası olduğunu içine sindirmek (yargılamamak)
- Temel iletişim tekniklerini bilmek (etkin dinleme, empati, soru sorma)

İyi bir koç olmanın temelinde, kendini tanımak ve yönetebilmek yatar. Kendini tanıyan ve yönetebilen kişi, başkalarını da tanıyabilir ve yönetebilir. Olumsuz durum ve duygularla yüzleşecek cesareti göstermek bunun sonucunda mümkün olabilir.

Koçluk iki nedenle çağdaş yöneticiliğin çekirdek becerisi olarak kabul edilmektedir: "Başkalarını geliştirmek" ve "performans değerlendirmesi" yapabilmek. Koçluk sürecinin gerçek anlamda uygulanması, bir kurumda iş sonuçlarını iki katına varacak ölçüde geliştirme potansiyeli taşır. Bu nedenle şirketlerin geleceği bir ölçüde de yöneticilerinin koçluk becerilerine emanet edilmiştir.

Kurum Dışı Koçluk

Profesyonel koçluk, kişilerin mesleki hayatlarında, işlerinde ve kurumlarında üstün sonuçlar elde etmelerine yardımcı olan yol gösterici bir ilişki sürecidir ve koçluk alan kişinin öğrenme kapasitesini derinleştirir, performansını geliştirir, hayat kalitesini yükseltir. Bu nedenle kurum ve İK yöneticileri koçluk ilişkilerinin kurulmasını, yaygınlaştırılmasını ve gerektiğinde kurum dışı koçluk hizmetinin alınmasını desteklemelidir.

Bireysel koçluktan en çok yararlanan grubun başında yöneticilerin gelmesi bir rastlantı değildir. İş hayatının ilk yılları, görevlerin iyi yapılmasını öğrenme, ustalaşma, işinde başarılı olma evresidir. Başarı yönelimi, hedeflerini belirleme, bu doğrultuda inisiyatif kullanma, zorluklar karşısında sebat etme, yerine göre hesaplı riskler alma bu yıllarda şekillenir. Bu ölçütleri yerine getirebilenler ilerler ve yükselir. Bu evrede beklenen özellikler şöyle sıralanabilir:

- Görevlere odaklanma, görevleri başarma
- Kaynakları etkin kullanma
- Ekip çalışmasına yatkınlık

- Teknik beceri, satış becerisi nedeniyle terfi
- Kişisel itibar, güven oluşturma

Başarılı satış temsilcileri, üretim mühendisleri ve proje yöneticileri kendilerini yönetici görevlerinde bulurlar. Ancak oyunun kuralları değişmiştir. Artık başarılı olmak için işini iyi yapmak yetmez. Lider olmak için, ekibini diğer ekipler içinde daha iyi rekabet edecek bir konuma getirmek, ekip performansını üstün kılmak ve bu üstünlüğü sürdürmek gerekmektedir. Etkileme ve ikna etme, müzakere, problem çözme ve karar verme becerileri, iş ortamına egemen olan güç ilişkilerini doğru okuma ve yönetme yetkinliği, güç kullanma yeterliliği öne çıkar. Beklentiler şöyle özetlenebilir:

- Kurumun bütününe ve insanlara odaklanma
- Vizyon geliştirme
- Yaratıcılığı ve verimliliği teşvik
- Liderlik ve sonuçlara bağlı terfi
- Kurum itibarını yükseltme

Yöneticilik rolüne geçiş, köklü bir değişim gerektirir; işi iyi bilmek, planlama, organizasyon ve bütçe yönetimi yeterli olmaz. Bu geçiş aşamasında lider davranışı kazanmak için yöneticilerin kişisel gelişim sürecinden geçmesi gerekir. İşte bireysel koç bu aşamada devreye girer.

Yöneticinin, kurumun stratejik hedefleriyle uyumlu liderlik yetkinlikleri ve becerileri geliştirmesi istenir. Koçluk sürecinde gelişim hedefleri kurumsal hedeflerle uyumlu olmalı, somut, gözlenebilir ve iş sonuçlarına doğrudan katkısı olan beceriler geliştirilmelidir. Bu ilişki kurulmadan yapılan koçluk, kurumsal düzeyde anlamlı olmaktan uzak kalır.

Dünyanın en tanınmış kurumsal ve sistemsel gelişim merkezlerinden birini Gestalt Institute Of Cleveland içinde kuran Ed Nevis, *Organizational Consulting* adlı kitabında şöyle diyor: "Bir koçluk ilişkisini başarılı kılan, koçun sahip olduğu beceriler ve araçlar değil, danışanıyla kurduğu ilişkinin yapısıdır." İK profesyonellerine düşen, bu ilişkinin en sağlam şekilde kurulmasını sağlamaktır. Bunun için çalışma öncesinde yöneticilere ve gerekiyorsa kurum geneline, çalışmanın amaçları, söz konusu danışanların neden seçildiği gibi bilgiler aktarılmalı ve oryantasyon yapmak için yeterli zaman ayrılmalıdır. Bu süreç için koçtan kaynak ve destek istenebilir ancak koç danışanlarla yüz yüze gelmeden önce İK bölümünün gerekli açıklamaları yapmış olması beklenir. Bazı çalışanlar, bunu dile getirmeseler de, koçu "kendilerini tedavi etmeye gelen biri" olarak görebilir. Çalışma sürecinde bu anlayış ortadan kalksa bile, gerçekte koçluğun ne olduğu ve ona neden ihtiyaç duyulduğu konusunda bilgilenmiş danışanlar, istatistiksel olarak çok daha başarılı olurlar.

Koçluk Süreci

Profesyonel bir koçla yürütülecek koçluk sürecine başlarken ilk yapılması gereken, sürecin nasıl yapılandırılacağı konusunda karar vermektir. Sistemli bir yaklaşım, odaklanmayı sağlar ve başarı şansını artırır. Aynı zamanda ortaya çıkacak bireysel ve kurumsal ihtiyaçlara cevap verecek esneklik sağlanmalıdır. Süreçler, Baltaş koçluk sürecinde olduğu gibi, genellikle üç basamaktan oluşur.

Bu basamaklar projenin onayı ve sözleşme, koçluk alanın ve verenin ikili ortak çalışması ile raporlama, izleme ve son değerlendirmedir.

1. Projenin onayı ve sözleşme: İyi hazırlanmış bir anlaşma, koçlukta başarının anahtarıdır. Bu çalışma ortak kararın hedeflerini, yöntemlerini ve sonuçlarını belirler. Kaygı, direnç ve başarısızlıklar çoğu kez eksik ve yetersiz anlaşmalardan kaynaklanır. İlgili tüm tarafların nelerden sorumlu olduğunu tanımlayan iyi bir anlaşma şunları içermelidir:

- Projenin tanımı, çerçevesi, parametreleri
- Koçun kime/kimlere karşı ne düzeyde sorumlu olduğu (koçluk alana, yöneticisine, İK bölümüne, üst düzey yönetime)
- Amaçlar ve beklenen sonuçlar
- Değerlendirme ve izlemenin nasıl yapılacağı
- Sonuçların bireysel gelişim planına nasıl dönüştürüleceği ve nasıl uygulanacağı
- Geribildirimin kime/kimlere, hangi sıklık ve yapıda verileceği

Çalışma, sponsorun onayı, yöneticinin işbirliği ve ortak görüşme takviminin oluşmasıyla başlar.

2. Koçluk alanın ve verenin ortak çalışması: Planlanmış akış içerisinde ikili görüşmeler, online yazışmalar ve görev vererek yapılan izleme çalışmalarıyla sürdürülür. İki ana bölümü, gözlem ve değerlendirme ile yapıcı yönlendirme basamaklarından oluşur.

a. **Gözlem ve değerlendirme:** Koçluğa başlamadan önce koçluk alacak kişinin iş tanımı, performans değerlendirmesi incelenir. Yeni kuşak 'beş-faktör kişilik envanterleri' (Hogan Kişilik Ölçümü gibi), yönetici potansiyelini ortaya koyan Liderlik Pusulası, 360 derece değerlendirmeler uygulanır ve gözlem yapılır. Bu aşama sonunda hedefler belirlenir ve taraflar arasında görüş birliği sağlanır.

   Bu süreçte sıklıkla mercek altına alınan yetkinlikler, iletişim (dinleme, toplantı yönetimi, sunuş), insanlararası ilişkiler (müzakere, çatışma çözme), proje yönetimi (delegasyon, ekip oluşturma, performans yönetimi), problem çözme ve karar verme (stratejik ve uzun dönemli planlama, yargıya varma) ve kendini yönetmedir (stresle başaçıkma, kariyer planlaması). Söz konusu yetkinliklerin, kurum stratejilerine uyumlu olarak, iş yönetiminde ast-üst ilişkilerinde kullanılması irdelenir.

b. **Yapıcı yönlendirme:** Toplanan bilgi, koç tarafından geribildirim olarak aktarılır. Seçilen gelişim alanları üzerinde çalışmalar sürdürülür. Olumlayıcı sorgulama tekniklerinin kullanıldığı kuramsal çerçeve, yol gösterici yaklaşımın temelini oluşturur. Koçun, kişinin güçlü yönlerini vurgulaması ve olumlu bir benlik algısını pekiştirmesi beklenir.

Koçluk çalışmalarında yararlandığımız olumlayıcı geribildirimin diğer yöntemlerden farkı çalışanların kişilikleri, değerleri ve geçmiş yaşantılarındaki somut olgularda ortaya çıkan başarılarına dayanmasıdır.

Kurumsal yapıları güçlendirmenin ve bireysel başarı motivasyonunu artırmanın en yenilikçi yaklaşımı "**olumlayıcı sorgulama**"dır *(appreciative inquiry)*. Kurumsal değerleri tanımayı ve işleyişleri en üst düzeylere çıkarmayı hedefler. 20 yıl önce Cooperrider ve Srivastva tarafından geliştirilen yöntem, organizasyonel davranış alanında bir devrimdir. Kurum çalışanlarının hayal gücünün bir ürünüdür. Kurumda sorunlar kadar güçlü ve olumlu olan özelliklere odaklanır. Buna göre her insan sisteminde henüz el değmemiş, zengin ve besleyici kaynaklar vardır. Kusurları bir yana bırakıp, suçlu arama ya da parmakla gösterme davranışlarından vazgeçmek, bu kaynaktan yararlanmanın felsefesinde yatan anlayıştır. Nelerin yolunda gittiğine, enerji veren ve çözüm sunan yaşantılara bakmak, değerli olma duygusunu besler. Kurumun ve yöneticinin "en iyi örneklerini" bulmak, "neler olabileceğine ilişkin tasarıları" oluşturur.

Koçluk hizmeti alan yöneticinin konfor alanının dışına çıkarak potansiyelini iz bırakacak biçimde ortaya koyması beklenir. Çalışmada koçluk alanın, kendi güçlü ve zayıf yanlarıyla ilgili gerçekçi bir yaklaşıma sahip olma düzeyi belirleyici olur. Bazı yöneticiler kendilerine karşı aşırı iyimserdir ve geribildirimlere genellikle savunmacı tepki gösterirler. Koç, olumsuz geribildirimi somut örneklere dayanarak paylaşmalı ve kişinin kendini objektif olarak değerlendirmesini sağlamalıdır. Bazı yöneticiler kötümser olabilir; başarısızlıktan korkar ve kendilerini eleştirmeye yatkın olur. Olumlayıcı sorgulama, kişilik özellikleri, değerleri ve iş başarısı arasındaki ilişkiyi görmelerini sağlar.

3. Raporlama, izleme ve son değerlendirme: Koçluk alanın gösterdiği gelişmeyle ilgili olarak, sürece sahip çıkan sorumlu yöneticiye ya da İK bölümüne raporlar verilir, ilerlemeler izlenir. Sürecin bitiminde tekrar edilen 360 derece değerlendirme, görüşme ve gözlemlerle elde edilen sonuçlar değerlendirilir, üst yönetim için kısa bir rapor hazırlanır.

Koçluk çalışmalarının tüm aşamalarında gizliliğe özen göstermek ve koçluk alana güvence vermek önem taşır.

Koçluk Ne Zaman İşe Yaramaz?

Bazı yöneticilerin koçluktan yararlanması mümkün olmayabilir. Kişinin koçluktan sonuç alabilmesi için;

- Değişmeye ve yenilikleri denemeye istekli olması gerekir.
- Sorun entelektüel değil, davranışsal olmalıdır.
- Sorun dürüstlük ve kişisel bütünlük sorunu olmamalıdır.
- Kişiye çevresi tarafından destek verilmelidir.
- Sağlanacak gelişmenin iş sonuçlarıyla ilişkilendirilmesi gerekir.

Davranış değişikliği zorlu bir süreçtir. O nedenle bazı durumlarda koçluğun işe yaramayacağını bile bile bu zahmetli sürece girişmek boşuna bir çaba olabilir.

- Kişi, "Bir problemim var," ya da "Geliştirmem gereken bir yönüm var," demiyorsa, zaman boşa harcanmamalıdır.
- Kişi şirket tarafından gözden çıkarılmışsa, gereksiz yere oyalanılmamalıdır.
- Kişinin zihinsel ya da teknik yeterliği düşükse, koçluk çözüm olmaz. Davranışsal gelişim kötü bir doktordan iyi bir doktor, kötü bir mühendisten iyi bir mühendis yaratmayacağı gibi kötü bir yöneticiden de başarılı bir yönetici yaratamaz...
- Kişinin stratejisi, misyonu ve yönü şirketle ters düşüyorsa, koçluk kurumsal sonuç vermez, aksine kişiyi kurumdan daha da uzaklaştırır.
- Kişinin etik değerler ve tutarlılık sorunu varsa, koçluk bu sorunu çözemez.

Koçluk alacak kişinin algı ve tutumları da elde edilecek yararları belirler. Kişi koçluğu bir zayıflık belirtisi olarak mı, bir gelişim stratejisi olarak mı görüyor? Koçluk alacak kişi özgüvenli ve davranış değişikliğini gerçekleştirmeye istekli olmalı, verilen hizmetten yakınlarının öğütlerinden daha fazla yararlanabilmeli, yeni fikirlere ve yeni davranışlara açık olabilmelidir.

Kurumların Koçluktan Beklentileri

İngiliz İstihdam Araştırmaları Enstitüsü (The Institute for Employment Studies) tarafından yapılan bir araştırmaya göre, kurumların koçluktan beklentileri şöyle özetlenebilir:

- Bir yöneticiyi daha üst bir pozisyona ya da farklı bir role atarken duruma uyum sağlamasını kolaylaştırmak
- Yetenekli bir çalışanın kişisel gelişimini hızlandırmak ve onu yeni görevlere hazırlamak
- Bireylere ve ekiplere destek vererek kurumsal değişim projelerinin benimsenmesini ve uygulamaya konmasını kolaylaştırmak ve hızlandırmak
- Değerli elemanları ödüllendirmek ya da elde tutmak.

- Üst düzey bir yöneticinin sorunlarını paylaşacak, yol gösterecek bir rehberlik sunmak
- 360 derece değerlendirme ya da geliştirme merkezleri gibi daha kapsamlı programlara katılan deneyimli yöneticilere destekleyici yardım vermek

Yönetici koçluğunun iş sonuçları üzerindeki etkilerini somutlaştırmak için, Fortune 1000 şirketlerinde çalışan ve koçluk almış 100 yönetici üzerinde bir çalışma yapılmıştır. Koçluk programlarına yapılan yatırımın 5.7 katı olarak geri döndüğü saptanmıştır. Koçluk süreci sonunda, yöneticilerin astlarıyla ilişkilerinde %77, üst yöneticileriyle ilişkilerinde %71, ekip çalışmasında %67, iş tatmininde %61 oranlarında olumlu değişiklik görüldüğünü bildirmiştir.

Güvenilir Koçların Özellikleri

Koçluk genellikle iç motivasyonu yüksek, başarı odaklı ve baskı altında çalışan yöneticilerin aldığı bir hizmettir. Kurumların geleceğinde rol oynayan bu kişilere yol gösteren olmak yüksek değerlere, çağdaş bilgiye ve iş yaşamı tecrübesine gereksinim gösterir. İyi bir koçun bu özelliklerini aşağıdaki gibi sıralayabiliriz:

- Danışanın karşılaştığı problemlerin yapısını bilmesi ve aynı dili konuşabilmesi için iş deneyiminin olması
- Yönetim, liderlik, danışmanlık ve psikolojik rehberlik konularında eğitim almış olması
- Yönetim alanındaki yenilikleri takip etmesi, bunlara uyabilmesi ve başkalarına aktarabilmesi
- Yapılanmış bir kurumda koçluk eğitimi almış ve pratik yapmış olması (Örneğin International Coaching Federation (ICF) tarafından akredite edilen kurumların eğitimini tamamlamış ve en az 750 saat pratik deneyime sahip kişiler, ICF tarafından akredite edilerek belge alabiliyor)
- Başarı yönelimi, öğrenme, kişilik, kaygı ve stres, iletişim, duygusal zekâ, yeterlilik duygusu ve iyimserlik, grup dinamikleri, bilişsel-davranışsal yaklaşım, psikometrik testler gibi psikolojinin temel kavram ve teknikleri hakkında bilgi sahibi olması
- Konumuna yakışır bir tavır içinde olması

Bu tavır, aşağıdaki özellikleri içerir:

- **İletişim becerilerinde yetkin ve öğrenmeye açık olmak:** Olumlayıcı sorgulama tekniğini en üst düzeyde kullanabilmelidir. Karşısındaki kişiye varsayımlarını sorgulama cesareti vermeli, empati gösterebilmeli, söylenenlerin arkasındaki anlamları araştırabilmelidir. Karşısındakini dinlemeyi bilmeli, anlamaya hazır olmalıdır. Pozitif psikolojinin kuramsal temellerini koçluk süreci boyunca en etkin biçimde kullanabilmelidir.
- **Güçlü insan ilişkileri kurabilmek:** Güven ilişkisi kurabilmeli yapıcı, enerjik ve olumlu davranmalıdır.
- **Doğal ve kendi gibi olmak:** Sade tavırlara sahip olmalı, kibirli ve bilgiç olmamalı, açık bir ortam yaratmalıdır.
- **Sağduyulu ve esnek olmak:** Koçun teknik bilgisi ve bilişsel zekâsı kadar önemli olan bir diğer özelliği de duygusal zekâsıdır. Farklı özellikte insanlarla çalışabilmeli ve durumun gereklerine uyum sağlamalıdır. Stresle başaçıkabilme ve esneklik özellikleri güçlü olmalıdır.
- **Olgun ve alçakgönüllü olmak:** Kişilik özellikleri ve duygusal zekâsı koçluk sürecine katkıda bulunacak düzeyde olmalıdır. Bu özellikler iç uyumun dengeliliğini, öğrenmeye açık olmayı, stresle ve belirsizlikle başaçıkabilmeyi, fevri davranmayan, geribildirim vermekte ve almakta zorlanmayan bir yapıda olmayı kolaylaştırır. Alçakgönüllülük ise kendinden çok işini ciddiye almayı, kendini geri çekebilmeyi sağlar. Kısacası duygusal olgunluk düzeyi koçun en önemli yönüdür.

Tüm bu teknik donanıma ek olarak, başarılı sonuçlar alan bir koçtan beklenen ahlaki özellikler ve tutumlar vardır. Bu özellikler süreci başlatırken önemlidir ama en çok sürdürürken ve süreç tamamlandıktan sonra iz bırakır.

Başarılı sonuçlar alan yöneticiler, gelişimin ve yenilenmenin öznesinin insan olduğunu bilen kişilerdir. Kurumlar, özellikle de kilit noktalardaki insanlara emanet edilmiştir. Yönünü belirlemiş, hedefine odaklanmış, ekibiyle, üstleriyle amaca yö-

nelik sağlam ilişkiler kurabilen, duygusal zekâsı gelişmiş altın yakalılar...

İşte bu noktada koçluk, yeni dünyanın öncü insanlarının zihin haritalarını yeniden yapılandırmakta, başarıyı hedefleyen kurumlara ve bireylere kılavuzluk etmekte anahtar bir rol üstlenmektedir.

X. BÖLÜM

Adalet Duygusunu Yaşatmak: Kariyer Planlama ve Ücretlendirme

Kariyeri Yöneten Kurumlar

Mehmet Ünal

Kariyer yönetimi, kurum ihtiyaçlarının ve önceliklerinin belirlendiği, iş sonuçlarının gelişmesi ve sürekliliği için yapılan çalışmaları içerir. Burada söz konusu olan, kurum içindeki mevcut ve planlanan kritik görevlerin ve liderlik kadrosunun sürekliliğinin sağlanabilmesi için insan yapısının incelenmesi ve değerlendirilmesidir.

Kurumlar, iki önemli kaynak olan hammadde ve finansman durumlarını sürekli gözden geçirir, planlar, hatta kritik olanları ve kritik zamanları mercek altına alarak yedekler.

Her bir hammaddeyi ya da nakit akışındaki her bir TL'yi yedeklemek, kurumu temelden sarsacaktır. Dolayısıyla yedeklenen, kritik hammaddeler ya da tahsilatta/ödemede şüpheli görünen nakit akışlarıdır.

Benzer yaklaşımla, iş sonuçlarının ve liderlik kadrosunun sürekliliğinin sağlanması amacıyla kurumlar, kritik görevlere ilişkin yedekleme planları yapar. Bunun sonucunda da **kritik pozisyonların yedekleme planlarına giren çalışanların kariyerini yönetir**. Yönetilen bir "şey"le ilgili gelişim/ilerleme beklemek doğaldır. Kariyer yönetiminde de, yedekleme planları kapsamındaki bireylerin gelecekte planlanan görevlere yönelik gelişimi detaylı olarak tartışılarak şekillendirilir.

İnsan Kaynaklarının Sorumlulukları

Kurumun yedekleme sisteminin ve planlarının oluşturulmasındaki temel sorumluluk, İK bölümünündür. Yedekleme sürecinde İK'nın sorumlulukları şunlardır:

- Kritik görevlerin belirlenmesi
- Kritik görevlere gelecek kişilerin belirlenmesine yönelik değerlendirme araçlarının oluşturulması ve uygulanması
- Yedekleme planlarına giren kişilerin gelişimine yönelik programların planlanması, uygulanması ve takibi
- Yedekleme planlarındaki eylemlerin hayata geçirilmesi ve raporlanması

Yedekleme planlarına girmesi düşünülen kişilerin ve bu kişilere verilecek görevlerin değerlendirilmesi sürecinde İK'nın önünü görmesini sağlayacak en önemli araçlardan biri, "Performans – Potansiyel Tablosu"dur. Bu tablonun yatay ekseninde, çalışanların geçmişteki ve bugünkü performansı değerlendirilmektedir. Dikey eksende ise, gelecekte düşünülen görev için kişinin potansiyeli gözden geçirilmektedir. Bu değerlendirmeyle, yüksek potansiyelli ve performanslı "yıldızlar" grubu belirlenmekte ve kariyer yönetimi planı daha verimli hale getirilmektedir. Bu tabloda arzulanan, kişinin yüksek performanslı ve yüksek potansiyelli olması, yani "yıldızlar" grubunda yer almasıdır. Değerlendirme ve eleme yapılırken, tablo 16'daki dört gruba girecek kişi sayısı istatistik prensiplerinden yola çıkılarak önceden belirlenebilir ve yöneticilerin, yaptıkları değerlendirmede bu sayılar dahilinde kalması istenebilir.

Tablo 16: Performans – Potansiyel Tablosu

	Düşük Performans	**Yüksek Performans**
Yüksek Potansiyel	**Şüpheliler** Strateji: Bu grubu "Yıldızlar"a dönüştürmek ve gelişimlerini hızlandırmak gerekir	**Yıldızlar** Strateji: Bu grubu şirket içinde tutmak gerekir. Ayrıca, bu gruptaki kişilerin hızlı gelişimi önemlidir
Düşük Potansiyel	**Problemliler** Strateji: Bu grubu "Sağlamlar"a dönüştürmek, eğer başarılmazsa başka görevlerde değerlendirmek / uzaklaştırmak gerekir	**Sağlamlar** Strateji: Bu gruptaki kişiler, bulundukları yerde beklenen sonuçları elde etmektedir. Onları kurum içinde ve motive bir şekilde tutmak gerekir

İK bölümü **yedekleme planlarına dahil olan çalışanların kariyerini yönetir.** Başarılı bir kariyer yönetimi için yapılması gerekenleri aşağıdaki gibi sıralayabiliriz:

- Kurumun kariyer yönetim felsefesinin ve sisteminin ana hatlarını çalışanlarla paylaşmak
- Çalışanların kariyer beklentilerinin gerçekleşmesi için yapılması gerekenleri, geliştirilmesi gereken beceri ve yetkinlikleri belirlemek
- "Kariyer yönlendirme geribildirimleri"nin yöneticileri tarafından verilmesini sağlamak
- Eğer çalışanın kariyer planları kurum açısından gerçekçi değilse, kişisel beklentilerin yerine getirilmeyeceğini uygun bir dille anlatmak
- Kişisel gelişim için çok etkin bir yöntem olan "rotasyon" denemelerine destek vermek, hatta kendi bölümünde bu alanda atamalar yaparak referans olmak
- Kişisel ve kariyer gelişimi için iş zenginleştirme yaklaşımının uygulanmasına destek olmak
- Gerektiğinde "işten ayrılmalarda destek programları"nın *(outplacement)* alınmasına öncülük etmek
- Tüm süreci yöneticilerle işbirliği içinde yürütmek

İK uzmanları, yedekleme planlarının kapsamadığı çalışanların kariyerini yönetmekle yükümlü değildir. Elbette bu, kariyerini yönetmediği çalışanlardan sorumlu olmadığı anlamına gelmez. İK bölümü, bütün çalışanların eğitim ve gelişiminden sorumludur. Bu sebeple, kariyer yönetimi çerçevesine giren çalışanlara yönelik gelişim uygulamalarını tasarlarken, bu çalışmaların kurumdaki herkesi kapsamasına özen gösterilmelidir.

İkinci Kariyer: "Hayatımı Değiştirmeli miyim?"

Mesleği ve becerileri ne olursa olsun, çalışma hayatının içinde olan hemen herkes, hayatının bir döneminde mesleğini veya işini sıkıcı bulur, verdiklerinin karşılığını alamadığını düşünür. Böyle bir duygu durumu içinde daha bağımsız olmanın, kazanmış olduğu deneyimleri hayatın başka alanlarına aktarmanın özlemini duyar.

Bu süreçten geçerken, bazıları mesleklerinde geri kalmamak için verecekleri mücadele konusunda kendilerini isteksiz bulur, bazıları yetenek ve becerilerinden mevcut işlerinde bütünüyle yararlanılmadığını düşünür, bazıları ise kendi potansiyelinin mevcut şirketin boyunu aştığına inanır. Bunun yanı sıra daha farklı değerlendirmeler yapanlar da çıkar. Örneğin bazıları yanlış bir şirkette, işkolunda veya pozisyonda sıkışıp kaldığını düşünür. Bazıları ise erken yaşta, kendisine uygun olmayan bir meslek seçmiş olduğu için çektiği acılara artık dayanamayacağına kendini ve çevresindekileri inandırır.

Yukarıda sıraladığımız duygulardan bir veya birkaçını birden yaşayan bir kişi için, her sabah kalkıp işe gitmek bir eziyete dönüşür.

Bunun yanı sıra, günümüz iş hayatının bazı gerçekleri de, birçok orta veya üst düzey yöneticiyi, ikinci bir kariyeri düşünmeye yöneltir. Günümüz iş dünyasının yüksek temposu ve sürekli değişen doğası, genç yöneticilerin bile uyum konusunda endişe duymalarına yol açmaktadır. Bunlara, hızlı teknolojik değişimler, giderek farklılaşan ve ayrışan pazar yapısı ve öngörülmesi zor ekonomik dalgalanmalar örnek verilebilir.

Otuzlu yaşlarının ortasında veya en geç sonunda bir yönetici, kariyerinin nereye kadar uzanacağını az bir yanılma payıyla kestirebilir. İkinci bir kariyer hayalinin arkasındaki önemli nedenlerden biri de, yaşın ilerlemesidir. Mesleğin ilk yıllarında kişiye heyecan veren eğitimler, gelişim programları, iş rotasyonları, fazla mesailer ve sürekli seyahatler kişiye zevk vermez olur. Böyle bir tempoyu yorucu, elde ettiklerini de hayatın ertelediği hazlarına değer bulmamaya başlar.

Kariyer değişimiyle ilgili karar, her zaman gerçekçi nedenlere dayanmaz. Bazı insanlar böyle bir değişikliği, her zaman hayatlarından ve kendilerinden memnun olmadıkları için ister. Bazıları her zaman nedeni belli olmadan kendilerini alacaklı hisseder ve haklarının yendiğine inanır. Bazıları kendilerini, olduklarından daha yetenekli olduğuna inandırır. Bazıları patronlarına tahammül edemez, bazıları çok daha önceden genel müdür olmaları gerektiğine inanır, bazıları ise artık "hâlâ" kendilerini geliştirmek, eşitleriyle ve gençlerle rekabet içinde olmak istemez.

Eğer bir yönetici, doyumsuzluğunun nedeni olarak işini, patronunu ve şirketini görüyor ve bütün "suçu" onlara yüklüyorsa, büyük bir ihtimalle düşlemekte olduğu ikinci kariyeri de hayal kırıklığı yaratacaktır. Bu nedenle yönetim kademesine yükselmiş bir kişi ikinci bir kariyer seçmeyi düşünüyorsa, kendisini, sahip olduğu özellikleri ve yeni kariyeri sırasında göğüslemek zorunda kalacağı güçlükleri gerçekçi bir şekilde değerlendirmelidir.

Gerçekte Kimsiniz?

Kendisine doyum sağlayacak ikinci bir kariyer arayan kişilerin önündeki en kritik faktör, ego idealleridir. Bütün insanlar hayatları boyunca ideal egolarına ulaşmak ister ancak hiç kimse bunu tam olarak gerçekleştiremez. Başarılar kişiyi ideal egosuna yaklaştırır ve benlik algısını güçlendirir. Ancak kişinin ego ideali ile benlik algısı arasında fark büyükse, kendine ve çevresine duyduğu kızgınlık artar.

Kişinin, çocukluktan başlayarak oluşan ideal egosunu tam olarak anlaması kolay olmasa da aşağıdaki sorulara verilecek cevaplar bu konuda ışık tutabilir:

- Babanızın değerleri neydi? Annenizin değerleri neydi? Aile içinde ve sofrada konuşulanlardan yola çıkarak onlar için neyin önemli olduğunu hissederdiniz?

- Anılarınıza geri dönerseniz, annenizi mutlu etmek için yaptığınız ilk büyük şey neydi? Her çocuğun annesini mutlu etmek için gösterdiği çaba, ne ile ilgiliyse bu içselleştirdiği bir özellik olur. İleriki yıllarda bu değerler kişinin kelimelere dökemediği saklı amaçlara dönüşür.
- Çocukluğunuzdaki kahramanlarınız kimlerdi? Şimdi TV'de ve güncel olaylarda sizi en çok kimler meşgul ewdiyor?
- Kendinize hayatın çeşitli dönemlerinde kimleri örnek aldınız? Akrabalarınızda, öğretmenlerinizde spor hocalarınızda, arkadaşlarınızda, yöneticilerinizde sizi etkileyen hangi davranışlar oldu?
- Okulda iyi olduğunuz dersler hangileriydi? Hangi derslerde zorlanırdınız?
- Hayatınızda size en çok doyum ve mutluluk veren yaşantınız hangisiydi?
- En büyük başarınıza, bugüne kadar yaptığınız işlerin hangisinde ulaştınız? Ne yaptınız? Nasıl yaptınız?
- Bu dünyadan göçüp gittikten sonra nasıl hatırlanmak istersiniz?

Bu soruların cevapları, size egonuzun özellikleriyle ilgili bir fikir verecektir ve bundan sonraki hayatınıza yükleyeceğiniz anlam konusunda yol gösterecektir.

Ne Yapmaktan Hoşlanacaksınız?

Bundan sonra atılacak adım, hangi tür mesleki etkinliklerin size uygun geleceği, nasıl bir iş yapmak isteyeceğiniz konusunda karar vermektir. Bunun için aşağıdaki soruları sorup cevaplarına göre bir rota çizmelisiniz.

Olumsuz duygularınızla nasıl başaçıkıyor, onları nasıl yönetiyorsunuz? İnsanlarla yüzleşmek ve çatışmaya girmek sizde rahatsızlık yaratır mı? Birisi fikirlerinize karşı çıksa ve hatta küçümsese ne hissedersiniz? (Kişinin korku, kaygı ve öfkesini denetleyebilmesi ve bunu ortak amaca yönelik olumlu bir enerjiye dönüştürmesi büyük önem taşır. Birçok kişi tartışmayı kazanmayı ve egosunu savunmayı işi kaybetmeye veya işte zarar görmeye tercih eder.)

Duygularınızı nasıl ifade ediyorsunuz? (Birçok insan olumlu duygularını dile getirmekte zorlanır. Bu nedenle birlikte çalıştığı kişileri takdir edemez. Bu da o kişilerde rahatsızlık yaratır.)

Bağımlı bir kişiliğiniz var mı? (Birçok kişi tek başına karar vermekten hoşlanmaz. Bugüne kadar bağımsız çalıştığınız zamanlarda mı, yoksa ekip içinde mi daha başarılı oldunuz?)

Egonun gücü, özellikleri ve ne tür bir iş yapılabileceği konusunda farkındalık kazandıktan sonra atılacak adımlar, çok daha gerçekçi olacaktır. Yönetim kademesine gelmiş bir kişi, ikinci bir kariyer seçmeden önce son olarak aşağıdaki kritik konuları da hesaba katmalıdır.

Aileniz: Kimlere karşı sorumlusunuz? Bu sorumluluklar seçeneklerinizi sınırlıyor mu?

Şimdiki işiniz: Eğer bir yönetici fazla düşünmeden veya fevri olarak vereceği bir kararla işinden ayrılırsa büyük ihtimalle patronu ve arkadaşları, onun kendilerini terk ettiğini düşünüp öfkeleneceklerdir. Uzun bir süreyi birlikte geçirdiğiniz bu insanları kaybetmek, duygusal veya kişisel desteklerinden yoksun olmak sizin için ne kadar önemli?

Statünüz: Bir insanın toplum içindeki itibarı çok büyük ölçüde mesleğine ve çalıştığı işteki pozisyonuna bağlıdır. İkinci bir kariyer seçmek kaçınılmaz olarak bu statünün değişmesine neden olur. Bu sizin için ne kadar önemli?

Yeni ilişki ağı kurmak konusunda hazırlığınız: Yeni bir iş kuran birçok kişi, eski müşteri ve ilişkilerini de yeni işine taşıyacağına ve onlardan yararlanacağına inanır. Bu, büyük çoğunlukla gerçekçi değildir. Her iş, kendi ilişki ağını da neredeyse sıfırdan kurmayı zorunlu kılar. Buna hazır mısınız?

Serbestlik ve sınırlılık ikilemi karşısında tutumunuz: Olgun yaşa gelmiş bir yönetici, artık hayatının kontrolünü eline almak ve kurumsal hayatın zaman, giyim ve diğer sınırlamalarından uzak olmak ister. Ancak çok kere ikinci kariyer olarak kendi başına çalışacağı bir iş seçmişse, daha yoğun çalışmak ve üstelik geçmişte yardımcı veya sekreterlerine yaptırdığı bir işi kendisi yapmak zorunda kalır. Bunu hesapladınız mı?

Depresyona veya mutsuzluğa hazırlığınız: Hiç kimse hayatında mutsuzluk, korku ve endişeye kapılmadan yeni bir kariyer edinemez. Bir insan yönetici olarak kurumsal hayatta ne kadar uzun süre kalmışsa, kurumsal hayatın kendisine sunduğu arkadaşlık, ekip havası, yardımcılar ve sekreterlerin desteğine ve ilişki çerçevesine o kadar alışmış olur. Bu nedenle bu çerçevenin dışına çıkmak ciddi bir kayıp duygusu doğurur. Buna hazır mısınız?

Konuşmaya ve açılmaya hazırlığınız: Her seçim, aynı zamanda da bir başka şeyden vazgeçmektir. Bu nedenle her kayıp, kendi çapında bir yas içerir. Bir terfi sırasında bile, kişinin iş yapma biçimi ve aldığı destekler değişir. Bu kayıpların ve değişimin kişi için gerçek anlamını bulmak, ancak bunu kelimelere dökmekle mümkündür. Kelimelerimizin sınırları, dünyamızın sınırlarıdır.

Bu konularda konuşmaya ve kendinizi açmaya hazır mısınız? Çevrenizde bunları paylaşacak ve size doğru soruları sorarak kendi cevaplarınızı bulmanıza yardımcı olacak biri var mı? Eğer yoksa bunun için ehil bir profesyonelden yardım alın.

Eşinizle ilişkileriniz: Özellikle orta yaşlarda çocukların evden çıkmaları ilişkide bir kriz doğurma potansiyelindedir. Buna bir de değişen kariyerin getirdiği uyum sorunları eklenince, önceden hesaplanmayan başka sorunlarla da mücadele etmek kaçınılmaz olur. Bunları da gözönünde bulundurun.

Yukarıdaki sorulara vereceğiniz içtenlikli cevaplar, ikinci bir kariyere yönelme konusunda gerçekçi bir değerlendirme yapmanıza imkân sağlayacaktır. Ancak ikinci bir kariyer için bütün seçenekleri hesaba katsanız da, çok özenli ve dikkatli bir seçim yapsanız da bazen ekonomideki dalgalanmalar, bu yeni girişimin başarısızlıkla sonuçlanmasına neden olabilir. Birçok kurum değer verdiği yöneticisinin, kendi kişisel deneyimleriyle zenginleşmiş yeni birikiminden yararlanmak isteyebilir. Bu nedenle ayrılırken ilişkileri zedelememek ve kapıyı çarpmadan çıkmak kişiye geri dönme şansı verir.

Kader Kariyer Ağlarını İlişki Ağı Üzerinden Örüyor

Durucan Baltaş

Kariyer çizgimizi oluştururken günümüzün hızlı ve çeşitli iletişim araçlarından yararlanma şansına sahibiz. Bu araçların bize sağladığı olanaklar, ilişki ağımızın genişliği ve yoğunluğu ile iletişimin sıklığı ve hızıyla doğru orantılıdır. Kurmayı başardığımız ilişki ağı, farklı sektörler ve fonksiyonlar hakkında bilgi edinmemizi sağlayan en iyi yardımcımızdır. Bu ilişki ağını oluştururken özen gösterilmesi gereken üç önemli noktayı aşağıdaki gibi sıralayabiliriz.

1. Ertelemeyin

İlişki ağınızda bulunan bir kişi size dışarıdan birini yönlendirir, bu kişi sizinle iletişime geçer. Ancak bu iletişimin devam etmediği durumlar sanıldığından daha çoktur. Kaçırılan fırsatlara örnek olması açısından Ali ile Mehmet'in yaşadığını varsayacağımız bu olayı zihnimizde canlandıralım:

Ali, aldığı bilgiye dayanarak uzaktan tanıdığı birine, kendi ilişki ağında bulunan bir arkadaşını, Mehmet'i tavsiye eder. Söz konusu iş, tam da Mehmet'in aradığı niteliktedir. Ali, Mehmet'i arar ve kendisine yönlendireceği kişiyle ilgili olarak onu önceden haberdar etmek ister. Aradan bir gün geçer ancak Mehmet'ten ses soluk çıkmaz. Ali tekrar Mehmet'i arar ve önemli bir bağlantı kurmak için aradığına dair not bırakır, ancak bu girişimi de bir sonuç vermez. Günler sonra karşılaştıkları toplantıda Ali, Mehmet'e durumu aktarıp, neden kendisine geri dönmediğini sorar, Mehmet'in cevabı, "Eğer beni birine tavsiye ettiğini bilseydim hemen dönerdim," olur.

Zamanında yapmanız gerekenleri ertelemek, hem ilişkilerinizi yıpratmanıza hem de iş fırsatlarını kaçırmanıza yol açabilir. Bunun sonucunda da "atı alan Üsküdar'ı geçer".

2. Özelleştirin

Anglosakson kültürde yaygın olarak görülen "ilişki ağı oluşturma toplantıları"ndan birinde, kendi kurduğu işi yürüten bir işkadını, ilişki ağı oluşturma konusunda çok başarılı olduğunu söyledi ve uzun süredir yürüttüğü bir yöntemi anlattı. Buna göre ortağıyla beraber katıldığı toplantılarda, içinde bulundukları mekânı zihinlerinde ortadan ikiye böldüklerini, birinin sol, diğerinin ise sağ taraftaki kişilerle tanışıp kartlarını almaya odaklandıklarını ve toplantının hemen ardından bir araya gelerek en çok kartı kimin topladığına baktıklarını anlattı. Sonunda kart sayısı az olan kişinin, kart sayısı fazla olana yemek ısmarladığı söyledi. Daha sonra bu kartlardaki bilgileri ayrıntılı bir şekilde listelerine girip, onlara hemen sağlayabilecekleri hizmetler hakkında bilgi göndermeye başladıklarını anlattı.

Böyle bir yaklaşım, ilişki ağı oluşturmayı "basite almak"tır. Sadece iletişime geçecek bilgiyi toplamak ve elde edilen bu ilk basamak bilginin yardımıyla iz sürerek müşteri kazanacağını düşünmek bir yanılgıdır. Özelleşmemiş ilgiye dayanan bu hizmet sunumuna, "soğuk arama" *(cold calling)* denmektedir. Oysa ilişki ağlarında amaç, uzun süreli, sağlıklı, samimi ve özelleşmiş ilişkiler kurmaktır.

3. Samimi Olun

İlişki ağları aracılığıyla kurulan arkadaşlık ilişkisini kötüye kullanan kişiler olabilir. Herkesin anılarında bu tür olaylar vardır. Bu ilişki biçimini yansıtan, çarpıcı örneklerden bir tanesini sizlerle paylaşmak isterim.

Bir hanım, çok eskiden birlikte çalıştığı bir iş arkadaşının 50. yaşı nedeniyle doğum günü partisine davet edilir ve geçmiş yıllara dayanan ilişkisine duyduğu saygıdan ötürü davete katılır. Ancak kendisini çok şaşırtan bir durumla karşılaşır. Partide davetlilerden yarım daire oluşturmaları istenir. Aynı anda bir sunucu, slayt gösterisi eşliğinde davetlilere çeşitli iş fırsatlarından bahsetmeye başlar. Doğum günü partisi gibi yapılan davet, birden bir iş toplantısı haline dönüşmüştür. Partide sunulan tek içki de, davet sahibinin şirketinin ürettiği diyet içecektir. Bu durum, kişinin davet sahibine karşı beslediği olumlu duyguların kaybolmasına yol açar. Bu hanım da kırgın ve kızgın olarak partiden ayrılır.

İlişki ağınızda bulunan kişileri asla yanlış yönlendirip, onları yanıltıyor veya kandırıyor durumuna düşmeyin. İlişki ağını oluşturan kişilerarasındaki en can alıcı nokta "güven"dir.

Bu hatalardan yola çıkarak, ilişki ağı oluştururken dikkat edilmesi gereken noktaları şu şekilde sıralayabiliriz:

- İlişki ağı kurma fırsatlarını yeni insanlarla tanışmak için kullanın.
- İlişkiye özen gösterin.
- Karşınızdakine güvenin ve güven verin.
- Karşınızdakinden ne beklediğiniz konusunda içten, dürüst ve açık olun.

Bunları uyguladığınızda, kurduğunuz ilişki ağının kariyeriniz açısından size çok yardımcı olduğunu göreceksiniz. Bu yazıyı bir araştırma bulgusuyla bitirelim:

Başarılı yöneticiler, kendilerinden daha az başarılı olanlara kıyasla, zamanlarının %70'ini daha fazla ilişki ağı oluşturmak, %10'unu da kurmuş oldukları ilişki ağlarını zenginleştirmek için kullanıyorlar.

Ücret Yönetiminde Uygulanabilir Bir Yaklaşım

Mehmet Ünal

"Ne onunla ne de onsuz" olunan ve çalışmamız karşılığında elde ettiğimiz parayı ifade eden ücret, kapitalist ilişkilerin ortaya çıkmasıyla karşılaştığımız bir kavram. Gerçekten, eğer kapitalizm ve endüstri devrimi yaşanmasaydı, bir şekilde çalışıyor olacaktık fakat bu çalışmanın karşılığında elde ettiğimiz şey para değil, pilavlık pirinç, deniz midyesi ya da aksesuvar taşları olacaktı. Büyük bir olasılıkla da, her seferinde aldığımız karşılık farklı bir şey olacaktı. Pilav yemekten sıkıldığımızda deniz ürünleri isteyecek, eşimiz süslenmek istediğinde de aksesuvar taşlarına yönelecektik. Durum böyle olsaydı ücret yönetimi çok zorlaşacaktı çünkü herkesin farklı ücret beklentisinin yanı sıra, ortak bir değişim aracı olan para yerine farklı bir ödeme cinsi beklentisi olacaktı: Muhasebe şefi bu ay midye isterken, kalite uzmanı evi için seramik, ücretlendirme sorumlusu eşi için geçen ay talep ettiği pırlanta ödemesinin ilk taksitini isteyecekti!

Ücret yönetimi teoride bilimsel sayılsa da, uygulamada sanat olduğu sıkça söylenir. Bu çalışma, ücret yönetimine sistematik bir yaklaşım getirirken, uygulamada karşılaşılabilecek sorunları da gündeme getirip, olası çıkış yollarını arayacaktır.

Etkin bir ücret yönetimi sisteminin sahip olması gereken özellikler şunlardır:

1. Adil, 2. Rekabetçi ve özendirici, 3. Sistemin mekaniğinin çalışanlarla paylaşıldığı, 4. Esnek.

Aşağıda özetlenecek olan yaklaşım, bu dört özelliği de içinde barındıracak şekilde kurgulanmıştır:

Adil bir ücret yönetimi için atılacak ilk adım, görevlerin (pozisyonların) karşılaştırmalı ve göreceli olarak ağırlıklarını belirlemektir. Bu işlemin ücret yönetimindeki ismi "iş değerlendirmesi"dir. İş değerlendirmesi, bir şirket içindeki görevlerin[(1)], belirlenmiş kriterler gözönüne alınarak, değerlerinin belirlenmesi işlemidir.

Bir başka deyişle, "Muhasebe sorumluluğu görevi ile satış temsilciliği görevi karşılaştırıldığında, acaba hangisi daha ağırlıklıdır?" sorusunun cevabı iş değerlendirmesi sonucunda oluşur. Eğer belirlenen kriter sayısı bir ise ve "şirketin mali kazancına katkı" iş değerlendirmesi kriteri olarak düşünüldüyse, doğal olarak satış temsilciliği görevi muhasebe sorumluluğu görevinden daha ağırlıklı çıkacaktır. Bununla birlikte, bahsi geçen iki görevi karşılaştırmalı olarak değerlendirirken, "şirketin mali kazancı" kriterine ilave olarak, görevin gerektirdiği bilgi düzeyi, diğer bölümlerle ilişkiler, rapor yazmak ve yasal kurallara uymak faktörleri de dikkate alınırsa, ibre bu sefer belki de muhasebe yönüne kayacaktır. Dolayısıyla, iş değerlendirmesinde kullanılan faktörler, sonucu birebir değiştirebilecektir. Şirketler kendi içlerinde, görevlerin ağırlıklarını belirleyecek bir model oluşturup, iş değerlendirmesi çalışmalarını yine kendi kaynaklarıyla yapabilirler. Fakat böyle bir çalışma şirket içindeki güç dengelerini zorlayacak ve son karar vericiyi daha çok etkileyebilen bölümler daha kazançlı çıkabilecektir. Onların bölümündeki görevler, haksız bir şekilde, daha fazla ağırlık alabilecektir. Bu da, sonuç olarak, en başından itibaren çalışanlar arasında ücret sisteminin adil olup olmadığıyla ilgili ciddi şüpheler oluşturacaktır. Dolayısıyla iş değerlendirmesi çalışmasının bu konuda uzman kuruluşlar ve danışmanların destek ve gözetiminde yapılmasında büyük yarar vardır.

İş değerlendirmesi sonucunda, benzer ağırlıktaki görevler, aynı seviyeye yerleşecektir. Örneğin, satış temsilcisi ile pazarlama uzmanı ve kalite güvence uzmanı aynı seviyede yer alabilir. Seviyeler rakam ya da harflerle ifade edilmektedir. 1., 2., 3. ... seviyedeki ya da

(1) Burada dikkat edilmesi gereken nokta, iş değerlendirmesinin tamamen göreve odaklı yapılması gerektiğidir. Görevde bulunan kişilerin değerlendirmesi, iş değerlendirmesi çalışmasının konusu değildir. Kişilerin değerlendirmesi, "performans yönetimi"yle ilgilidir.

A, B, C... seviyesindeki görevler gibi... (Rakamlar yükseldikçe, görevlerin ağırlıkları da artmaktadır.) Sadece bir görev tek başına ve başka bir görev olmaksızın tek bir seviyeye yerleşmelidir: Genel müdür görevi.

İş değerlendirmesi sonucunda, aşağıdaki tabloya benzer bir durum çıkacaktır:

Seviye 1 ya da A: İdari işler sorumlusu, personel sorumlusu, ...
Seviye 2 ya da B: Hazine uzmanı, satış destek sorumlusu, ...
Seviye 3 ya da C: Satış temsilcisi, pazarlama uzmanı, ...
Seviye 4 ya da D: Ürün yöneticisi, sistem analisti, ...

....

....

.... Genel Müdür

İş değerlendirmesinin ücret yönetimiyle ilişkisi de tam bu noktada başlamaktadır: **Benzer ağırlıktaki görevler, benzer şekilde ücretlendirilmelidir.** Bir başka deyişle, eğer ürün yöneticisi ile sistem analisti görevleri aynı değerde ise, ki verilen örnekte durum buydu ve her iki görev 4. seviyede çıktı, öyleyse bu görevleri üstlenenlere verilecek ücretler de benzer olmalıdır (**aynı değil, benzer**). Bunu başarabilmek için, söz konusu seviyeye bir ücret aralığı oluşturmak gerekmektedir. Bir başka deyişle, seviye 4 için, bu seviyedeki görevlerin ücretlerinin yönetileceği ve hareket edeceği, asgari ve azami ücretleri gösteren bir ücret aralığı oluşturmak şarttır

Bu noktada sorulması gereken kritik bir soru vardır: Şirket olarak bu seviyedeki görevlerde piyasa ücretlerinin neresinde yer almak istiyoruz; piyasa ortalamasında mı, medyanda mı, üçüncü kuvartilde mi, vb?

Bu soruyu sadece 4. seviyedeki görevler için sorabileceğimiz gibi, tüm görevler ya da bir kısmı için sorabiliriz. Bazı seviyeler için piyasa ortalaması yeterken, stratejik ve temininde güçlük olan görevlerin bulunduğu seviyeler için piyasa ortalamasının üzerinde, örneğin üçüncü kuvartilde olmak gerekebilir.

Piyasada olmak istediğimiz seviyeleri gösteren ücret araştırmaları olduğu kadar, kişisel olarak, sektördeki şirketlerden ya da o seviyedeki görevler için aday belirleyebileceğimiz şirketlerden de ücret seviyelerini araştırarak öğrenmek olasıdır.

Örneğin, ürün yöneticisi ve sistem analisti için piyasada olmak istediğimiz ortalama seviyesinde elde ettiğimiz yıllık ücretler(1) aşağıdaki gibi olsun:

22.000, 24.000, 24.000, 25.000, 26.000, 28.000, 33.000, 34.000 YTL

Bu durumda, piyasa ortalaması 27,000 YTL olacaktır (Sekiz ücreti toplayıp, sekize bölünce elde ettiğimiz ücret).

Orta Nokta'yı (ORTON) hesaplamak için, piyasadan elde edilen rakamların ortalaması alınabileceği gibi, o seviyedeki en kritik sayılan göreve/görevlere ait ücretlerin ağırlıkları artırılarak, ağırlıklı ortalama hesabı da yapılabilir. 27.000 YTL, 4. seviye için oluşturacağımız ücret aralığının ORTON'u olacaktır. ORTON, seviye 4'teki ürün yöneticiliği sistem analistliği görevleri için bizim piyasada olmak istediğimiz ve bu görevlerde olup, hedeflerini başaran kişilere vermeye hazır olduğumuz ücrettir.

Daha sonra da, seviye 4 için ücret aralığının alt ve üst noktaları belirlenecektir. Bu işlem için çeşitli alternatifler bulunmaktadır:

1. ORTON'u %80'le çarparak alt ve %120'yle çarparak üst noktayı bulmak:
   21.600 27.000 32:400
2. ORTON'u %75'le çarparak alt ve %125'le çarparak üst noktayı bulmak:
   20.250 27.000 33.750
3. ORTON'u 1,5'e bölerek alt ve çıkan sayıyı ikiyle çarparak üst noktayı bulmak:
   18.000 27.000 36.000

(1) Ücret araştırmalarındaki bilgiler yıllık olarak verilir. Aylık ücretler ortak bir karşılaştırma ölçüsü değildir çünkü şirketler çalışanlarına yıl içinde 12, 13, 14 ... gibi farklı sayıda ücret ödemesi yapmaktadır. Bu yüzden ücret bilgileri, karşılaştırılabilir olması için her zaman yıllık olarak verilir.

Her üç yöntem de farklı yaklaşımlar olmakla birlikte, yanlış sonuçlar vermez. Sadece, esneklik sağlamakla ilgili olarak farklı sonuçlar verir.

İki numaralı yöntem birincisine göre daha esnekken, üç numaralı yöntem ikinciye göre daha esnektir. Üç numaralı yöntemde, alt ve üst ücret noktaları arasındaki açıklık %100'dür ve bu seviyedeki görevlere verilecek ücretlerin yönetilmesinde önemli bir esneklik avantajı sağlamaktadır.(1)

Aynı işlem diğer seviyeler için de tekrarlanarak, tüm seviyeler için ücret aralıkları hesaplanır. Sonuçta, aşağıdaki gibi bir tablo ortaya çıkacaktır:

Seviye 1	11.333	17.000	22.666
Seviye 2	13.600	20.400	27.200
Seviye 3	16.000	24.000	32.000
Seviye 4	18.000	27.000	36.000
......			
......			

Genelde, her bir seviye için ORTON arasındaki artış %10 ile %30 arasında olabilir. ORTON, asgari ve azami ücret noktaları dışında, iki önemli ücret noktası daha vardır.

Bu noktaların ne olduğunu görebilmek için, ücret yönetiminde çok kritik bir gösterge olan "ücretin, bulunduğu ücret aralığındaki yeri" *(comparative ratio* ya da C/R) kavramına açıklık getirmeliyiz. C/R hesaplaması şöyle yapılır:

$$C/R = \frac{(\text{Ücret} - \text{Asgari nokta})}{(\text{Azami nokta} - \text{Asgari nokta})}$$

(1) Son yıllarda, özellikle üst yönetim görevlerinin olduğu seviyelerde, ücret aralıkları yeterli esnekliği veremediği için, *broad banding* olarak adlandırılan ve birden fazla seviyeyi tek bir seviye olarak dikkate alıp, ücret yönetiminde çok geniş hareket alanı veren yaklaşım gözlenmektedir.

4. seviyedeki, 22.500 TL olan bir ücretin C/R'si şöyle hesaplanacaktır:

$$C/R = \frac{(22.500 - 18.000)}{(36.000 - 18.000)} = \%25$$

Aynı yaklaşımla, 4. seviyedeki, 31.500 TL olan bir ücretin C/R'si şöyle hesaplanacaktır:

$$C/R = \frac{(31.500 - 18.000)}{(36.000 - 18.000)} = \%75$$

18.000 TL'nin C/R'si sıfır, 27.000 TL'nin C/R'si %50, 36.000 TL'ninki ise %100 olacaktır. Sıfır ile %25 arasına 1. bölge, %25 ile %50 arasına 2. bölge, %50 ile %75 arasına 3. bölge ve %75 ile %100 arasına ise 4. bölge diyebiliriz.

Bu modelde, işe yeni birini alırken tavsiye edilen ücret, 1. bölgedir. Bir başka deyişle, 4. seviyede bir ürün yöneticisini işe alırken teklif edilecek ücret, 18.000 ile 22.500 TL/yıl olmalıdır.

Bunun yanı sıra, işe alımdaki ücreti belirlerken, o seviyedeki mevcut çalışanların ücretleri de mutlaka dikkate alınmalıdır. Yukarıda açıklandığı gibi, eğer işe alınacak ürün yöneticisi, kendisinden bekleneni tümüyle yerine getirebilecek özelliklere sahipse, bu durumda teklif edilecek ücret 2. bölgeden, hatta ORTON'a yakın bir tutar olabilir.

C/R işe alırken ücret belirlemede yol gösterici olabileceği gibi, liyakat artışlarında ve terfilerde de önemli bir göstergedir. Örneklerle açıklarsak; zam döneminde şirket ortalama %9 liyakat artışı öngördüyse, aynı seviyede ve aynı performans derecesinde olup, aşağıdaki C/R'lere sahip olan ücretliler için gereken liyakat artışlarını şöyle hesaplayabiliriz:

C/R= %19

C/R= %44

C/R= %67

C/R= %89

1 numaralı ücret, en düşük olduğu için en yüksek liyakat artışını almalı, örneğin %12, diğerlerine de azalan oranlarda artışlar yapılmalıdır: %10, %8 ve %6 gibi ve ortalama %9 olacaktır (%12+%10+%8+%6)/4).

Terfilerde ise, C/R'si düşük olan, daha yüksek bir artış alacaktır. Örneğin, aşağıdaki ücret aralıklarının olduğu bir şirkette, seviye 3'ten seviye 4'e terfi edecek olan iki kişi, seviye 3'te A = 22.000 TL ve B = 28.000 TL gibi ücretler almakta iseler;

Seviye 3	16.000	24.000	32.000
Seviye 4	18.000	27.000	36.000

her iki ücretin de, terfi edilen yeni seviyedeki (seviye 4'teki) C/R'leri hesaplanır:

A

$$C/R = \frac{(22.000 - 18.000)}{(36.000 - 18.000)} = \%22$$

B

$$C/R = \frac{(28.000 - 18.000)}{(36.000 - 18.000)} = \%55$$

Bu durumda, A'nın alacağı terfi artışı örneğin %15-20 arasında olurken, B'ninki %10-15 arasında olacaktır.

Kısacası ücretler, bulundukları ORTON civarında toplanacak ve ORTON'u geçen ücretlerin alacakları artış oranı göreceli olarak azalacaktır. Bir başka çıkarım da, C/R göstergesi ücret yönetiminde kritik rol oynayacaktır.

Son olarak, ücret yönetimi uzmanları, yukarıda açıklanan yaklaşımı, tüm çalışanlarla paylaşmalıdır. Her çalışan kendi ücretinin nasıl belirlendiğine ilişkin bir fikir sahibi olmalıdır. Bazı şirketler çalışanlarıyla yaptıkları iletişimde, onların bulunduğu seviyeyi ve o seviyedeki C/R'yi açıklamaktadır.

Etkin bir ücret yönetimi sisteminin adil, rekabetçi ve özendirici, çalışanlarla paylaşılan, esnek olması gerektiğini söyledik. Doğru yapılan iş değerlendirme çalışması bir sistemin "adil", piyasa koşullarını yansıtan ücret aralıkları sistemin "rekabetçi ve özendirici", çalışanlarla yapılan paylaşımlar sistemin "şeffaf", ücret aralığının genişliği de sistemin "esnek" olmasını sağlayacaktır.

Dipnotlar

I. BÖLÜM

Barrett, R., *Liberating the Corporate Soul*, Butterworth-Heinemann, 1998.

Baumard, P., *Tacit Knowledge in Organizations*, Sage Publications, 1999.

Blanchard K., *Leading at a Higher Level,* Prentice Hall, 2007.

Davenport N., Schwartz R.D., Elliott G.P., *Mobbing*, Civil Society Publisting, 1999.

Stewart, T. A., *Entelektüel Sermaye*, Kontent Kitap, 1997.

Ulrich D., A New Mandate for Human Resources. *Harvard Business Review,* Jan.-Feb. 124-134, 1998.

http://en.wikipedia.org/wiki/P._T._Barnum.

http://euspk.ege.edu.tr/makale/insanhaklariyonetimi_ik.doc

http://norvig.com/performance-review.html

http://www.vta.vic.edu.au

II. BÖLÜM

Buckingham, M., *Go Put Your Strength to Work*, Free Press, 2007.

Buckingham, M., Coffman, C., *First, Break All the Rules*, Free Press, New York, 1999.

Buckingham, M., Clifton, D.O., *Now, Discover Your Strengths*, Free Press, New York, 2001.

Charan, R., *What the CEO Wants You to Know*, Crown Business, New York, 2001.

Hurley, R. F., Decision to Trust. *Harvard Business Review*, 84 (9), 55-62, 2006.

Galford, R., Drapeau, A. S., The Enemies of Trust. *Harvard Business Review*, 81 (2), 89-95, 2003.

Keller, J. M., Kopp, T., *Application of the ARCS Model of Motivational Design, in C. Reigeluth* (ed.), Instructional Design Theories and Models, Erlbaum, Hillsdale, New Jersey, 1987.

McClelland, D.C., Testing for Competence Rather than Intelligence. *American Psychologist,* 1973 *28*, 1.

Rath, T., *Vital Friends*, Gallup Press, 2006.

http://www.motivation123.com

III. BÖLÜM

Barrett R., *Building a Values-Driven Organization: A Whole System Approach to Cultural Transformation*, Butterworth-Heinemann, 2006.

Barrett R., *Liberating the Corporate Soul*, Butterworth-Heinemann 1998.

Cameron, K.S., Dutton, J.E., Quinn, R.E., *Positive Organizational Scholarship*, San Francisco: Berrett-Koehler, 2003.

Cohen, D., Prusak, L., *In Good Company*, Harvard Business School Press, 2001.

Collins J., Porras J. I., *Built to Last*, Harper Collins, 2004.

Wilber, K., *A Brief History of Everything*, New York: Shambhala, 1996; p. 71.

www.tedmer.org/arastirma

IV. BÖLÜM

Boyatzis, R.E., *The Competent Manager,* John Wiley & Sons. 1982.

McClelland, D.C., Testing for Competence Rather than Intelligence, *American Psychologist,* 1973 *28*, 1.

www.schoonover.com

V. BÖLÜM

Baltaş, A., Baltaş, Z., *Bedenin Dili*, Remzi Kitabevi, 2005, İstanbul.

Forer, B.R., The Fallacy of Personal Validation: A Classroom Demonstration of Gullibility. *Journal of Abnormal and Social Psychology,* 44: 118-123 (1949).

Hogan Assessment Systems, Competency Evaluation Tool Manual, Tulsa, OK.

Solmuş, T., İş Yaşamı, Denetim Odağı ve Beş Faktör Kişilik Modeli, *Türk Psikoloji Bülteni*, 10 (34-35), 196-205, 2004.

http://hotjobs.yahoo.com/assessment/Tests_With_Personality

http://www.assess.com.tr/sub/products/neopir.aspx

VI. BÖLÜM

Arthur, W., Woehr, D.J., Maldegen, R., Convergent and Discriminant Validity of Assessment Center Dimensions, *Journal of Management*, Vol. 26 No. 4, 2000.

Ballantyne I., Povah N., *Assessment and Development Centers,* Gower Publishing Company

Lievens, F., Thornton, G. C., *Assessment Centers: Recent Developments in Practice and Research*, Addison-Wesley Publishing, 2005.

Lowry, P.E., The Assessment Center: An Examination of the Effects of Assessor Characteristics on Assessor Scores, *Public Personnel Management*, Vol. 22, 1993.

Thornton G.C., Mueller-Honson R.A., *Developing Organizational Simulations,* Lawrance Erlbaum Associates, 2003.

Thornton, G. C., *Assessment Centers in Human Resource Management*, Addison-Wesley Publishing, 1992.

VII. BÖLÜM

Business Acumen, *T + D Magazine*, January 2005.

Bersin, J. "What Works in Blended Learning", www.bersin.com, 2003

Cleveland-Innes, M., Ally, M., "Using e-Learning in the Generation of Affective Outcomes in Workplace Training." Centre for Distance Education, Athabasca University, Alberta, www.campussaskatchewan.ca, 2003.

Gray, C. "Blended Learning", www.learningcircuits.org, 2006.

Harrison, M., "Blended Learning II: Blended Learning in Practise", Epic White Paper, 2003, Epic Group plc.

Jasrotia, P., "Selling Hard Skills Through Soft Skills", www.itpeopleindia.com.

M. Laff, "Simülations", T+D Simulations, June 2007.

McLagan, P., The Future of the Profession Formerly Known as Training *T+D Magazine*, December 2003.

Pike, R. W., *Creative Training Techniques Handbook*, HRD Press 2003.

Piskurich, G. M., Beckschti, P., Hall, B., *The ASTD Handbook of Training Design and Delivery*, McGraw-Hill, 1999.

R., Brinkerhoff, *Telling Training's Story: Evaluation Made Simple, Credible, and Effective,* Berrett-Koehler Publishers, 2006.

Tobey, D., Need Assessment Basics, ASTD Press, 2005

Zemke, R., Kramlinger, T., *Figuring Things Out: A Trainer's Guide to Needs and Task Analysis*, Addison - Wesley Publisting, 1982.

www.bluelinesimulations.com/ 31

www.workforceonline.com, April, 29, 2003

VIII. BÖLÜM

Coens, T. Jenkins, M., Abolishing Performance Appraisals, Ingram Pub. Services, 2000.

Fandray, D., The New Thinking in Performance Appraisals, *Workforce*, May 2001, s. 36-40.

2001'e Doğru İnsan Kaynakları Araştırması, Arthur Andersen, s: 53-54, 2000.

İnsan Kaynakları Kıyaslaması 2000 Türkiye Raporu, PricewaterhouseCoopers, s: 25.

Nickols, F., *Don't Redesign Your Company's Performance Appraisal System, Scrap it*, http://home.att.net/~nickols/scrap–it.ttmn

IX. BÖLÜM

Baltaş, Z., *Duygusal Zekâ: İnsanın Dünyasını Aydınlatan ve İşine Yansıyan Işık*, Remzi Kitabevi, 2003.

Cooperrider, D.L. ve Whitney, D., *Collaborating for Change: Appreciative Inquiry*. Berrett-Koehler, 1999.

Kotter J. P., *on What Leaders Really Do*, Harvard Business Review, 1999.

Orem S. L., Binkert J., ve Clancy A.L., *Appreciative Coaching. A Positive Process for Change*, Jossy-Bass, 2007.

http://www.ikademi.com/performans-yonetimi/766-dogru-kocu-secmek.html

www.isteinsan.com.tr

X. BÖLÜM

Rober M., Fuller, R. M., Conger, J. A., *Growing Your Company's Leaders*, Amacom Yayıncılık, 2004, 66-68.

Luthans, F., Hodgetts, R.M., Rosenkrantz, S. A., *Real Managers*, Ballinger, Cambridge, MA, 1988.

Rothwell, W. J., *Effective Succession Planning*, Amacom Yayıncılık, 1994, s. 195-197.